启笛 听见智慧的和声

勇士
诗人
与魔法

鲁佳 著

看见苏格兰

目 录
CONTENTS

序言　一个人的游历：生命体验与精神逍遥　/　I

自序　爱丁堡行走：讲故事的人　/　V

导论　爱丁堡：从老城到新城　/　XVI

第一部分
爱丁堡老城

辑一　爱丁堡城堡、城堡广场与干草市场　/　002

女巫之泉：《哈利·波特》的文化源泉　/　003

城堡广场上的"胜利日预兆之吻"　/　011

爱丁堡城堡：天空之城与命运之石　/　018

电影《勇敢的心》与历史中的苏格兰勇士　/　026

"最后一滴"与"绞了一半的麦琪"　/　033

盗尸者、杀人犯、解剖课与污点证人　/　040

农夫集市：天然的食材，无尽的盛宴　/　046

农夫集市：畅游异国，放心吃喝　/　053

辑二　爱丁堡最悠久的文化历史大道"皇家一英里"　/　061

博士与作家：苏格兰旅行文学开创者　/　062

"两面人"布罗迪执事　/　070

中洛锡安之心与旅游"渐变真实"　/　077

集市十字架与苏格兰独角兽　/　082

玛丽金小巷与旅游"怀旧情结"　/　088

圣吉尔斯大教堂与苏格兰新教守护人 / 093
大卫·休谟的脚趾与亚当·斯密的头发 / 102
羊绒围巾、高地警卫团与黑卫士图案 / 110

辑三　亚瑟王座与"天鹅湖" / 116

亚瑟王座：这里春风沉醉，这里绿草如茵 / 117
圣玛格丽特湖：艺术之心的显现 / 123
草丛中的云雀蛋，山腰中的"月半弯" / 128
苏格兰历史最悠久酒吧："挂羊头、卖羊肉" / 135
爱丁堡的鸟：很欧洲的情调，吃全麦的面包 / 141

辑四　爱丁堡大学与《哈利·波特》魔法王国 / 146

艺术学院：雅典行、他乡遇故师与《哈利·波特》线路考 / 147
法学院和医学院："格兰芬多"和"斯莱特林" / 155
神学院：哈利·波特魔法世界入口 / 163
教育学院：培育了对外园丁，滋养了J.K.罗琳 / 170
莫雷校区：苏格兰与英格兰合并的见证之地 / 174
图书馆花园的小松鼠：花生是最香的礼物 / 179
爱丁堡大草坪：奔向梦幻的疆界 / 188
凝固的"未名湖"和充满格言的日晷柱 / 195

第二部分
爱丁堡新城

辑五　王子街、乔治街、皇后街与苏格兰文学之旅 / 202

司各特纪念塔：高贵的单纯和静穆的伟大 / 203
审美意象生成：拉姆齐雕像和苏格兰花钟 / 209
"全球最美景观大街"王子街上的峡谷花园 / 216

目录

卡尔顿山：周杰伦音乐打卡地、英国历史与哲学家 / 226

爱在日落黄昏时：情满于山，意溢于海 / 233

彭斯之夜：谁影响了鲍勃·迪伦和迈克尔·杰克逊 / 237

乔治四世的格子裙：被整合的苏格兰文化遗产 / 244

苏格兰花格纹：创意旅游、遗产建构与文化自觉 / 251

柯南·道尔酒吧与失踪的福尔摩斯雕像 / 257

赫瑞街 17 号：史蒂文森、金银岛和点灯人 / 264

辑六　"第三城"、大海、邮轮与诗人 / 270

爱丁堡"第三城"：利斯河与皇家不列颠尼亚号 / 271

纽黑文港：滚面包屑的炸鱼薯条、品鱼堤与钓鱼道 / 278

波多贝罗：浪漫海景、肥美蛏子、人文小镇 / 287

克莱蒙德：河与海的交界处，退潮抵达潮汐岛 / 293

英国文学"一战诗人流派"与"一战诗人医院" / 299

后记：　创意旅行与兴酣走笔 / 307

序言
一个人的游历：生命体验与精神逍遥

向　勇 [1]

个体生命的成长是一场有生之年的不绝旅行，人类文明的演化紧密伴随着古代人的徒步行走和现代人的跨时空旅行。从古代的游历到现代的旅行，旅行成为塑造个体人格特质、推动人类文明演进的重要手段。"旅行"所产生的"旅居异乡的游览消闲"被视为一种"旅游"活动，如今已经成为一个关怀民生的幸福产业。旅行在古代被称为"游历"。据北京大学旅游学教授吴必虎考察，"游"在古代汉语中有"遊"或"游"两种表述，甲骨文为"斿"，指"旌旗之流"，原指"持部族旌旗而远行"，后来衍生为"过河越境求学"为"游"，而"陆上徒行求学"为"遊"，可以看出，"游"指向学习的求索、艰险的克服和磨难的超越；"历"的繁体字写作"歷"或"曆"，有"完备阅历、经历时光"之意，而"歷"特指穿越丛林、"曆"强调翻越崇山。吴必虎认为，"游历"一词在中文的语境从古至今几乎没有发生太多变化，"都是围绕着人类在旅途与目的地的新知探索与异地体验而展开的一系列活动"[2]。游历是古代社会追求学问探索未知的核心方式，人类的文化记忆和集体记忆都发生于生生不息的旅行活动。

鲁佳君就是这样一个世界版图的旅行者，一个知识生命的游历者。他在取得美国印第安纳大学法学硕士和北京大学艺术硕士之后，又在英国先后攻读了伦敦大学金史密斯学院文化产业硕士和爱丁堡大学艺术学院文化景观硕士。我惊诧于他近乎强悍的学习

---

[1] 向勇，北京大学艺术学院教授、北京大学文化产业研究院院长。
[2] 吴必虎等：《游历发展分期、型式与影响：一个研究框架的建构》，《旅游学刊》2022 年第 3 期。

能力，能在本科毕业后央视总台的繁忙工作之余，竟能保持不断精进的学习习惯，能一口气拿下四所中外名校的硕士学位。这种超出常人的求学问道的精神，不能不为之钦佩。更为令人称道的是他那旺盛的写作精力。他勤于写作，笔耕不辍，在异国他乡完成繁重的学业的同时，将自己在遥远异乡的个人游历诉诸文字，将亲身的经历、独特的思考、考据的传说在细腻的描述中细细道来，让读者阅之有身临其境之感。

鲁佳君的游历书写让我不禁想到了一百多年前一生八次出国、将所见所闻以随笔式的日记体记录下来的张德彝（1847—1918）。张德彝是第一批遍游欧洲的京师同文馆的学生，他的一生是异国游历的一生，四十多年的游历生活使他亲眼见证了中国的衰落和西方的强大。由于种种原因，加之晚年愈发守旧的思想，张德彝连篇累牍著述的八部《航海述奇》在当时虽然没能影响更多的国人，但他对异国文明细致入微的观察和体认，给我们后来者留下了研究清末中外文化交流史非常重要的田野材料。张德彝"作世界大观"的游历书写是一种生活记录，以日常感知的方式详细记录了西方文明在政治、经济、科技、文化领域的独特表现以及自己面对他国文化的情绪、感知、评价和反思。[1] 张德彝在他的域外游记中还对西方城市文化景观所呈现出的现代性给予了积极的认可和赞扬，在列国游历中他也非常积极地传播中华传统文化，尽力向西方展现中华文化的魅力。[2] 个体游历的理想状态应该是双向流淌的文化互动，让自我内蕴的文化基因与异国外化的文化基因在"平等对视"中实现交流与互鉴。张德彝的时代虽然无法达成这样的理想状态，但他在列国游历中的艰难尝试具有标志性的象征寓意，让他的世纪托付由这个泱泱华夏的后世子孙去努力

---

[1] 张德彝：《航海述奇》，中国旅游出版社，2016 年；《五述奇》，岳麓书社，2016 年；《八述奇》，岳麓书社，2016 年。
[2] 杨华：《"入国问俗"——张德彝对西方民俗的心态、体验与认识》，《民俗研究》2020 年第 6 期。

序言
一个人的
游历：
生命体验
与精神逍遥

完成。

如果说张德彝的游历笔记还是在"两个世界"的冲突中不时表现出"新奇、张皇、自卑"情绪的探索性游历记述，那么鲁佳君的游历记录已经是在 21 世纪 20 年代"中国崛起已成事实"的世界秩序大变局下从容表达的体验型游历记述。鲁佳君的"游历叙事"在日常生活性的生命书写中少了猎奇、冲突和震撼，多了恬静、包容和智性。他可以为了记述耸立于圣吉尔斯大教堂前的亚当·斯密雕塑，无数次地行走到这座雕塑前，去捕捉自己面对这位古典经济学的圣徒时所特有的心境；他的游历记述有不少地方都透露出学术训练的痕迹，让"道听途说"的故事传说求证于证据确凿的文献记载。鲁佳君是一个爱丁堡的城市漫游者，却不是波德莱尔、王尔德等浪漫主义者的艺术漫游者，也不完全如本雅明笔下所谓具有现代性哲思的闲逛者，但又或多或少有着他们的影子。鲁佳君在爱丁堡的一遍遍游历，带有"无目的的目的性"，记录着自己的独特城市审美：朝圣沃尔特·司各特、罗伯特·史蒂文森等爱丁堡的名人故居，寻觅 J. K. 罗琳（J. K. Rowling）创作"哈利·波特"时的灵感密码，感悟爱丁堡"北方雅典"气质的独特景观，体验苏格兰独有的人与自然的山水意境……鲁佳君将一年多的留学闲暇都留给了这座爱丁堡古城，并用最温柔的文字记录下自己那些偶得于瞬间、发乎于内心的爱丁堡之恋。

鲁佳君的游历是一个人的游历，是一种浸入爱丁堡的深度的生命体验。鲁佳君的这种游历体验是一种最直接的感性经验与反思性的理性经验相结合的生命体验。这种游历体验经历了不同的发展阶段：第一个阶段是"眼中之竹"的阶段，要让这些熟悉或陌生的城市风景经过自己一次次亲身的眼见耳听和呼吸触摸，激发独特、真实而愉悦的爱丁堡审美感受，从而进入"胸中之竹"的第二阶段，这是爱丁堡审美意象生成的阶段。鲁佳君并没有把自己作为一个城市审美者，将自己对爱丁堡的体验终结于此，而是进一步往前推进，以一个严谨冷静的研究者的心态将游历对象的历史资料、文物文献和研究论文等资料悉数整理出来，再对那些在审美现场捕获到的"美学心迹"——进行验证、核对和审视，进而强化自己对爱丁堡游历体验的原真性、权威性和可靠性，进入"手中之竹"的创作阶段。鲁佳君的爱丁堡游历体验正是杜威美学和教育学中的"一个经验"[1]，是一个完整的、连续性的、连接审美与生活的爱丁堡经验。这个经验是属于鲁佳君个人的独特性的生命体验，也是属于鲁佳君们的普遍性的生命体验。

我们期待，鲁佳君们经由爱丁堡的"物游"体验，经过"一个经验"的审美桥接，"鲲变为鹏、飞往南冥"，最终能达至庄子所谓的"逍遥游""独与天地相往来"[2]，进入精神自由、悠然自得的"神游"境地。后现代性的城市游历鲜有远古社会的迁徙涉险、鲜有古代社会的未知困难，也不全是为了心理猎奇和知识扩充的现代性游历，而是人格舒展、生命充盈所需的一种自然安排，是一种自由与超越的生命态度。后现代性游历是一场创意旅行，是将自己浸润于有意义的生命场所，将自己深深凝望、深度介入游历中经历的所有的人与事、物与情，并让自己成为他们中的一部分，激发自己对这个游历之所的认同、依赖和依恋，从而形塑自己更有意义的日常生活，从而完善自己更加美好的身份想象，从而实现自己更有价值的生命旅程。

是为序。

---

[1]　[美]约翰·杜威：《艺术即经验》，高建平译，商务印书馆，2010年。
[2]　陈鼓应注译：《庄子今注今译》，中华书局，1983年。

自序
爱丁堡行走：讲故事的人

（一）

爱丁堡是被联合国教科文组织列为"世界文化遗产"的城市，是第一座被授予"文学之都"的城市。每年8月举办的爱丁堡艺术节参与度位居全球前三，售出的门票数量仅次于奥运会和世界杯赛事。在我们专业同学刚到爱丁堡大学与导师的第一次见面会上，导师就告诉我们，爱丁堡被誉为"北方的雅典"，不仅因为这座城市里随处可见的希腊式建筑、高低起伏的地理位置和雅典相似，而且爱丁堡还是苏格兰启蒙运动发源地，这一点和古希腊雅典在西方文明中的地位类似。

散落在爱丁堡城区，成立于1583年的爱丁堡大学，是英语世界最古老的大学之一，始终位居QS世界大学排名前20位。无论是校园位置还是精神气质，无论是物质文化地理还是精神文化地理，这所世界一流大学已经与爱丁堡这座魅力城市融为一体。我在这座内涵丰富又极具梦幻气质的城市和大学里求学问道，每时每刻都在被这座城市的物质文化景观和精神文化景观打动，每天都在享受这座城市带给我的惊喜和感动。爱丁堡的每一个小细节，都让我感觉如此地对味。

在爱丁堡大学艺术学院攻读硕士期间，我所学习的专业是"文化景观"（Cultural Landscapes），这个专业跟旅游人类学、文化地理和文化遗产都有一定关系。鉴于对爱丁堡的爱和所学的专业，我逐渐萌发了写一本介绍爱丁堡景观和苏格兰文化的书的愿望。我觉得这本书，是我对母校爱丁堡大学的一个表白，是我对我的专业文化景观的一个交代，是我对爱丁堡这座魅力无比的城市和苏格兰这个魔力无边的地区吟唱出的无尽的爱。更重要的是，我觉得我应该让更多的朋友感受到爱丁堡的"爱",向更多的朋友分享这份"爱",我必须把"爱(丁堡)"讲出来。

我希望无论是来爱丁堡短暂停留一两天的游客,还是待上一年半载的学子学者,在已经体验到爱丁堡这座城市的魅力、已经拥有"爱之初体验"的同时,通过读这本书,还能感受更多元、更丰富的"爱"。我更希望为没来过爱丁堡的朋友,介绍一个如诗如画、如史如书的爱丁堡,构建一系列苏格兰旅游文化符号和意象。中国文化中本来就有"卧游"的传统,世界上美丽的魅力城市那么多,我们不可能穷尽,我希望没来过爱丁堡的朋友至少可以在这些文字中"卧游爱丁堡""云游苏格兰",通过爱丁堡这座极富代表性的城市,走进苏格兰文化深处。

就这本书的体裁和风格而言,我采取的分享爱丁堡这份"爱"的方式既是游记,又不仅仅是游记。说是游记,是因为书中关于爱丁堡这些我认为值得推荐和分享的地方的文章,都是我亲自去观察、记录、感受、体验,然后写下自己的心得体会而成。从这个角度可以说,我写的是一篇篇游记。说不仅仅是游记,是因为一般意义上的游记,大多是去一个地方游览了一次之后,回来再查阅一些资料,记录下游历的心情和感受。但我关于爱丁堡的这些文字的产生却没有这么容易。我认为我关于爱丁堡的这些"游记",同时也具有"日记或月记""小论文""传说搜集整理""行走笔记""受到文学之都灵韵感染的作品"等几个特点。我这样来为这些文字定位,有以下几个理由。

第一,由于在爱丁堡待了一年多,文中提到的这些地方,这些景观,我并不是只"游"了一次,而是游历过无数次,很多景观甚至是每天都会经过,每天都在观察和体验。有时候正在宿舍写关于某一个景观的文章,突然感到无法完全描述出我想要的效果,我就马上出门,再去这个地方转一转,获取细节,捕捉灵感。

比如我在写亚当·斯密(Adam Smith)雕像这篇文章的时候,我

自序
爱丁堡
行走：讲
故事的人

就反反复复去观察过好多次，直至我自认为已经把这座雕像"吃透"，才开始下笔。而写关于爱丁堡大草坪的文章，则是因为我几乎每天从图书馆回宿舍都要穿过这片草坪，而每一次难过的时候，我也会独自来到这片草坪。这片大草坪就是我的大海。关于大草坪的这几篇文章记录了这一年多我对这片"大海"的观察与思考。至于卡尔顿山（Calton Hill），我光是到山上看日落，就去过十次以上……

好在爱丁堡并不大，这些地方我步行 20 分钟即可抵达。所以，我觉得我的这些文章，不是去过一次就回来匆匆写就的"游记"，倒可以说是对这些景点的点点滴滴心得体会的叠加，是日积月累下来的"日记""月记"甚至"年记"。

第二，这些文章还涉及很多苏格兰这个地区和爱丁堡这座城市的历史。为了弄清楚这些历史，我查阅了很多中英文书籍。有些书甚至并不来源于爱丁堡大学图书馆，而是在苏格兰大大小小的旧书店淘得。为了回国以后深入阅读，进一步补充细节，我还千里迢迢地把其中一部分原版英文书海运（嫌空运太贵）回了中国。因此，我觉得我虽然是在写游记，但下的却是类似于写小论文的功夫。

第三，这本书的一部分文章还谈到了很多爱丁堡和苏格兰的传说。关于这些民间传说故事，我能查找到的英文资料大多是一些片段和简介。更多的细节，我是从老师的课堂上、从同学的八卦中、从导游的讲解里、从当地人的闲聊中，以口耳相传的方式获得的。我不禁想起了本雅明（Walter Bendix Schoenflies Benjamin）在《讲故事的人》里提到的"口口相传的经验是所有讲故事者都从中汲取灵思的源泉"。我把听来的这些故事、细节和片段消化组合，融入我的一篇篇关于爱丁堡传说的文章中。我感觉写这部分文章的时候，更像是在做民间传说搜集整理工作。

第四，爱丁堡这座城市不大，我几乎每天都要在城市中行走，而

VIII

行走是最容易"出思想"的。这本书的文章里很多想法，就是我在"休谟步道"散步时，在波多贝罗（Portobello）海岸远眺时，在圣玛格丽特湖（St Margaret's Loch）边静坐时，在"皇家一英里"上徜徉时，在司各特雕塑下沉思时……突然涌上脑海所得。我都及时用手机记录下了我即时的感受，然后回家慢慢整理成文。书中提到的这些地方，我几乎都是一个人步行前往，灵感在行走中产生。我认为，这样积累和产出的文章更扎实一些。这是一本在行走过程中反复思考后产生的笔记，也是自己与自己的心灵反复对话的产物。

第五，爱丁堡是一座"文学之都"，产生过很多文学名家。这些人大多数都是土生土长的苏格兰人，但也有长期在爱丁堡居住的英格兰人，被这座城市的气氛感染，在这里写下巨著。比如在爱丁堡的咖啡馆和酒店完成了《哈利·波特》第一部和最后一部的 J. K. 罗琳。而我以爱丁堡大学学生的身份，有幸在这个"文学之都"浸泡了一年多，无形中也受到了"文学之都"的气质和氛围的影响和浸润，同样也获取了"文学之都"带给我的灵感和启发。飘浮在这座城市空气中的文学因子和思想因子，就像进入了这里其他作家的脑海那样，也进入了我的脑海。

我不认为我在爱丁堡写作本书的时候，没有受到"文学之都"气氛的感染。相反，我甚至感觉当我在写其中很多文章，尤其是在写这座城市那些作家的文章时，冥冥之中，这些前辈给我注入了一股力量，仿佛悄悄地握着我书写的手。我有时候甚至感到欲罢不能，有必须写下去的责任。因此，这一本在"文学之都"写了一年多的书，多多少少可以说是"受到文学之都灵韵感染的作品"。

综合以上几个理由，这本关于爱丁堡文化景观的书，我觉得不能简单地用"游记"两个字来概括。借用旅游人类学的一个概念，局外人（outsider）和局内人（insider），这两种人对一个地方的

自序 爱丁堡行走：讲故事的人

感受是不一样的，一种纯粹是短暂的游客的视野，另一种是当地人视野。写作这本书的时候，我认为我是一个介于局外人和局内人之间的状态。我甚至觉得，我在爱丁堡这一年写的这些关于爱丁堡的文字可以从某种程度上理解为人类学家的田野记录或者旅游民族志，是"游客凝视"的深度产物。或者说，借用旅游人类学视野中"驻客"的概念，是"驻客凝视"的产物。当然我尽量写得生动有趣，毕竟，这些文字只能算是我的爱好，是文学与我的专业文化景观的一次初步结合尝试，这算是文学作品而绝不是学术论文。毕竟，文学写作才是我这个自我认同为"作家"的人更擅长的。

（二）

从形式上看，本书根据在爱丁堡的行走轨迹，借助爱丁堡老城和新城、城区和郊区的区分，以爱丁堡城堡、"皇家一英里"、爱丁堡大学、王子街和亚瑟王座等几个核心旅游片区进行定位和延伸，划分了好几条线路。"别荡失太早，旅游有太多胜地"，读者只要翻开本书，跟随目录的指引，一篇一篇往下读，就仿佛置身爱丁堡，在爱丁堡一步一步、一景一景、一次一次地畅游。看风景、听故事、知历史、增智识。

从内容上看，本书主要从以下五个视角，通过五种主题，去讲述爱丁堡，走进苏格兰。

第一，本书是一场英国文学之旅。

爱丁堡是一座文学之都。在我看来，这座城市最大的魅力就是这里土生土长的作家、诗人和思想家。爱丁堡是文学青年朝圣之地。这里有著名作家沃尔特·司各特（Walter Scott）的纪念塔和罗伯特·路易斯·史蒂文森（Robert Louis Stevenson）的故居，金庸先生曾经说过，"我之会写小说，全仗得到爱丁堡两位大师的教导指点，那就是沃尔特·司各特爵士和罗伯特·史蒂文森。"

有苏格兰民族诗人罗伯特·彭斯（Robert Burns）的纪念碑和雕像，他创作整理的《友谊地久天长》享誉全球，他的作品还影响了诺贝尔文学奖获得者、民谣创作人鲍勃·迪伦（Bob Dylan）和流行音乐天王迈克尔·杰克逊（Michael Jackson）。另外，还有坐落在创作了福尔摩斯系列小说的柯南·道尔故居街道上的同名酒吧，既善于写哲学著作又善于写散文的哲学家和知识分子休谟（David Hume）的雕像和故居，"一战诗人"萨松（Siegfried Sasoon）和欧文（Wilfred Owen）写下反战诗句的医院和山坡……

在爱丁堡，会由衷地感觉这座面积不大的城市就是一个西方文学源地，"文学之都"这个名号当之无愧。我在爱丁堡期间，怀着文学朝圣的心情，对这些文学景观进行了无数次"文学之旅"，记录了自己身临其境的感受，更重要的是借机讲述了这些跟爱丁堡有重要渊源的作家和文学景观背后的故事。我认为这些"文学之旅"的文章是这本书非常重要的一部分，也是本书特色之一，可以让读者朋友了解爱丁堡跟这些文学巨匠之间的渊源和故事，也可以进一步理解爱丁堡这座城市为什么被称为"文学之都"。

除了前面谈到的这些作家，爱丁堡这座"文学之都"对于现代人尤其是年轻人的魅力，就是遍布全城的哈利·波特印迹。如果要在英国进行一次"哈利·波特文学寻根之旅"，爱丁堡是首选之地。爱丁堡是《哈利·波特》的"故乡"，J.K. 罗琳深受爱丁堡的景观和氛围影响，在爱丁堡创作出了《哈利·波特》第一部和最后一部。我在爱丁堡这一年，出于兴趣，努力在爱丁堡挖掘和发现 J.K. 罗琳的灵感来源，想知道爱丁堡是如何启发和影响 J.K. 罗琳创作《哈利·波特》的。我在这座城市很多地方都找到了《哈利·波特》的渊源景观，这是一座"哈利·波特景观之城"。这些意外发现也都体现在本书的一些文章中，这也是一本关于"在《哈利·波特》的故乡发现哈利·波特的印迹"的书，如果是"哈迷"来读这本书，会发现很多小惊喜。

自序
爱丁堡
行走：讲
故事的人

第二，本书是一次通过爱丁堡文化景观走进其背后的苏格兰文化历史之旅。

除了阅读爱丁堡有关的书籍和文字，我发现了另一种读爱丁堡的方式：阅读景观。这里的街道、建筑、雕塑都有自己的故事和历史。其实在欧洲中世纪，识字率还并不普及的时候，人们也是通过雕塑、绘画、教堂里的彩绘玻璃窗……来了解文化和历史。在爱丁堡这座有厚重历史感的城市，我每时每刻都沉浸在历史不同的表述形式中。

在室外，我每天都与各种景观相遇，每天都在经意或不经意中阅读景观。在室内，出于对英国史及其苏格兰史的极大兴趣，让这趟苏格兰之旅更有意义，我一本一本地阅读相关历史书籍。在景观中、在书中，英国历史上的一幕幕，苏格兰王室的一幕幕，苏格兰与英格兰交战、联合、合并的一幕幕，都在我眼前重现。我决定把景观与文字结合起来，把阅读景观与阅读文字的心得用自己的文字表现出来，借机对英国历史，特别是苏格兰历史和文化做一些力所能及、抛砖引玉的介绍，提高大家对苏格兰历史的了解和兴趣。这是本书内容之一，也是本书写作目的之一。

第三，本书包含了爱丁堡的自然景观和山水游记。

爱丁堡可能是我见过的拥有最丰富、最全面自然景观的城市。这座城市有山、有海、有湖、有河、有不计其数的草坪，有各具特色的花园……可以说是集大自然的万千宠爱于一身。还有随处可见的小动物，比如松鼠、兔子、天鹅、海鸥、鸽子、云雀、松鸡、野鸭……爱丁堡有非常优美的植物园和非常悠久的动物园，而爱丁堡本身，也仿佛是一个天然的植物园与动物园，令人心旷神怡。这是一座充满勃勃生机的山水花园城市，有爱丁堡的自然美。这让我们充分意识到，在历史和人文景观这么丰富的地方，自然景观也可以保存得很好，人与自然可以不留痕迹地融为一体。

在爱丁堡，各种生物和谐共生，随时都可以体会到一种万物一体的愉悦和快乐。我也把我这一年与爱丁堡自然景观相处的经历写了下来，为来爱丁堡游玩或者留学访问的朋友提供一个参考。毕竟，亚瑟王座观日出，卡尔顿山看日落，波多贝罗海滩听潮声，圣玛格丽特湖边喂天鹅……都是在爱丁堡跟自然风光互动时的美好体验。

爱丁堡的自然景观这么丰富、这么全面，我也一直在暗暗设想，天堂应该是爱丁堡模样。如果不是因为流在心里的血，澎湃着中华的声音，就算身在他乡也改变不了我的中国心，如果不是中国的人文山水早已进入我的灵魂，中国的一切都让我牵挂与关心，我常常觉得，就在此地度过余生，也是一件很惬意的事情。

第四，本书也是对爱丁堡大学这所世界名校的一次文化和历史探寻，同时还从写作上把爱丁堡大学的几个学院与《哈利·波特》中霍格沃茨魔法学校的四大学院进行了一定程度的关联。

本书结合爱丁堡这座城市的历史，讲述了爱丁堡大学几个学院的故事。于我而言，爱丁堡这座城市与爱丁堡大学，两者是合而为一的。读这所大学是因为这座城市，来这座城市是因为这所大学。爱丁堡大学是我的梦校，也是在气质上我特别认同的一所大学。爱丁堡大学就是我的"地理自我"，我对这所大学有强烈的认同感和归属感，在内心深处有一种价值关联。我与这座城市、这所学校、这些景观处在一个价值体系里。我当然要毫不吝惜对她表达我的爱，大大方方讲出来。因此，我也挑了几所学院来进行书写，分别是法学院、医学院、神学院、艺术学院和教育学院。

巧的是，有资深哈迷认为《哈利·波特》中霍格沃茨魔法学校的四大学院格兰芬多、斯莱特林、拉文克劳和赫奇帕奇的原型就是欧洲古典大学传统中四大学院——法学院、医学院、神学院和艺术学院。其实，我在最初选择爱丁堡大学这几所学院开始书写之

自序
爱丁堡
行走：讲
故事的人

时，只是想对几所我能够从写作上驾驭的学院进行一个介绍，纯粹是根据我个人的兴趣、偏好和我手中素材的多少在进行选择，并没有考虑到"哈利·波特"这个因素。

具体而言，选择法学院和神学院，是因为这两所学院是爱丁堡大学最有代表性的"老学院"和"新学院"，至于为什么叫"老"，为什么又叫"新"，读了本书的相关文章自然会知道。选择医学院，是因为我在爱大这一年，经历了2020年新冠肺炎疫情，而爱大的学子正在自发地将医学院的中国校友钟南山推选为爱丁堡大学杰出校友。在此刻，爱大校友都以爱大医学院为傲。选择艺术学院和教育学院的理由则更简单，我自己就读于艺术学院，是艺术学院学生中的一员。除了艺术学院，我去得最多的就是教育学院，因为我在教育学院选了好几门英文课，所以对这两所学院更为熟悉、更有感情，从写作上也更能驾驭。

我在确定了我的选题，写作已进行了一部分以后，才渐渐意识到我选的这几所学院刚好跟《哈利·波特》中四大学院相对应。我也选择了爱丁堡大学的教育学院，这个学院其实跟《哈利·波特》的四大学院是对应不上的。但我在写作过程中突然想到，《哈利·波特》的作者 J.K. 罗琳刚好就是爱大莫雷教育学院培养出来的英文教师，这真是一个巨大的巧合！这么一来，《哈利·波特》中四大学院的原型以及作者 J.K. 罗琳就读的学院，就都出现在了这本书里。不得不感慨在爱丁堡这座"文学之都"，或许真有一种神奇的魔力在指引我写作，而指引我的魔力和指引罗琳创作《哈利·波特》的魔力，是否就是同一种魔力？

第五，本书还融入了很多爱丁堡和苏格兰比较有代表性的民间传说故事。

爱丁堡是一座有很多精彩故事的城市。尤其是民间轶事、历史传奇、逸闻趣事……这些故事都与爱丁堡的地理环境和城市历史紧密联系在一起。在第一次从导游那里听到爱丁堡这些有趣故事的时候，我就产生了极大兴趣。尤其是我发现身边很多中国留学生对这些故事、传说和典故并不熟悉，逐渐产生了尽量搜集更多故事的想法。为了倾听这些故事，我专门参加了好多个爱丁堡不同主题的城市游（tour），包括免费的和付费的，跟随大大小小的导游，听他们讲述苏格兰的历史文化和爱丁堡的故事传说。

在这些短暂旅途中我发现，去参加这些城市游的中国人非常少，团员几乎全是来自欧洲各地的人。我混在里面，最开始甚至有一点点不自在，感觉自己来错了地方。中国人很少参加这种当地人的城市游，我想也许至少有三个原因。

首先，可能跟这样的城市游是由苏格兰导游进行全英文讲解有一定关系。从国内来爱丁堡旅游的游客，尤其是年龄偏大的，不见得能听懂全英文的讲述，尤其是苏格兰口音。其次，刚到爱丁堡的人都有这个感觉，即使没有任何人当导游，自己在街上随意闲逛，都是一步一景，直叹自己的眼睛怎么看也看不够。所以来此游玩一两天的游客，也确实顾不上再去参团听爱丁堡的故事。最后，我身边的中国留学生，去参加这些城市游的也不多。他们倒不是因为听不懂英文，我觉得可能是因为长期住在这里，有"主人翁"的心态，心想"我都是这里的人了，游个爱丁堡还需要导游吗"，再加上学业也占据了很大一部分时间，游览爱丁堡也有很多方式，所以就忽略了参团听故事这种打开爱丁堡的方式。

但我觉得，无论是短暂停留的游客，还是长期居住的留学生和访问学者，尽管身心都体验到了爱丁堡的美和魅，但如果不了解爱丁堡的这些传说，仍然是某种程度上的美中不足。于是我在这本书中也记录下一些在爱丁堡发生的比较有代表性的传奇和典故。我希望对爱丁堡感兴趣的朋友，除了对这里的城堡和教堂、山水和街道、雕塑与绘画、美食与美酒有所体验外，最好也对爱丁堡的民间传说故事有一定感悟。这些在当地流传的民间故事是爱丁堡的精神文化地理，是苏格兰的非物质文化遗产，而且很多故事

自序
爱丁堡
行走：讲
故事的人

其实就隐藏在爱丁堡街头的某一个酒吧、某一家旅店、某一道城墙背后，了解这些故事以后，再去游览这些景观，就能拥有更丰富的精神体验，爱丁堡之旅也会收获更多可以回味的精神享受。

当然，我以有限的能力和时间所搜集到的这几个小故事对于爱丁堡和苏格兰的城市传说而言，必然是挂一漏万的。只是希望通过我搜集的这些故事，为去爱丁堡游玩的朋友多提供一个打开爱丁堡的方式。

其实，这整本书，我所有这些关于爱丁堡的文字，又何尝不是在讲述爱丁堡和苏格兰的故事呢。莫言在获诺贝尔文学奖的演讲时说，"我该干的事情其实很简单，那就是用自己的方式，讲自己的故事""我是一个讲故事的人，我还是要给你们讲故事"。本雅明也在《讲故事的人》里提到，德国俗谚说"远行人必有故事可讲""讲故事的人取材于自己亲历或道听途说的经验，然后把这种经验转化为听故事人的经验"。我去苏格兰远行了一年，我就是这个远行人，我同时也是一个"讲故事的人"，在这本书里，我要结合我自己的亲历和经验，把我心中爱丁堡的故事，讲给你听。

导论
爱丁堡：从老城到新城

爱丁堡以王子街为界分为老城与新城。老城、新城都是联合国世界文化遗产，也是游客来爱丁堡最喜欢逛的地方。爱丁堡城堡位于老城的最高点——城堡山上，三面都是悬崖峭壁，只有一端由于冰川的冲刷，形成一个斜坡，是著名的"皇家一英里"大道。被称为"皇家"是因为这条街的首尾都是王室的宫殿，上接爱丁堡城堡（Edinburgh Castle）、下达荷里路德宫（Palace of Holyroodhouse）。称"一英里"则是因为这条街道全长约为一英里，也就是1760米。"皇家一英里"就像一座开放的博物馆，每一幢建筑、每一条小巷、每一尊雕像，背后都有历史和故事，都值得细细品味。

曾经有一位朋友开车途经爱丁堡，但他在爱丁堡停留的时间只有两小时，他询问我在这两小时内去哪个地方看看最值得，我给出的建议是去"皇家一英里"。虽然爱丁堡到处都有景点，处处皆是精华，但如果只有两小时，那么就去精华中的精华。

爱丁堡老城远景

导论
爱丁堡：
从老城
到新城

XVII

"皇家一英里"上的斯黛尔夫人巷(Lady Stair's Close)，1786年苏格兰诗人彭斯曾在此居住

XVIII

勇士、诗人与魔法

用一条躺在斜坡上的大鱼来形容"皇家一英里"最为恰当。鱼头是山顶上的爱丁堡城堡，鱼尾是山脚下的荷里路德宫。"皇家一英里"的主街道是鱼的脊骨，而鱼骨上横向排列的一根根鱼刺，就是"皇家一英里"上左右伸展的一条条狭长的小巷，英文叫作"Close"。这个用法常见于苏格兰英语，如果没在苏格兰待过，英语特别好的人也未必知道这个词的意思。

在"皇家一英里"上，这种房屋之间的狭长小巷大概有60多条。初来爱丁堡的旅游者喜欢逛"皇家一英里"大道，而如果在爱丁堡待了一段时间以后，就更喜欢去探访从大道左右延伸出去的小巷。每进入一条小巷，都像是探险，都别有洞天，有的是一个花园，有的是一方庭院，有的是一家商店……这些小巷里还藏着众多名人故居，彭斯、休谟、鲍斯威尔（James Boswell）……这些苏格兰文化名人都曾经居住在"皇家一英里"的小巷里。

有时在"皇家一英里"上行走，经过一条小巷的时候，会听到里面传来吉他弹唱的声音，宛如天籁。原因是小巷非常狭窄，也就一米多宽，所以在这里面弹奏吉他，相当于有一个天然的共鸣箱，回响效果非常好。可惜我在爱丁堡没有找到弹吉他的搭档，否则一定找一条小巷一起录几首原创。

"皇家一英里"上这60多条已经存在了几百年的小巷给人的感觉非常浪漫，一巷一景、曲径通幽，跟爱丁堡的"古早味"十足契合。如今的我们，无论是大步走在"皇家一英里"的街上还是穿梭于这些神秘的小巷，都感觉爱丁堡到处是美好繁华的景象。但这只是近一两百年的事，在爱丁堡新城还未修建之前，爱丁堡老城曾经是一个脏乱差的典型城市。

在第一次听说爱丁堡这段过去时，我感到难以置信。因为现在的爱丁堡在我心目中是那么美好，既古老又现代，既浪漫又梦幻，既诗情又画意，既文学又艺术。甚至可以说是英国，不，整个欧洲我最喜欢的城市。我相信不是我一个人为爱丁堡这座城市的美

导论
爱丁堡：
从老城
到新城

所倾倒，我身边几乎每个来过爱丁堡的人，都对这座城市的外观赞不绝口。

现在我们面前这位玉树临风的英俊骑士，居然曾经是一个脏兮兮散发着臭气的邋遢大王，我实在是有些难以接受。我甚至想过要不要把这段"黑历史"写出来，写出来会不会破坏爱丁堡在大家心中的形象。但后来觉得，至少对我而言，这并不影响我对爱丁堡的爱。在了解爱丁堡的过去以后，更为今天脱胎换骨的爱丁堡感到庆幸和自豪。爱她（他）就要接受她（他）的全部，无论是爱一个人，还是爱一座城。

爱丁堡曾经四处烟囱林立，每天要烧掉 500 吨煤炭，城里随时都是黑烟四起，被称为"老烟城"(Auld Reekie)。更糟糕的是，直到 18 世纪，爱丁堡都是一个完全没有排水系统的城市。城市没有下水道，家中没有厕所，一家人大小便都在一个桶里。

最令现代人震惊的是，当时的爱丁堡人处理这些桶中秽物的方式。在每天晚上 10 点左右，如果你走在"皇家一英里"的大道

爱丁堡老城街景

上或小巷里,你会听见天空中传来一句"Gardyloo"的声音。这个词来源于法语"Gardez l'eau",翻译成现代英文就是"Watch for the Water"(小心水),然后就有液体混合着固体如同瀑布一样从天而降。这个时候,你只能祈祷,这瀑布真的只是水而已,但这让人熟悉的气味马上提醒你,这不仅仅是水。这绝非夸张,一位苏格兰人亲口告诉我,当时的爱丁堡就是这么简单粗暴地通过窗户直接处理秽物。

直到第二天早上 7 点左右,才有人来清理散落在街道上的秽物。但如果遇到星期天和法定休息日,这些垃圾会在街道上一直停留到周一早上 7 点。老城区很多人都在家中养猪,除了供食用外,由于当时爱丁堡没有暖气,在寒冷的夜晚,这些猪还会被赶到床上给人暖床。在白天,这些猪又会直接跑到大街上的垃圾堆里欢快地寻找食物。

曾有一首小提琴曲叫作《爱丁堡的地板》(*The Floors of Edinburgh*),就是用音乐来描绘当时老城区的地板散发出来的难闻气味。由于英文发音相似,后来这首歌被误传为《爱丁堡的鲜花》(*The Flowers of Edinburgh*)。不过,这个误传倒真是预言了爱丁堡命运的转变,逐渐从一个地面上又脏又臭的城市,变成了开满鲜花的文化旅游胜地。

当时爱丁堡城区的面积也非常狭小,富人跟穷人都聚居在拥挤的老城区,甚至都住在同一栋楼里。只不过富人都选择住在中间和较高的楼层,尽可能远离这些味道。在这种卫生条件下,爱丁堡曾经疫病横行,那条叫作玛丽金的小巷因为瘟疫盛行而被彻底封锁,也就不足为奇了。

从另一个角度来说,这种人与人聚居有一个好处。当时的知识分子彼此都是街坊邻居,不存在社会地位的隔阂,接触起来也非常方便。爱丁堡有很多文人学者自发组织的社团,如精英协会(The Select Club),扑克俱乐部(The Poker Club)等。成员们常常在

导论
爱丁堡：
从老城
到新城

当地小酒馆或者某人的家里饮酒聚会，讨论哲学和政治，碰撞出智慧的火花，可以说是一个思想上的"酒池肉林"。

向勇教授在《文化产业导论》中提到一个"创意共生"概念，指的是各类艺术家和大学教授、工程师、专业人士等各种创意阶层聚居，形成城市的创意地带和先锋生活圈，进而成长为城市的创意群体。我在北大艺术学院学习这门课程的时候，还专门挑选这一章上台做了读书报告，所以印象尤为深刻。根据这个理论，当时的爱丁堡虽然拥挤，却起到了一个创意共生的效果。这个爱丁堡的"创意群体"成员有亚当·斯密、艾伦·拉姆齐（Allan Ramsay）、威廉·弗格森、卡姆斯勋爵（Lord Kames）、约翰·侯姆、大卫·休谟等，还有创办了《爱丁堡评论》的第一批编辑，他们成为后来推动苏格兰启蒙运动的中坚力量。

在苏格兰与英格兰合并以及平息了詹姆斯党人的叛乱以后，一切都百废待兴，苏格兰正在以大英帝国的一部分这个新身份走向世界。此时的苏格兰不希望人才都流往伦敦，相反，希望借并入英国这个契机，吸引更多其他欧洲人与苏格兰进行贸易，吸引更多观光客来爱丁堡旅游，也吸引更多人才来建设苏格兰。而狭小的爱丁堡老城区已经完全不能满足一个新兴的苏格兰首府的需要。因此，到了1766年，爱丁堡人决定，抽干北湖（Nor'Loch），在老城的北边打造一座新的爱丁堡，这就是我们今天看到的爱丁堡新城。

新城的修建是非常成功的。被抽干的北湖变成了现在的王子街花园，而从北湖挖出的泥土堆积而成今天爱丁堡城中的小山坡（The Mound），人们在上面修建了苏格兰银行和新学院。爱丁堡的中产阶级纷纷从脏乱差的老城搬入开阔洁净的新城，哲学家大卫·休谟就是第一批从老城搬到新城的迁移者中的一员。

爱丁堡新城从设计上实现了建筑、街道和广场在新古典主义美学风格上的统一，也完美体现了一个全新的大英帝国理念。设计者不希望合并后的新爱丁堡被看成一个反英格兰的城市，为了向英

爱丁堡老城与新城远景，中间是王子街

格兰，其实也向全世界表示爱丁堡是英国不可分割的一部分，街道的命名都非常英格兰化。爱丁堡新城的三条主干道王子街、乔治街和皇后街，分别以英国王室的王子、英国国王乔治三世和英国皇后命名。三条主干道之间还有一条小巷被命名为"玫瑰街"，因为玫瑰也是英格兰的象征。而两个广场则分别以英格兰的守护圣人圣乔治和苏格兰的守护圣人圣安德鲁（St. Andrew）命名。

这个理念体现了爱丁堡人对大英帝国的认可。更重要的是，让爱丁堡从此在全世界面前以一座全新英国城市的形象登场，同时也保持了苏格兰文化，成为一座传统与现代并存的城市，吸引了更多欧洲人前来投资。爱丁堡也逐渐成为与伦敦、巴黎、阿姆斯特丹等有着同等地位的欧洲名城。

其实中国也发生过类似现象，第二次世界大战以后台湾回归中国，为了"发扬中华民族精神"，台湾省行政长官公署公布了《台湾省各县市街道名称改正办法》，来自上海的建筑师郑定邦（他这个名字就很有意思）受中国政府之命，将台北的街道以中国各省市命名。所以我们到今天才可以从五月天的歌里听到"那年我

爱丁堡王子街，左二建筑为巴尔莫勒尔酒店（The Balmoral Hotel），J.K. 罗琳在这家酒店的 552 房间完成了《哈利·波特与死亡圣器》的创作

们都冲出南阳街"，从白先勇的文中读到"我还是喜欢武昌街上那间灰扑扑的明星咖啡馆"，从吴宗宪的综艺节目中看到台北的长春路和吉林路、宁夏路与西藏路、福州路和大理街。

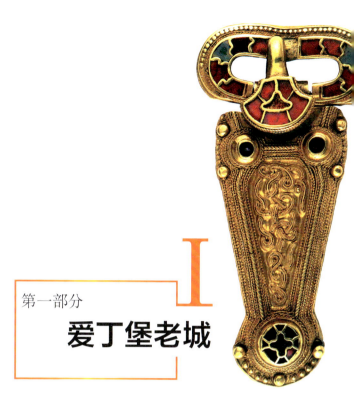

第一部分
爱丁堡老城

I

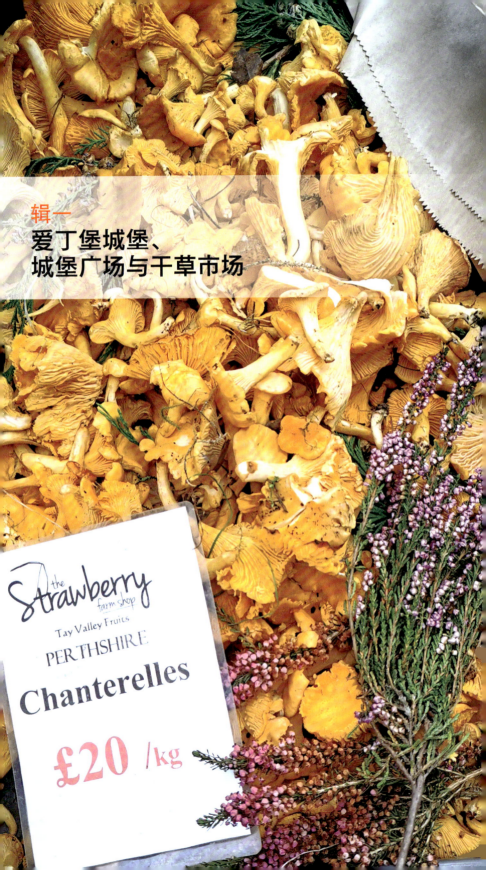

辑一
爱丁堡城堡、
城堡广场与干草市场

辑一
爱丁堡城堡、
城堡广场
与干草市场

女巫之泉：《哈利·波特》的文化源泉

在爱丁堡城堡广场入口处右手边的墙上，有一个用青铜制造的饮用喷泉，叫作"女巫之泉"（The Witches' Well）。

这座女巫之泉由苏格兰凯尔特复兴艺术家约翰·邓肯（John Duncan）从1894年开始设计，到了1912年，终于坐落在广场上。女巫之泉图案的左边是一个邪恶女巫的头像，而右边是一个善良女巫的头像。两个头像中间还有一条蛇，在基督教文化中，蛇是邪恶的动物，但在希腊神话中，蛇也象征医药之神阿斯克勒庇俄斯（Asclepius）。喷泉下方的植物，则选用了既能治病又能致毒的洋地黄（foxglove）。这个图案让我重温了唯物辩证法，任何事物都有两面。

与城堡广场上另外几座更大更吸引眼球的纪念碑相比，无论是所处位置还是体积，这个用作纪念的饮用喷泉都略显低调，很容易被游客忽略。虽然它已经在城堡广场屹立了一百多年，但我问过好几位在爱丁堡已经生活很久、去过这个广场无数次的同学，都不知道这个女巫之泉的存在。在这么一座看上去并不起眼的女巫之泉背后，折射了英国以及西欧曾经的一段黑暗历史，甚至与大

爱丁堡城堡广场入口处右手边的墙上的女巫之泉（一）

勇士、诗人与魔法

女巫之泉（二）

家熟悉的英国文学作品《哈利·波特》都有一定关系。

在 1563 年苏格兰玛丽女王统治时代，通过了第一个禁止巫术的法令。玛丽女王的儿子，也就是苏格兰国王詹姆斯六世（后来接替英格兰女王伊丽莎白一世，成为英格兰的詹姆斯一世），又在 1597 年写了一本名为《妖怪学》(*Daemonologie*) 的专著。他在书中称，有一个女巫团体在他从丹麦返回苏格兰的海上旅途中用法术召唤了一场风暴，企图谋害国王。于是，就在今天的女巫之泉

辑一
爱丁堡城堡、
城堡广场
与干草市场

附近，约有 300 名女巫被处死。而在 1736 年相关法案被废除前，在苏格兰有大约 4000 名妇女被以女巫的名义处死，其中三分之一的案例发生在爱丁堡和附近的洛锡安。

为什么这段时期苏格兰会处死这么多女巫？提到这里，就不得不谈一谈在欧洲中世纪流行的"猎巫运动"（Witch Hunt）和大家都非常熟悉的关于巫师和魔法世界的文学作品《哈利·波特》。

《哈利·波特》能成为一部既流行又伟大的文学作品，原因之一就在于《哈利·波特》背后那个令人着迷的魔法世界。但这个成体系的魔法世界，并不是 J.K. 罗琳把别人休息的时间都用来在爱丁堡的大象咖啡馆喝着咖啡一拍脑门凭空创建出来的，而是取材于英国历史文化中原本就存在的巫师文化。这就好比金庸先生笔下的武侠小说，虽然内容虚构，里面的文化背景却真实存在，很多人物在历史上甚至真有其人，所以读起来亦真亦假，格外过瘾。

对中国读者来说，巫师文化比较新奇，我们更熟悉的是和尚、道士、住在天上的神仙、会变成美女跟人成亲的狐仙……但对英国人来说，女巫、宠物、熬草药的锅、会飞的扫帚……才更为贴近他们的生活。关于巫师的传说一直存在于英国文化中，在很长一段时间里，人们都相信这些东西是真实存在的。

远在不列颠岛的亚瑟王传说时期，就有关于大魔法师梅林（Merlin）的故事，梅林曾经协助亚瑟王建立古英王国。而魔法师梅林的名字，在哈利·波特第一次坐火车去霍格沃茨的时候，就与邓布利多一起出现在巧克力蛙附带的魔法师卡片中。罗琳把她创作的大巫师邓布利多校长的名字与英国历史传说中大魔法师梅林的名字并列在卡片中，让这部小说与英国的古典传说产生了奇妙的连接。

巫师的形象并不仅仅出现在传说和文学中，在英国民间，巫师这个群体曾经长期存在。巫师的法术被人们认为是一种对超自然力的信仰，可以帮助人们处理精神上的不安，减轻生活中的痛苦。老百姓普遍认为法术世界中的专家是真实的，他们具有天生的法力，这种法力还能随着血缘传递。这就可以解释在《哈利·波特》里面，一些"纯血巫师"对自己的"正宗血统"那份优越感和骄傲。在英国民间文化中，巫师还具有精通草药、善念咒语、拥有宠物等特征。据说巫师的宠物也具备一定的法力，服从主人的意志。猫、蛤蟆、羊等动物都是巫师的宠物备选。

因此，在哈利就读的霍格沃茨魔法学校，草药学、占卜和咒语都是必修课的内容，而很多巫师，包括罗恩、赫敏和纳威都拥有自己的宠物，这些情节设置就非常顺理成章了。不难看出，《哈利·波特》中魔法体系的建构，完全是根据英国的历史和人们心目中关于巫师的观念演变而来。虽然《哈利·波特》这部作品风靡全球，同时受到西方和东方人民的喜爱，但由于不同的文化背景，英国人在读《哈利·波特》时，产生的文化共鸣应该比中国读者要多得多。

我们中国读者在读《哈利·波特》的时候，如果了解西方这些文化背景，也能获得更深层次的阅读体验。我一直觉得，无论是去西方国家旅游、游学还是读西方文学、看西方电影，或者与西方打贸易战、打外交战，提前了解西方的文化和历史都必不可少。当华为孟晚舟被加拿大非法拘押，驻英大使刘晓明发出了"这与中世纪的'猎巫'如出一辙"的评论时，我是真心感觉这个反驳很有水平，这是一句巧用西方文化典故促使西方人反思的反击。

与《哈利·波特》中的巫师生怕他们的魔法世界被普通人（麻瓜）发现不同，在中世纪的英国，巫师这个群体与普通老百姓的生活紧密相连。人们在生病时会请求巫师的帮助，善于熬制草药的巫师会提供一些治疗手段，充当医师的角色。人们在生活中遗失了

辑一
爱丁堡城堡、
城堡广场
与干草市场

物品，也会请巫师占卜寻找。如果自家的动物出现了不正常的行为，还会请巫师判断是否被人下咒，并请术士解咒。

巫师这个群体在西欧曾长期存在。虽然在中世纪的西欧，基督教是主流意识形态，但巫术不是对宗教的取代，只是对宗教的补充，也不成体系，因此教会并不认为巫师对其构成威胁。然而，从中世纪末期开始，西欧各国战乱不断、瘟疫横行、经济衰退、社会混乱，人们普遍缺乏安全感。于是，世俗政权和教会都开始认为社会上存在的巫师是这些灾难的根源。1484年，教皇英诺森八世发布谕令，声称"巫师"给欧洲带来了危害。一场"猎巫运动"就此开始，并迅速席卷欧洲。

1487年，德国宗教裁判所出版了《巫师之锤》一书，这本书详细讲述了"猎巫"的一整套操作指南，对"猎巫运动"起到了推波助澜的作用，于是"猎巫运动"开始在欧洲持续了大约三个世纪。实际上，这是以基督教为代表的上层社会为了转移社会矛盾，而对巫师这个非主流群体进行的一次"甩锅"行为。这是西方上层社会"甩锅史"的重演。早在罗马帝国时期，皇帝尼禄为了修建一座新宫殿，悄悄让人放火把旧宫殿烧掉。后来这场大火造成了罗马城六天六夜的火灾，激起巨大社会矛盾，尼禄为了推卸责任，就把当时还处于社会弱势群体的基督徒作为替罪羊。只不过到了中世纪，巫师这个群体又成了基督教会和王权的替罪羊。

在"猎巫案件"里，绝大多数"巫师"都是女性。因此，"猎巫运动"还是对女性的一次大规模迫害。很多从未从事过"巫术"的女性，因为私人恩怨被人陷害，也被指控为"女巫"。

比如，在当时关于巫术的起诉中，被起诉为巫师者通常是年长的女性，被指控对邻居下咒。被起诉的"女巫"通常比原告更穷，在邻里之间发生口角关系后，其中一方遭遇不幸，原告就开始怀疑对方下咒，从而向司法机构起诉对方为女巫。而判断被告是否为女巫的关键之一，竟然是在被告身体上寻找是否存在瘤子、瘀子、胎记等"记号"，因为这被认为是巫师给宠物喂养自己的血液的地方。传说如果宠物喝了主人的血，就会乖乖听从主人的命令，变成具有一定法力的小妖。当时有很多独居妇女被指控为"女巫"而被处以刑罚，这种情况在欧洲大陆和英国都很普遍。而在英国，苏格兰的情况又比英格兰更为严重。

后来随着时代的发展，人们是如何逐渐放弃了"猎巫"这一行为和理念的呢？答案竟然是我们特别熟悉的两个词汇，一个是法治，一个是科学。

第一，随着法治、证据、程序正义这些观念深入人心，英国的治安法官开始担心巫术的举证难度，即如何证明原告遭遇的不幸是由于巫术造成，而不是因为自然原因。然而，因为无法举证，律师并不愿意接这种案子，法治和程序正义的观念逐渐瓦解了人们对猎巫的执念。

第二，17世纪以后，随着欧洲启蒙运动的发展，受教育者越来越多，科学也越来越发达，相信巫术的人开始变少，牛顿的物理学证明了宇宙存在规律。虽然包括牛顿在内的人们都相信上帝的存在，但随着科学的发展，人们开始认为，任何人都无法通过法术来改变由上帝决定的自然定律，巫术被认为是不具效力的。

"猎巫"这场既愚昧荒唐又残忍落后的闹剧，一直持续到18世纪末，才在欧洲彻底销声匿迹。在19世纪末，凯尔特复兴运动的艺术家开始设计女巫之泉。到了20世纪初，这座具有纪念意义的女巫之泉终于出现在爱丁堡城堡广场，建造者希望今天的人们铭记和反思这一段不光彩的历史。

而爱丁堡这座城市，恰好是当下最流行的关于巫师的文学作品《哈利·波特》的诞生地。巫师在欧洲历史中是被迫害的弱势群体，但当代女作家 J.K. 罗琳却如神奇的巫师一般，挥舞她手中如

辑一
爱丁堡城堡、
城堡广场
与干草市场

女巫之泉（三）

魔杖一样拥有魔力的笔，为我们描绘了一个精彩的魔法师世界。在《哈利·波特与阿兹卡班的囚徒》第一章里，罗琳还安排哈利有模有样地写了一篇论文《十四世纪焚烧女巫的做法是完全没有意义的——讨论稿》，论文里引用的资料《魔法史》谈道，"焚烧并没有收到什么效果，巫师在被焚烧的时候会施展一种冻结火焰的基本魔法，一面享受火焰所产生的温和的快感，一面假装痛苦发出尖叫"。每次我读到这一段的时候，总是忍不住为这个看似跟《哈利·波特》的故事主题关系不大的情节击节叹赏，这是罗琳用她的乐观、幽默感和想象力，对中世纪"猎巫"行动的尖锐讽刺和有力还击。

《哈利·波特》中的男女巫师已经成为当代青年心目中如古希腊神话般经典的英雄人物，幻想自己其实是一名巫师，希望在某一个暑假收到魔法学校的录取通知书，已经成为无数中外少年的梦想。爱丁堡这座曾经处死了大量巫师的城市，也成为歌颂巫师世界和传播巫师文化的作品《哈利·波特》的诞生地。让苏格兰人引以为豪的爱丁堡大学，被全世界很多人当成了他们心目中霍格沃茨魔法学校的原型之一。这也算是另一种意义上对历史上那些受到迫害的"巫师"的平反和纪念吧。

辑一
爱丁堡城堡、
城堡广场
与干草市场

城堡广场上的"胜利日预兆之吻"

爱丁堡老城区的主干道"皇家一英里"是个一千多米长的斜坡，斜坡的起点是山脚下的荷里路德宫。当游客一步一步登上"皇家一英里"的最高点后，一片开阔的空地就会突然出现在眼前，给人豁然开朗之感。这片空地就是爱丁堡城堡广场，穿过城堡广场，就可以到达著名的爱丁堡城堡。

平时，来自全球各地的游客在城堡广场上排队进入爱丁堡城堡参观。在参观完爱丁堡城堡以后，就从广场匆匆离去，城堡广场本身则常常被忽略。我在第一次到爱丁堡的时候，也是直奔目的地爱丁堡城堡，而把城堡广场当成了城堡门口的一块用于排队的空地。直到后来，当我在这座城市慢慢安定以后，静下心来，才逐渐发现城堡广场自身的魅力，才渐渐意识到，对于爱丁堡的长期居留者而言，城堡广场才是我们日常生活的一部分。因为爱丁堡城堡每次进入都需要购买门票，而且只在白天的固定时间开放，而城堡广场却从无门票一说，哪怕是在新冠疫情期间，都是全面开放，24 小时欢迎人们到来。

城堡广场的地理位置是它最大的特色。因为一般而言，一座城市的广场都位于这座城市中心地势较低之处，人们可以在广场周围比较高的建筑中俯瞰热闹的广场和广场上跳广场舞的人群。爱丁堡城堡广场却与众不同，它位于爱丁堡老城区城堡山的山顶上，这个广场绝对不可能被俯瞰，相反，站在这个高高的广场上，倒是可以俯瞰爱丁堡全城。

在白天，城堡广场是前来游览爱丁堡城堡熙熙攘攘的游客的一个短暂停留和排队的地方，到了下午 5 点，城堡关闭后，城堡广场自身的魅力才渐渐显现。我住的宿舍离城堡广场不远，我经常会在晚饭后漫步到这个高高的广场上，感受这个与天空最近的广场的辽阔，体会从天上的广场俯瞰地面上城市的快乐。

宛如矗立在云霄之中的爱丁堡城堡就像是一座天空之城。在天空之城门外的广场上俯瞰爱丁堡的群山和福斯湾、干草市场（Grassmarket）和王子街，就像是站在《西游记》中天庭的入口南天门眺望下界和人间。在《西游记》中，南天门是英勇无畏的齐天大圣孙悟空大闹天宫的主战场，而爱丁堡城堡广场也是一座以苏格兰勇士为主题的广场，屹立着很多跟战争有关的军事景观。只可惜平时专程来参观爱丁堡城堡的人们，很少注意到广场上这些景观。

从城堡广场的入口进来朝北走，绕过右手边的女巫之泉，你会依次看见六个军事景观，相隔距离都不远。

首先映入眼帘的是三个十字架。第一个刻着一头大象的十字架叫印度十字架，这是为了纪念在1857—1859年镇压印度民族起义中死去的第78步兵团的军士。第二个颜色较深，刻着一把剑的砂岩十字架是为曾多次驻扎在爱丁堡的戈登高地人团的军官麦肯兹（Mackenzie）上校所建，他活捉了爱尔兰叛乱的领袖威廉。

勇士、诗人与魔法

位于"皇家一英里"的最高点，豁然开朗的爱丁堡城堡广场

辑一
爱丁堡城堡、
城堡广场
与干草市场

曾追求独立的苏格兰军团在归顺以后，却代表大英帝国去抓捕叛乱的爱尔兰将士，这让我想起《水浒传》中武松（一说为鲁智深）独臂擒方腊的故事。虽有这般英勇，无人可挡他路，"望着是万马千军都直冲"，总感觉命运捉弄。

第三个十字架由花岗岩制成，纪念的是在布尔战争中阵亡的骑兵。这几场战争都是大英帝国为了维持其殖民统治而进行的军事活动，站在被殖民者的角度，很难称得上是正义的战争，但站在英国人的角度，死去的人都应被怀念。

这三个军团的兵源都以苏格兰人为主。当苏格兰还是一个独立国家的时候，曾多次在爱丁堡城堡一带与英格兰发生激烈的战斗。但在苏格兰与英格兰合并以后，为了维护大英帝国的海外统治而牺牲的苏格兰人却在爱丁堡城堡广场上被作为"爱国（大英帝国）英雄"永远铭记。所以美国学者本尼迪克特·安德森说，西方国家从某种程度上是一个"想象的共同体"。

经过三个十字架继续朝前走，会看到一个人像。我第一眼看到这个青铜雕像的时候，就觉得他神气活现的表情，跟爱丁堡乔治街上乔治四世的铜像有几分相似。后来才知道，这个人就是乔治四世的亲弟弟弗雷德里克王子（Prince Frederick）。虽然从没来过爱丁堡，但他跟爱丁堡的渊源却很深。因为爱丁堡著名的王子街，就是以弗雷德里克王子和他的哥哥罗撒西公爵（后来的乔治四世）命名。作为拿破仑战争期间的总司令，弗雷德里克王子监督了英军的改组，建立了重要的行政和征兵改革。

在王子雕像的背后，还有查尔斯·尤尔特（Ensign Ewart）少尉之墓。由于在滑铁卢战役中捕获了利涅第45团的军团之鹰，少尉获得了苏格兰军人最珍贵的荣誉。为了永远纪念他的这项功绩，坟墓的一侧还刻了一只鹰。城堡广场北侧的最后一个军事景观是一个方尖碑，用于纪念1878年在英国和阿富汗战争中牺牲的72高地步兵团。

在城堡广场南侧的景观没有北侧这么密集，主要是两块纪念牌。一块刻满了从1899—1902年南非战争中牺牲的戈登高地人军官和士兵的名字，另一块则是对保卫了爱丁堡的戴维·莱斯利伯爵事迹的描述。

我曾花了很长的时间，仔细查找跟这些军事景观相关的资料，才把这些纪念碑背后的故事和历史基本弄明白。这么多军事景观屹立在爱丁堡城堡广场上，充分说明这个广场的军事意义。直到现在，城堡广场的一个重要功能仍是充当士兵训练的基地，每年都还有苏格兰士兵定期在广场上集训。但在全世界热爱艺术的人们心中，爱丁堡城堡广场上最有名的军事活动，就是每年爱丁堡艺术节中的军乐团表演。

我记得我和几位从伦敦来的朋友第一次到爱丁堡参加爱丁堡艺术节的时候，曾经问一名出租车司机，爱丁堡艺术节最值得看的活动是什么？他告诉我们，毫无疑问就是城堡广场上军乐团的表演。他说他在这里生活了几十年，每年都会自己买票来看。

现在我也算是对爱丁堡比较了解的人了，如果有人要问我这个同样的问题，我会给出同样的答案。只有在广场上观赏了奇伟磅礴如史诗再现的爱丁堡军乐节，聆听了风笛和军鼓合奏出来意气昂扬的狂野战歌，感受了苏格兰勇士的尚武精神与雄壮艺术的结合，才算真正参加了爱丁堡艺术节。

看军乐节表演那天非常寒冷，在8月底爱丁堡的夜晚，周围的人甚至穿上了羽绒服，而对苏格兰天气还全然不了解的我只穿了一件单衣，只恨自己没有随身携带一瓶可以暖身的苏格兰威士忌。但就在那个寒冷的夜晚，我看了一场最令我热血沸腾的演出。从那场激动人心的军乐表演中，我完全可以想象当年在爱丁堡城堡门前，"拔出自由之剑来痛击、猛舞……我们决心流血到死"的壮烈景象。在历史上，城堡广场这一带曾发生过多次战

圣诞期间的王子街夜景，只有在每年的圣诞和爱丁堡艺术节期间，缓缓转动的摩天轮才会被安装在王子街，为这座城市更添几分浪漫色彩

争。就在广场门口炮弹屋（Cannonball House）的外墙上，如果你仔细寻找，至今都还能看到镶嵌于其中的一颗炮弹，据说就是某次战争的遗留。幸运的是，如今的战争已经被每年一度的军乐节取代。我也默默地希望这个世界永远都可以这样"要艺术，拒战争"。

爱丁堡城堡广场并不只是跟军事主题有关，在每一个重要的节日，它都扮演了独特的角色。在圣诞期间，我常常来到城堡广场，从这里俯瞰王子街上灯火通明的圣诞集市和不停变换色彩的摩天轮带来的如迪士尼乐园般的夜景。而在新年的时候，盛大的烟火表演就是从爱丁堡城堡里升起，城堡广场则是欣赏烟火的最佳地点。记得在2020年新年前夜，整个爱丁堡"东风夜放花千树。更吹落，星如雨"，我跟一大群素不相识的苏格兰人在城堡广场挤在一起，激动地倒计时，共同迎接新年的到来。

爱丁堡城堡广场夜景

城堡广场上最令我动容的一幕,还是在 2020 年新冠疫情期间。一天傍晚,我在"皇家一英里"闲逛,由于疫情影响,此时街道上已经很少能够看见行人。爱丁堡是一座以文化旅游、节庆活动和高等教育为支柱的创意城市。平时我们看到的人山人海的爱丁堡,大多数都是由前来旅游的人士和爱丁堡大学的学生组成。在每年爱丁堡艺术节期间,爱丁堡的人口密度仅次于奥运会和世界杯现场。而现在,文化旅游活动全面停止,艺术节被取消,学生也纷纷以各种方式回国、回家或者干脆就待在宿舍,能不出门就不出门。疫情期间的爱丁堡显得特别的人烟稀少。

我信步走进城堡广场,曾经热闹非凡的广场空空荡荡,但我还是在广场南侧一盏昏黄的路灯下,发现有一对情侣在深情拥吻。我被眼前这一幕深深触动。在当前这个全球人民与新冠病毒抗争的大局势中,城堡广场上这个情侣忘情拥吻的画面给了我坚定的信

心,让我感到人类一定能取得与疫情战斗的胜利。因为只要人与人之间还有对爱的坚持、追求和渴望,人类就有希望,战胜病毒就有力量。

我突然想到了第二次世界大战中那幅经典的照片《胜利日之吻》。在日本宣布无条件投降那天,纽约民众纷纷走上街头庆祝胜利。"在时代的广场,谁都总会有奖",一名水兵在时代广场情不自禁地亲吻了身旁的一位女护士,这个瞬间被《生活》杂志的摄影师抓拍了下来,成为象征战争胜利的历史画面,被称为"胜利日之吻"。我此刻也拿出手机,偷偷拍下了爱丁堡城堡广场上这对正在接吻的情侣,希望这个画面是人类终究会战胜病毒的"胜利日预兆之吻"。

爱丁堡城堡：天空之城与命运之石

勇士、诗人与魔法

"形神结合"游城堡

在雅典，供奉希腊众神的雅典卫城位于这座城市的最高处。身处雅典城中任何一处街头巷尾的雅典市民，只要一抬头，就会看见山顶上的雅典卫城。这反映了在古希腊文化中，城市的中心和最高处是留给神的。神并非遥不可及，他就在城市中与人同在，但又向人展示他的存在和威严，神和人的世界既二元，又融合。

在被誉为"北方的雅典"的爱丁堡，雅典神庙的位置被爱丁堡城堡取代。作为苏格兰曾经的政治中心，爱丁堡城堡也建在城市的最高处。在爱丁堡城区的大街小巷，只要一抬头，就会看见仿佛远在云中，就像是一座天空之城的爱丁堡城堡。

我第一次进入这个城堡是在爱丁堡大学的迎新周。为了让大家尽快熟悉爱丁堡，学校在那一周安排了大大小小的各种活动。我在一系列迎新活动中发现了这个由爱丁堡大学历史协会组织的"参

爱丁堡城堡远景（一）

> 辑一
> 爱丁堡城堡、
> 城堡广场
> 与干草市场

观爱丁堡城堡之旅",门票由协会负责购买,但只提供50张给当天到得最早的前50名同学。

爱丁堡城堡的门票要16英镑一张,为了省这16英镑,我在那天特意起了个大早,提前一个小时到达集合地点。并不感到十分意外的是,已经有好几位中国同学在那里排队了,比我还早,而英国同学还一个都没到呢。我们几位素不相识的中国同学相视一笑,仿佛在说,大家都这么拼,21世纪必然属于我们勤劳的中国人!果然天道酬勤,我们都排到了这张由爱丁堡大学历史协会提供的门票,开开心心奔赴城堡。

从"皇家一英里"往上走,抵达这条大道的最高点,山顶上突然出现了一个宽阔的城堡广场,在广场背后就是威严的爱丁堡城堡。城堡大门上方是苏格兰红狮盾徽,盾徽的蓝带上有一句醒目的拉丁文"Nemo me impunelacessit"(犯苏格兰者必诛)。这句话展示了苏格兰人骁勇善战、英勇不屈的性格和不畏强暴、追求独立的精神,而矗立在这句话下方的两座雕像,就是最能代表民族精神的两位苏格兰勇士。

左边斜挎宝剑,有一张英俊脸庞,眉眼中透出一股王者之气的男子叫罗伯特·布鲁斯(Robert Bruce),右边手持宝剑和盾牌,身着盔甲,一身军人打扮的勇士叫威廉·华莱士(William Wallace)。看过电影《勇敢的心》的朋友一定不会对这两个苏格兰历史人物感到陌生。这部电影为了突出华莱士的英雄本色,做了很多艺术加工,把"勇敢的心"的故事加到了华莱士一个人身上,弱化了那段史实中布鲁斯的角色。此刻在爱丁堡城堡门口,这两座雕塑为我们还原了那段真实的历史,布鲁斯和华莱士作为苏格兰最伟大的两位民族英雄,一左一右,平起平坐,共同守护着苏格兰的核心要塞。

在城堡门口为这两位苏格兰勇士驻足片刻后,我穿过木门,进入

爱丁堡城堡内部

城堡。沿着小道向右前行,眼前突然变得开阔,城堡的内部景观一下呈现在我面前。这是一座宽广、复杂、弯弯曲曲又高高低低的建筑,古老的城墙围着逝去的国度,围着历史的真相,围着浩瀚的岁月,围着欲望与理想。

城堡内部分为上、中、下三个区域,结构立体,内涵丰富,就像是把伦敦的白金汉宫、西敏寺教堂、大英博物馆、国家画廊等著名景点都浓缩到了这一个城堡里。在我真正踏入这座城堡的内部之前,我一直把爱丁堡城堡想象成一个普通的军事要塞,里面可能就是几门大炮,几面城墙遗迹而已。在进来之后,我才感慨自己想象力的贫瘠。这座城堡里被专门标注出来必看的景点就有42处,哪怕只参观这42个景点中的一个博物馆,都需要很长的时间。

我随便列举几项。城堡里有圣玛格丽特礼拜堂、城堡大礼堂、王宫、加冕广场、国王宴会厅、苏格兰国家战争纪念堂、苏格兰联合军队博物馆、皇家苏格兰博物馆、军事医院、战争监狱、狗狗墓地……还有可以让游客免费品尝苏格兰威士忌的纪念品商店,

辑一
爱丁堡城堡、
城堡广场
与干草市场

在这里我喝到了秋天的第一口威士忌。

值得驻足等待的是从1861年就开始在城堡内启用的"1点钟大炮"(One o'Clock Gun)鸣炮仪式。每天下午1点，由工作人员现场点火，大炮准时鸣响。这个传统是为了方便海上的船只可以根据炮声来确定时间。而在爱丁堡卡尔顿山上的纳尔逊纪念碑塔尖上有一个小圆球，当爱丁堡城堡按惯例鸣炮时，纪念碑塔尖代表时间的小圆球就会应声落下。

跟英格兰历史相比，我们对苏格兰历史是比较陌生的。我觉得既然有缘来到爱丁堡求学，就应该多了解一些苏格兰历史，才对得起自己与这座城市的缘分。而通过阅读苏格兰文化景观，倾听景观背后的故事，就是一种深入了解苏格兰历史的生动方式。爱丁堡城堡里的每一面城墙，每一门大炮，每一座瞭望台，背后都是关于苏格兰的历史和故事。

我没有采用以前参观其他景点时那种走马观花、蜻蜓点水的方式，而是老老实实地去租了一个电子导览器。每到一个景点，就先听讲解，再看景观，同时结合曾经阅读过的苏格兰历史进行思

城堡内的"1点钟大炮"鸣炮仪式，本书作者在现场抓拍

考，希望把脑海中的故事、看到的景观和听到的讲解连接起来。那些在书本里或者电影中出现的历史或故事，在这座城堡里，一个个被激活和照亮。

我也建议来爱丁堡城堡游玩的朋友，一定要在门口租一个讲解器，认真听一听讲解。否则就只看见这座城堡的"形"，却未获得城堡的"神"。我们平时坐在房间里阅读关于苏格兰历史的书籍虽然获得了一部分"神"，但未必见其"形"。这次来爱丁堡城堡，一边听讲解，一边看景观，是一个"形神结合"的绝佳机会。另外，除非觉得自己的英文水平已经完全不亚于自己的中文，像冰雪女神谷爱凌一样可以中英文自由切换，否则我建议不要租英文讲解器而是租中文讲解器。因为在我们边听边看边行走边思考的时候，使用自己最本能的语言，才能更加高效地完成这个过程。

爱丁堡城堡里"命运之石"的命运

在爱丁堡城堡里转悠，我都是一边听讲解，一边行走观赏。有时在看了一个景点以后，意犹未尽，又慢悠悠地转回来再看一遍，几乎一整天，我都在城堡里自由穿行。只有一个地方不能这么随心所欲，因为这里永远排着长长的队伍，这个景点就是爱丁堡城堡中的王宫，也是爱丁堡城堡里游客最集中的地方。就像卢浮宫里的"三宝"一样，是每一位游客的必看之点。

苏格兰最有故事的女王玛丽在这个王宫里生下了苏格兰的詹姆斯六世，也就是后来接替了英格兰伊丽莎白一世王位的詹姆斯一世。但这个王宫现在每天都吸引如此多游客前来瞻仰的原因，还不仅仅是因为这里是有故事的女王玛丽曾经的居所，也是因为在王宫二楼"苏格兰之光橱窗"展出的苏格兰最有故事的一块石头："命运之石"（Stone of Destiny），也叫斯昆石（Stone of Scone）。

这块重约 336 磅的长方形黄色砂岩看上去非常普通，但它可能比中国古代的和氏璧还具有传奇色彩。斯昆石是整个不列颠地位最

辑一
爱丁堡城堡、
城堡广场
与干草市场

高的一块石头，它背后的故事足以让其他有背景的石头都黯然失色。根据远古传说，当《圣经》中的雅各梦见天梯时，就枕着这块"命运之石"。这块石头随后又得到被誉为"爱尔兰主教圣人"圣帕特里克的祝福，成为爱尔兰酋长加冕时使用的石头。接下来，"命运之石"被带到苏格兰的斯昆宫（Scone Palace），苏格兰历代国王都站在它上面举行加冕仪式，成为苏格兰王权的象征。

到了1296年，英王爱德华一世（也就是我们熟悉的电影《勇敢的心》里面的"长腿"）把苏格兰的"命运之石"作为他打败苏格兰的战利品运到伦敦，安置在西敏寺教堂的加冕宝座圣爱德华宝座之下。由于英格兰的国王都坐在加冕宝座上面加冕，而石头被置于宝座下方，从雅的方面理解，可以理解成苏格兰永远处于英格兰的统治之下，如果从俗的方面理解，就预示着英格兰永远把苏格兰坐在屁股底下。

"命运之石"的传奇命运并没有因此结束。苏格兰人民当然对这块苏格兰最重要的石头被夺走甚至被羞辱非常不满，一直要求英格兰归还，但英格兰从未答应。在1950年，也许是出于对民族的忠诚，也许是初生牛犊不怕虎，四名苏格兰学生竟然从西敏寺教堂偷走了这块著名的石头，运回了苏格兰。在运输过程中，这块石头不小心被摔成两半，还好在苏格兰得到了专家的修复。这起偷盗案件最终还是暴露，斯昆石又被警方运回伦敦。"命运之石"物理上的分分合合，或许也意味着英格兰和苏格兰分分合合的关系。

在1996年，也就是在香港即将回归中国的前一年，此时英格兰面临多重压力，再加上苏格兰不断高涨的民族情绪，英国政府终于决定将"命运之石"归还苏格兰。"命运之石"被护送回爱丁堡，存放在爱丁堡城堡，所以我们今天才能在爱丁堡城堡一睹它的尊容。但英国政府同时也颁布了一道法令，规定在下一届英王举行加冕典礼时，"命运之石"仍然需要回到伦敦，安放在圣爱德华宝座下供新的英王加冕使用。因此，在新英王继位之时，这块石头又将被运回伦敦。但到时候苏格兰人民会不会拒绝执行这个命令，从而成为更大事件的导火索，就不得而知了。

从英格兰这个举动也可以看出，英格兰在面对他们应该归还的物品的时候，总是不主动不情愿不爽快。即使被迫不得不归还，还会动一些小心思，制造一些障碍。就别说拒绝归还从希腊运走的文物了（由于我在爱丁堡大学学习文化景观的导师佩妮 [Penny] 就是希腊人，她经常跟我们提起这段公案。我也推荐北大丁宁老师的著作《图像缤纷》，这本书把这件事情的来龙去脉讲得非常清楚），连对自己的兄弟之邦苏格兰都是如此。

除了"命运之石"，二楼橱窗里展出的象征苏格兰王权、政权和军权的王冠、权杖和宝剑，也是人们排着长队希望一睹芳容的珍宝。权杖和宝剑是1494年罗马教宗送给苏格兰国王詹姆斯四世的礼物。在1543年9月9日，苏格兰玛丽女王曾头戴这顶王冠，手持权杖和宝剑进行加冕。在苏格兰和英格兰合并以后，查理一世和查理二世甚至还专程来到苏格兰使用这套器物举行加冕仪式，以此表示他们既是英格兰之王，又是苏格兰之主。

在爱丁堡城堡里至今被当成国宝来陈列的王冠、权杖和宝剑反映了苏格兰人对古老的、曾经独立的苏格兰王国的留恋。无论是从文化还是器物的角度，苏格兰都固执地保持着自己的独立性，这也是苏格兰一直没有彻底断绝独立愿望的根源之一。

省钱游城堡的技巧

参观爱丁堡城堡还有一些省钱的小技巧。如果你在苏格兰的任何一所大学就读，还不到25岁，那么就可以办理一张苏格兰专门为年轻人设立的苏格兰青年卡（Young Scots）。拿着这张卡，只花1英镑就能购买苏格兰境内需要十几镑才能买到的各大景点的门票，当然也包括爱丁堡城堡。这是苏格兰政府为了鼓励年轻人多进博物馆，培养年轻一代对苏格兰文化忠诚的举措。文化遗产

辑一
爱丁堡城堡、
城堡广场
与干草市场

在这里承担了教育功能。法国也有类似的规定，年轻人可以用极低的费用购买如卢浮宫、凡尔赛宫的门票。

像我这样不能办卡苏格兰青年卡的大龄甚至高龄留学生也不用气馁，如果不想花 16 英镑购买门票，也可以先等一等，到了每年的 11 月 30 日圣安德鲁日，就有更大折扣等着你。这个节日是为了纪念苏格兰的守护神圣安德鲁，也是苏格兰的国庆日，在这一天，苏格兰所有的城堡都免费开放。我之前完全不知道有这种规定，从爱丁堡大学给学生发的一封邮件中才获悉此消息。出于对爱丁堡城堡的爱，我又第二次去免费探访了爱丁堡城堡，在里面细细看了一整天。

不过，即使这次已经是"二进宫"，我还是没有品够爱丁堡城堡的全部历史和细节，仍感觉如苏格兰威士忌一般，滴滴香浓，意犹未尽。在即将离开爱丁堡的时候，虽然再也没有免门票的活动让我遇上，我也毫不犹豫地花了 16 英镑购买门票，第三次进入爱丁堡城堡参观。这座城堡就像是一本厚重的苏格兰历史书，无论免费还是自费，都非常值得对苏格兰文化和历史感兴趣的人反复玩味欣赏。

爱丁堡城堡
远景（二）

电影《勇敢的心》与历史中的苏格兰勇士

关于苏格兰,我在很久以前就有一个模糊的印象,那里的人似乎总是处于英格兰的压迫之中,一直在追求独立。我在任何时候听到苏格兰民族乐器风笛的曲调,都觉得是苏格兰人民追求自由和独立的悲歌。以至于我刚到伦敦的时候,在街头看到了一位身着苏格兰花格呢的风笛手正在吹奏《苏格兰勇士》,我的第一反应,就怀疑他正在代表苏格兰人民向英国政府喊话,要求自由和独立。

这种印象从何而来?我相信很多人都跟我一样,受了那部名叫《勇敢的心》电影的影响。在这部电影里,苏格兰民族英雄威廉·华莱士带领苏格兰人民反对暴政、追求自由的故事,曾经无数次在我人生的不同阶段以不同的方式感动着我,令我从不同的角度潸然泪下。

第一次看《勇敢的心》(又名《惊世未了缘》),是在20世纪90年代末,这部电影刚刚传入中国,还并不知名。我是从一位父母在电影公司工作的同学那里弄到了这部电影的VCD。这张VCD就在我们几个好朋友之间小范围流传,成为年幼的我们认识苏格兰的第一扇窗口。影片中坚强的勇士,自由的呼唤,冷艳的王妃,凄美的爱情,独立的悲歌和呜咽的风笛,都让我的心灵受到了极大的震撼。后来,我渐渐长大,在我人生的好几个阈限阶段,当我需要极大的勇气来面对生活中的挑战的时候,我都会找出这部片子,反复观看,从中汲取勇士的精神和战斗的力量,紧握那颗"勇敢的心",直面困难,一战到底。

万万没想到的是,我居然在多年以后,鬼使神差地来到苏格兰的首府爱丁堡求学。于是一有机会,我就会跟我在爱丁堡遇到的留学生朋友聊电影《勇敢的心》,因为我觉得苏格兰是最适合跟人

> 辑一
> 爱丁堡城堡、
> 城堡广场
> 与干草市场

聊《勇敢的心》的地方。我早已过了把自己认为好看的书、好听的歌、好看的电影强行推荐给别人的年龄，但当我在爱丁堡遇到了一些没看过甚至连听都没听说过《勇敢的心》的小朋友的时候，一把年纪的我依然无法完全控制自己的情绪，情不自禁地问道："你选择来苏格兰上大学，居然没看过《勇敢的心》！那你们来苏格兰干什么！"

年轻的同学一脸问号地望着我，可能是觉得对面这位老同志坚持活在自己的世界里，实在是有些莫名其妙。意识到自己不合时宜后，我马上做了一个比喻，"我的意思是，这就相当于你们这么喜欢爱丁堡，最终选择了爱丁堡大学作为你的梦校，但身在爱丁堡的你却没看过甚至没听说过《哈利·波特》一样"。这样一说，他们似乎明白了我心中《勇敢的心》这部电影对于苏格兰的意义。

我后来也深刻反省了自己，毕竟《勇敢的心》是一部时光比较久远的电影了，年轻的朋友们没听说过也非常正常。不过，我还是忍不住，冒着再次被大家认为莫名其妙、好为人师的危险，强烈推荐他们一定要看这部电影。因为我是真的觉得，《勇敢的心》是每一位到苏格兰留学、访学甚至是旅游的人必看的电影。

人对一个地方产生感情，一个地方对一个人产生意义的原因有多种多样，可能是因为一个人，一段经历，也可能是因为一本书，一首歌，一部电影。就我自己而言，最初就是因为《勇敢的心》这部电影，才对遥远的苏格兰萌生了炽热的情感，形成了审美的意象。就如同北京大学的李道新教授在他的文章《风雨苏格兰》中谈到的那样，"尽管我也知道，《勇敢的心》只是一部虚构的古装影片，跟苏格兰历史文化本身存在着不少的差异。但我仍然固执地想要把我在苏格兰所看到和听到的，跟曾经感动和震撼自己的一部电影联系在一起。有点蛮横无理，却又不可救药"。

勇士、诗人与魔法

位于苏格兰小城斯特灵的华莱士纪念塔

辑一
爱丁堡城堡、
城堡广场
与干草市场

我了解到,在历史上华莱士大败英格兰军队的苏格兰小城斯特灵,建有一座华莱士纪念塔。我还一直计划在什么时候,一定要去斯特灵来一场关于华莱士的文化朝圣。但有一天,就在跟我的宿舍步行不超过10分钟的爱丁堡城堡门口,我居然没有一丝防备地,看到了我心目中苏格兰最大的英雄华莱士的雕像。

这个位于爱丁堡城堡门口的华莱士雕像真是给了我一个巨大的惊喜。在爱丁堡城堡门口竟然会树立起勇士华莱士的雕像,这也从客观上证明了华莱士在苏格兰历史中的地位。但是我心中也迅速升起了一个问号,会不会是因为《勇敢的心》这部电影在全球大火了以后,为了吸引游客,才在爱丁堡城堡门口树立起华莱士的雕像呢?就像在重庆武隆"天生三桥"景区树立的那个变形金刚一样。

爱丁堡城堡门口的布鲁斯与华莱士雕像

我后来才知道,爱丁堡城堡门口这尊华莱士雕像,确实跟《勇敢的心》这部电影大有渊源。但与我之前的猜测完全相反,并不是电影带来了这座雕像,而是爱丁堡城堡门口这个华莱士雕像,催

生了《勇敢的心》这部电影。

电影《勇敢的心》的编剧兰德尔·华莱士（Randall Wallace）此前从未听说过威廉·华莱士的故事。他来到爱丁堡之后，看到了这座威廉·华莱士的雕像，惊奇地发现这个人居然跟自己同姓，于是他就主动去了解了华莱士的故事，最后才创作了《勇敢的心》剧本。爱丁堡这座城市被称为"文学之城"，我认为最厉害之处不在于它满足联合国教科文组织（UNESCO）关于"如何才能被评为文学之都"的那些标准，而在于这座城市里到处都是能够启发人的想象力，催生人的创造力，激发艺术家创意的文化景观。

城堡门口除了华莱士的雕像外，还有一座雕像是罗伯特·布鲁斯。在电影《勇敢的心》中，布鲁斯只是一名继承了华莱士的遗志继续对抗英军的贵族，在片中戏份不多。作为一个连名字都不大容易能被人记住的配角，布鲁斯在电影中的影响力远远小于华莱士。但电影《勇敢的心》对历史进行了一定程度的改编，把所有的光环都集中到了华莱士这个人物上。在真实的苏格兰历史中，"勇敢的心"其实并不是指威廉·华莱士的心，"勇敢的心"这个说法来源于这位苏格兰贵族勇士罗伯特·布鲁斯。

在1306年，也就是华莱士被处死后的第二年，罗伯特·布鲁斯加冕为苏格兰国王，即苏格兰历史上的罗伯特一世。他多次率领苏格兰人大败英格兰军队，特别是在1314年，罗伯特一世在位于斯特灵郡的班诺克本战役中用密集的长矛方阵（Schiltrom）让英军大伤元气（这个长矛方阵又名刺猬阵，也曾出现在电影《勇敢的心》中）。到了1328年，曾经打败了苏格兰，斩首了华莱士的"长腿"英王爱德华一世的孙子，英王爱德华三世不得不与罗伯特一世签订了《北安普敦条约》和《爱丁堡协议》，正式承认苏格兰王国的独立主权，教皇也认可了苏格兰国王的身份。

罗伯特在晚年决定参加十字军东征，但病重的他已无法亲自前行，遂让部下詹姆斯·道格拉斯代他出征，并要求在自己死后，将心脏取出进行防腐处理，与军队同行，这样就表示他身上的勇士精神仍然与军队同在。道格拉斯完美地执行了罗伯特的遗愿，他把罗伯特·布鲁斯的心脏放在一个银盒子里，用链子戴在自己的脖子上随军出战。我突然想到了《哈利·波特》中伏地魔的魂器，也曾经被哈利和罗恩以这种方式挂在脖子上，不知道罗琳阿姨在创作这个细节的时候是否受到苏格兰"勇敢的心"这个传说的影响。

1330 年，在特巴斯德阿达莱斯战役中，道格拉斯中了埋伏，在这危急的时刻，他取出盒中的心脏用力掷向前方，高喊，"向前冲吧，勇敢的心，就像以往您曾经做的那样，道格拉斯将追随您奋勇战死"（Forward, brave heart, as ever thou were wont to do, and Douglas will follow thee or die），这就是历史上"勇敢的心"故事的由来。道格拉斯战败身亡，骑士团几乎全军覆没，但幸运的是，这颗"勇敢的心"被道格拉斯的战友带回了苏格兰，安放在梅尔罗斯修道院。

罗伯特·布鲁斯的一生也是带领苏格兰人民英勇奋战，争取自由的一生。苏格兰诗人彭斯的《苏格兰勇士》（"Scot Wha Hae"），生动地表现了华莱士与布鲁斯带领苏格兰人战斗的那段历史："跟华莱士流过血的苏格兰人 / 随布鲁斯作过战的苏格兰人 / 起来！倒在血泊里也成 / 要不就夺取胜利！"从这首诗中就可以看出，华莱士和布鲁斯作为民族英雄，在苏格兰人民心中的地位是一样的。苏格兰人民就如同怀念威廉·华莱士一样怀念罗伯特·布鲁斯，这才可以解释为什么在爱丁堡城堡的门口，会出现布鲁斯与华莱士两位苏格兰勇士的雕像一左一右，共同把守城堡大门的景象。

后来对苏格兰文化已经比较熟悉后，我又在爱丁堡重温了一遍

《勇敢的心》这部电影。此时的我，已经可以从电影中随意抓取表现苏格兰的文化符号了。比如：电影里随时出现的悠扬的风笛声；所有人几乎都穿着格子披肩；小女孩向华莱士表达爱意时送给他的蓟花；华莱士回到故乡时，人们正在跳的凯莉舞；华莱士骑着马去接女朋友时天上下起的大雨；苏格兰老人在给受伤的士兵做手术时，用威士忌进行麻醉，同时感叹毁掉了一瓶好酒；以及华莱士准备用箭射鹿，却被这匹鹿救了他的性命……如果你也跟我一样在爱丁堡待过一段时间，在电影中看到这些代表苏格兰的文化符号，一定会发出会心的微笑。

辑一
爱丁堡城堡、
城堡广场
与干草市场

"最后一滴"与"绞了一半的麦琪"

走出爱丁堡城堡广场，沿着右手边炮弹屋前的阶梯缓缓下行，你会到达一个跟城堡广场风格完全不同的长方形空地，爱丁堡干草市场。如果用"崇高"来形容曾经作为军队训练场的爱丁堡城堡广场，那么"优美"或许是你看到干草市场的第一印象。

干草市场跟爱丁堡艺术学院只有不到5分钟的路程。不知道是不是跟这个原因有关，广场上有不少颇具文艺气质的建筑。有售卖格子裙的苏格兰传统服装店爱丁堡格子裙制作店（Edinburgh Kilt Maker），有诗人彭斯最后一次来爱丁堡居住的客栈怀特哈特客栈（The White Hart Inn），有可以让你淘到跟爱丁堡所有节庆活动有关的纪念品商店（Festival Stores），还有作为苏格兰舞蹈中心的爱丁堡舞蹈基地。在爱丁堡艺术节期间，这里更是热闹非凡，充满节日气氛和艺术气息。

干草市场并不从来都是如此文质彬彬，相反，这里曾经是一个"质胜文则野"的地方。从15世纪中到20世纪初，干草市场一直是洛锡安地区的农民售卖干草、玉米和牛马牲畜的场所。由于这里是一个闹哄哄的市场，从1650年开始，这个市场又成为爱丁堡执行绞刑的地方。从17世纪中期到18世纪末期这一百多年来，几乎每天都有人在这里被绞死。在古代的中国，也会选择菜市场作为砍头的地方，因为菜市场人多热闹，能起到较大的震慑作用。看来无论是中国英国，东方西方，公权力的治理手段都有相似之处。

随着绞刑在英国逐步废除，在干草市场执行的死刑也越来越少。到今天，如果你走到干草市场旅馆（The Grassmarket Hotel）和维多利亚街交界这一边，在曾经的绞刑执行地纪念花园（Memorial Garden），你会看到地上刻着一行字"The Last person

傍晚的干草市场

to be hanged from the Grassmarket gallows was James Andrews on the 4th February 1784"（1784年2月4日，最后一个在干草市场被绞死的人，是詹姆斯·安德鲁斯）。资料显示，这是一名抢劫犯。

如今的干草市场虽然还保留了这个名字，功能却早已变迁。从曾经的牛马市场和行刑场所，变成了一个休闲文艺之地。除了那些精品商店，广场上最吸引人的去处是大大小小的酒吧。尤其是在夏季傍晚，广场就变成了非常具有英伦气息的酒吧区。在白天喧嚣的爱丁堡艺术节结束后，沐浴着轻柔的夏夜晚风，信步走进广场的酒吧中，端起一杯健力士黑啤，就这么微笑地看着自己，漫步在这月光里。

最后一滴（The Last Drop）

在我刚到爱丁堡一周左右的时候，恰逢北大同学禹萌携家眷前来爱丁堡旅游，沾自费接待他的光，我也第一次走进了位于干草市场的一家酒吧，喝了平生第一杯在苏格兰酒吧里喝到的苏格兰威

干草市场上的"最后一滴"酒吧

士忌。酒吧里面的装饰非常别致,一盏盏昏黄的灯悬挂在从天而降的草绳上。空中的草绳是这个酒吧的一大特色,这个酒吧的名字"最后一滴"(The Last Drop)也跟这些草绳有关。由于当时执行绞刑的地点就在离酒吧不到 20 米的地方,被送上绞架之前的罪犯常常要求喝上最后一杯威士忌,有一种"劝君更尽一杯酒,西出阳关无故人"的苍凉。

我当时带着禹萌同学来这边喝酒的时候,问他想去哪家酒吧。我还记得他自信地说:"'The Last Drop',这个名字不错,咱们就去这家喝吧。"他可能是以为要喝干酒吧里的最后一滴酒,一醉方休吧。还好我当时也不知道这个酒吧的典故,当天我们畅饮完毕以后,由于他第二天还要去天空岛,我还跟他说了一句:"明天我就不去送你了。"

Half-Hangit Maggie(绞了一半的麦琪)

干草市场上的酒吧都有自己的故事。就在这个"最后一滴"酒吧的旁边,还有一家酒吧,叫作"麦琪·迪克森酒吧"(Maggie

干草市场上的麦琪·迪克森酒吧

Dickson's)。这个酒吧名字背后的故事更是说来话长,堪称爱丁堡最有故事的酒吧名。我第一次跟着一位苏格兰导游游览爱丁堡,走到干草市场这家酒吧门口时,他突然停了下来,用带着浓浓威士忌味道的苏格兰口音,眉飞色舞地为我们讲述了这个故事。我后来也进一步查阅了相关资料,对这个故事的细节有了更全面的了解。

这个酒吧的名字来源于一个叫麦琪·迪克森(Maggie Dickson)的女人。麦琪出生在爱丁堡以东8千米的马瑟堡(Musselburgh),在大约20岁的时候,她嫁给了一位渔夫。然而在婚后不久,丈夫就抛弃了她。为了养活自己,麦琪到爱丁堡的一家旅馆找了一份工作。在旅馆工作的时候,女老板的儿子与麦琪发生了关系。麦琪发现自己怀孕后,没有告诉任何人,而是隐藏了自己怀孕的状况,继续工作。因为她知道,如果女老板发现自己怀孕,她会失去这份工作,并且很难找到下一份工作,于是她选择了隐瞒。孩子被秘密地生下来后,很快就死去了。麦琪把这个孩子的尸体

抛到了特威德(River Tweed)河边。

几天以后,有人发现了孩子的尸体并报警,警察调查出来孩子是麦琪所扔。人们都怀疑是麦琪自己杀死了这个孩子,麦琪因为涉嫌谋杀婴儿被捕,而麦琪则坚称孩子是因为早产而死。但无论这个孩子是因为什么原因死去,麦琪都难逃一死。因为在当时的苏格兰,有一个《1690隐藏怀孕法案》(1690 Concealment of Pregnancy Act)。根据这条法案的规定,如果一个人不是因为结婚而怀孕,并且在怀孕期间故意隐瞒自己的怀孕情况,这个非婚生子如果在出生后死亡,无论是否有直接的谋杀证据,孩子的母亲都会被判处死刑。

这个法案的出台也有一定的社会历史背景。在当时的苏格兰,主人与女仆通奸,女仆因为担心失去工作而隐瞒其怀孕状态,在非婚生子出生后又无力抚养,以至于杀婴这种行为时有发生。当然,我们现代人读到这里,都会愤愤地问一句"爸爸去哪儿了",那个老板的儿子怎么不出来负责!但在当时的英国,阶层之间身份地位的严重不平等,男女之间的严重不平等,以及主人对仆人牢牢的控制权,都与我们今天的社会太不一样。

在看英剧《唐顿庄园》的时候,我就发现,即使已经到了20世纪初,主人与仆人之间的等级仍然是如此森严。甚至,一名仆人如果要离开一个家庭去另一个地方生活,如果得不到原主人提供的推荐信,就无法找到新的工作。那么显然,如果仆人得罪了主人,是无法拿到这封推荐信的,这个推荐信就成了主人控制仆人自由流动的法宝。对比今天的社会,那些"一言不合就跳槽"的"90后""00后",那些动不动就要辞职,还公然挑战老板权威,写什么"世界这么大,我想去看看"辞职信的文艺青年或中年,实在是生在了好时代。

在1724年9月2日,麦琪在干草市场,也就是今天的麦琪·迪克森酒吧前的空地被执行绞刑。绞刑执行完毕后，麦琪的尸体被装入棺材，运到她的出生地马瑟尔堡（Musselburgh）埋葬。在马车驶往葬礼地的路上，人们听到棺材里传来一阵又一阵轻微的类似"让我出去"的声音。打开棺材以后，发现麦琪居然没死！这就给当时的法官出了一个难题。既然麦琪没被绞死，那要不要把她再次送上绞刑架？

法官当然没有把麦琪第二次送上绞架。原因是什么呢？在我查阅到的关于麦琪判决的资料里，我看到了两种说法。第一种说法是，由于麦琪已经被执行过死刑，虽然奇迹地生还，但这是神的旨意，所以法官认为不应该再追究麦琪刑事责任。第二种说法是，根据"双重危境"（Double Jeopardy）原则，麦琪没有再被法院起诉。

由于资料中对这两种说法都是一笔带过，下面，我就对这两个说法进行一个简单的分析。

第一个说法应该跟英美法中的"神判法"传统有关。所谓"神判法"，就是通过诉诸神灵来确认被告有无犯罪的一种验证方法。比如"热铁神判法"，就是让犯罪嫌疑人手捧一块炽热的铁块走一定距离，然后当众将其双手包扎起来。三天后解开检查，如果这时手上没有水泡，就判其无罪，如果出现水泡或溃烂，就判为有罪。这个"有没有水泡"就代表了神的旨意。在1724年的英国，虽然"神判法"的方式已经不再被用于审案，但"神判法"的精神还存在于当时人们的心中。麦琪虽然被完整执行了死刑，却神奇地没有死去，这当然是上帝的旨意。这比任何"神判法"都更能体现"神判法"的精神，所以法官只能顺应神意，上天安排的最大！

第二个说法，则是根据英美法中的"双重危境"（"禁止双重危险原则"，也被译为"一罪不二审原则"）原则做出的判决。"双重危境"是英美法系的一条基本法律原则，指的是一个人被控某个罪行受审并做出裁决后，不得因同一罪行再次受审。而麦琪已经因为她先前的行为被依法审判，并执行了绞刑，根据"双重危境"原则，不能对麦琪因为同一罪行做出第二次审判。

无论当时的法官运用的是哪一条原则来做出决定，幸运的麦琪都逃脱了第二次被送上绞架的命运。这与她第一次被送上绞架前，无论她是否亲手杀死婴儿，都会被判处死刑的悲惨命运形成了鲜明的对比。这也许就是所谓的"命运的吊诡"吧。

关于麦琪的法律故事还没有结束。不久以后，麦琪这个案例还推动了苏格兰法律的修改。这个修改并不是废除了"双重危境"原则，也不是法官审案时不再考虑上帝的意见，而是对执行绞刑的细节进行了补充，在执行绞刑的法律中加入了这样的字样：执行绞刑一定要执行到绞死为止！

麦琪后来又活了 30 多年，又生下了其他孩子。但从那以后，麦琪就在爱丁堡得到一个绰号，叫"绞了一半的麦琪"（Half-Hangit Maggie）。这个外号一直流传至今，主要被用来形容一个人命大，即使上了绞刑架也不会被绞死。我突然想起童年时特别痴迷的一部中国英雄传奇小说《说唐》中，也有一个类似的说法"打不死的程咬金"。

盗尸者、杀人犯、解剖课与污点证人

顺着爱丁堡艺术学院"进化馆"(Evolution House)所在街道的斜坡往下行走,你会进入一个叫西港(The West Port)的区域。西港是曾经的弗洛登城墙(Flodden Wall)的入口。在1513年苏格兰和英格兰的弗洛登战役开始之后,为了保卫爱丁堡城,弗洛登城墙拔地而起。在1689年,约翰·格雷厄姆(John Graham of Claverhouse),又称第一邓迪子爵,就是从爱丁堡西港出发前往北方高地,领导了詹姆斯党叛乱。这起事件还被写进了一首苏格兰民谣,"Unhook the West Port, And Let Us Gae Free, For it's up with the bonnets o' Bonnie Dundee"(解放西港,让我们盖尔人自由,都取决于漂亮邓迪的呢帽)。

在西港曾经居住过两个在爱丁堡大名鼎鼎但又臭名昭著的人物,威廉·伯克(William Burke)和威廉·黑尔(William Hare)。记得我刚到爱丁堡大学的第一周,就在学校组织的一个"带你熟悉爱丁堡大学"的游览中听到高年级的学生绘声绘色地为我们讲述

爱丁堡西港附近的伯克与黑尔(Burke & Hare)酒吧

辑一
爱丁堡城堡、
城堡广场
与干草市场

了关于伯克和黑尔的故事。这个故事在爱丁堡大学医学院的学生中更是代代相传,因为主角之一伯克的骨架,至今还悬挂在爱丁堡大学的解剖学博物馆(Anatomical Museum)里。

伯克和黑尔的故事跟爱丁堡死刑的减少与医学的发展有关。死刑犯的尸体是爱丁堡医学院用来解剖的尸体的唯一合法来源,但从 1820 年开始,爱丁堡被执行死刑的囚犯越来越少,而爱丁堡大学的医学解剖却发展得越来越快。死刑犯的尸体供不应求,在爱丁堡竟然诞生了一种新"产业",抢劫坟墓(grave-robbing),也就是去墓地盗窃刚刚去世的人的尸体。位于王子街的圣约翰圣公会(St John's Episcopal Church)背后的圣卡斯伯特墓地(St Cuthbert's Graveyard),就是盗尸者(body-snatcher)经常光顾的场所。从坟墓偷走的尸体会被卖给爱丁堡大学医学院用作解剖,价格大约是男性尸体 10 英镑,女性尸体 8 英镑。

这个故事的主人翁后来被人们称为伯克和黑尔(Burke and Hare),可能是英国历史上最有名的两位盗尸者,但他俩却从来没有"偷盗"过一具尸体。实际上,他俩干的事情,比"盗尸"更为恶劣。

伯克来自爱尔兰,他租住了黑尔位于西港的房子,并与房东黑尔成为朋友,经常一起喝酒。有一次,黑尔发现他的一名房客突然死在居住的房屋里。黑尔对伯克抱怨,这下没人来付这个月的房租了。伯克告诉黑尔,可以把这名房客的尸体卖给从事解剖的医生。黑尔采纳了这个建议,获得了一笔远远高于房租的费用,并马上意识到出售尸体是一个获取暴利的手段。

虽然黑尔(hare)这个单词也有野兔的意思,但是黑尔并没有"守株待兔",继续等待偶遇下一位死去的房客,而是与伯克合伙干起了谋杀的勾当。通常是由特别会聊天的伯克去街上寻找那些无家可归的流浪汉或者喝醉了的妓女,然后说服他们跟着伯克来到位于西港的房间。把人骗到房间以后，伯克和黑尔就会联手闷死这个人，有时为了把人灌醉，还会先跟来访者一起痛饮威士忌（这是苏格兰威士忌被黑得最惨的一次）。被闷死窒息的尸体上看不出明显的伤痕，便于售卖。伯克和黑尔的固定买主是爱丁堡的一名非常著名的解剖专家，罗伯特·诺克斯博士（Dr. Robert Knox）。罗伯特·诺克斯博士有一个私人开设的解剖班，与爱丁堡大学医学院的解剖课程进行竞争。为了提高竞争力，罗伯特·诺克斯博士甚至把他的解剖课变成了一个表演秀。每次解剖，在动刀之前，他都戴上首饰，盛装出席。

仅在1828年，伯克和黑尔就谋杀了15个人，尸体也都卖给了罗伯特·诺克斯博士。后来，伯克和黑尔的行为终于被西港的邻居怀疑，并被警方抓捕。但当时的警方没有能够证明伯克和黑尔犯谋杀罪的直接证据。于是，警方向房东黑尔提出，如果黑尔能够坦白并指证伯克的罪行，检方就不起诉黑尔的罪名。黑尔欣然接受了这个提议，把他的队友伯克送上了绞架，自己则得以脱罪。

这个处理方式有点出人意料。首先，黑尔的行为用北京话来形容就是"太鸡贼"，狠狠地插了两刀在猪队友伯克的两肋。其次，警察对"破案"的提议也有些让人摸不着头脑。在犯罪嫌疑人和警方之间怎么可以有这种交易？

其实，这起案件的处理方式还真是在依法办事。这个方案的提出，是根据英美法系的一项法律规定。具体而言就是犯罪嫌疑人转变为国家的证人，举证反对其同伙或同谋，以获得宽大处理或免于起诉作为交换条件。

这个规定在英国和美国的法律体系里都存在。在英国，如果国王在位，这个规定就叫作"Turn King's Evidence"（提供对同犯不利的证据），如果是女王在位，就叫"Turn Queen's Evidence"。而在美国，由于从建国起就不存在国王这一说，这个规定就叫作"Turn State's Evidence"，但意思都差不多，也就是我们常常在美剧里看到的"污点证人"。

这条规定尤其适用于打击有组织的"黑社会犯罪"，在美国黑手党十分猖獗的时候，为了从内部瓦解黑手党，也大量采用了这个法律规则。对于伯克和黑尔一案的处理，居然运用了跟处理黑手党差不多的手段，可见这两个人在爱丁堡真的是"手段极其残忍、情节特别恶劣、后果特别严重、社会危害性极大"。

我虽然了解英美法这个规定，但作为一名中国人，听了警察跟黑尔这个交易以后，还是感到有些不能接受。在我看来，黑尔犯下十几条人命，不尊重生命，毫无恻隐之心，是为不仁。为了自己脱罪，不惜出卖自己的合作伙伴，是为不义。这种不仁不义之人，怎么能够被免于起诉，完全不受法律制裁呢？在我国刑法中，也有关于"自首"和"立功"的规定。不过，这种事情如果发生在我国，即使是根据"自首"和"立功"的规定，也不太可能出现因为自首、立功，就彻底免除一名身上有多条人命的谋杀者全部罪行的情况。

伯克于1829年1月28日在"皇家一英里"的劳恩市场（Lawn Market）被执行绞刑。据说当时观看他死刑的人有25000多人。为了看得更清楚，有几百个人居然自己掏钱购买了比较好的观看位置。由于伯克售卖尸体的行为使得很多人的身体没有得到合适的埋葬，根据"以眼还眼"的原则，法官判决医生可以解剖他的尸体。

死刑执行完毕后，伯克的尸体被送到爱丁堡大学进行解剖。他的骨架至今还悬挂在爱丁堡大学的解剖学博物馆，他脖子部分的皮肤也被做成了一本口袋书，存于外科医生博物馆（Museum of Surgery），而他手上的皮肤则被做成了一个名片夹，存于警察博物馆（Police Museum）。伯克还给英文世界增加了一个新单词"Burking"，指的是把人勒死以出卖尸体。伯克的下场，可以说是"碎尸万段，遗臭万年"，这真的算是现世报了。

爱丁堡外科医生博物馆

黑尔虽然逃脱了惩罚，但他害怕被爱丁堡的市民清算，匆匆逃离苏格兰南下伦敦。在伦敦，黑尔隐姓埋名，进入一家石灰工厂工作。然而，愤怒的爱丁堡人还是把黑尔的故事传到了这个石灰工厂，石灰厂的工友在知道黑尔的身份以后，愤怒地把他推进了一个石灰坑里。石灰进入眼中，黑尔成了盲人，最后沦为盲人乞丐，在痛苦中度过余生。

"没有买卖就没有杀害"，这个故事其实还有一名重要人物，就是购买尸体的罗伯特·诺克斯博士。他声称对尸体来源毫不知情，因此他没有因为这桩谋杀案被判刑。无论他是否确实不知情，罗伯特·诺克斯博士在爱丁堡的声誉都受到严重损害。在伯克和黑尔案发生后不久，英国皇家外科医学院（Royal College of Surgeons）就要求罗伯特·诺克斯博士辞去博物馆馆长的职务。罗伯特·诺克斯博士也被爱丁堡的医疗机构赶出医院。最终，他搬去伦敦。罗伯特·诺克斯博士的名字也随着伯克和黑尔一起被钉在了爱丁堡的耻辱柱上。这么说一点都不夸张，因为人们还把

这三人编进了一首儿歌,从这首儿歌中,能体会爱丁堡市民对这三个人的愤怒。

" Up the close and down the stair,

In the house with Burke and Hare,

Burke's the butcher, Hare's the thief,

Knox, the boy who buys the beef."

(走进巷子,爬下楼梯,

伯克和黑尔的房子里,

伯克是刽子手,黑尔是小偷

诺克斯,此人把尸体来采购。)

如果你来到爱丁堡,不妨去位于医学院大楼的解剖学博物馆瞧瞧。爱丁堡大学的解剖学博物馆藏有12000多件物品和标本,展现了爱丁堡大学300多年解剖学教学的历史。除了有恐龙和大象的骨架外,这里还藏有文艺复兴时期苏格兰人文主义者乔治·布坎南(George Buchanan)的头骨。当然,本文主角之一的伯克的骨架,也安静地站在一个透明的橱窗里。

我们熟悉的《新概念英语》第三册中就提到过"A Skeleton in the Cupboard"(柜子中的骨架)的习语,意指"不宜外扬的家丑,骇人听闻的秘密"。有趣的是,这个习语恰好就来源于"盗尸者"在英国盛行的时代。因为在1832年英国《解剖法》允许医生更广泛地使用尸体来进行医学研究之前,一些医生会在橱柜中藏匿他们用于教学、非法持有的骨架。久而久之,"A Skeleton in the Cupboard",就成了"不可外扬的家丑,骇人听闻的秘密"的代名词。

农夫集市：天然的食材，无尽的盛宴

勇士、诗人与魔法

在爱丁堡，我每周最期待的一天就是星期六。倒不是由于我平时沉迷学习，只有周六可以休息，而是因为在每周六早上9点到下午2点，在爱丁堡城堡脚下的城堡露台（Castle Terrace），有我最期待的农夫集市（Farmer's Market）。像我这种对一般意义上的逛商场没有太大兴趣的人，恐怕只有售卖各种食物的农夫集市能让我享受到购物的快乐了。

农夫集市上很少看到中国人的面孔，这是非常地道的、只属于爱丁堡当地人的地方。在农夫集市的入口经常有人在弹吉他唱歌，音乐给这个集市增添了一丝浪漫色彩，飘扬着乡村音乐的农夫集市让人们在爱丁堡的城市空间找到了英国乡村的韵味。不过，这里最浪漫和最乡村的符号，不是门口的乡村音乐，而是农夫集市

位于爱丁堡城堡露台的农夫集市标识

辑一
爱丁堡城堡、
城堡广场
与干草市场

爱丁堡农夫集市入口

上天然的农产品。

农夫集市以售卖苏格兰农夫种植的蔬菜为主。卷心菜、胡萝卜、白菜、花菜、辣椒、土豆、南瓜……总之只要是英国超市里能买到的蔬菜，这里都有它的农夫集市版。尽管农夫集市蔬菜的价格比超市里同款蔬菜要贵一些，蔬菜摊前也总是排着长长的队伍。看来农夫种植的有机蔬菜颇受当地人欢迎。

每次来到农夫集市，无数新鲜蔬菜就像盛开的鲜花一样绽放出笑容，仿佛在说"买我买我"。但对蔬菜并不感兴趣的我在经过蔬菜摊时，只是把这一切当成仅供观赏的植物园，象征性地瞄上一眼。我虽然对吃好喝好要求高，对蔬菜却无所谓，蔬菜又不是肉，我干吗要对它有那么高的要求？一般情况下，我会主动购买的蔬菜，只有葱、姜、蒜、香菜和辣椒，我也基本上只吃这几种用于烹制肉类的"蔬菜"。像我提到的这些蔬菜，随便找个超市买一买就可以满足我的需求。

即使是我这么不爱吃蔬菜的人，竟然也在农夫集市主动买过一次蔬菜并且念念不忘，仍有回响。那就是蘑菇！这种难得能让我产生购买欲的蔬菜当然不是那种随处可见的香菇、平菇以及金针菇，而是在超市里绝对买不到的黄澄澄的野生鸡油菌（Chanterelles）！金黄色赋予了它高贵，鸡油这两个字让我流口水。那学期刚好我的环境人文学老师米歇尔（Michelle）推荐了一本人类学著作《末日松茸》，我在读了这本书以后，对环境人类学并没有十分了解，倒是对书中提到的那些美味野生蘑菇产生了极大的兴趣。

这本人类学书籍被我读成了舌尖上的中国。爱丁堡农夫集市的鸡油菌拿回家炒肉，就如同这本书里提到的松茸一样美味。不过鸡油菌不是很容易买到。作为时令菌类，它只在11月中旬到12月初有卖。我在一个深秋的周六偶然买回家尝了一次以后，就为它的美味倾倒，但下次再去时，已经看不到鸡油菌的售卖了。它已过季，只余遗憾。不过那仅有的一次相逢，便胜却人间无数。真是好花不常开，好菌不常在，花开堪折直须折，莫待无菌空折枝。

辑一
爱丁堡城堡、
城堡广场
与干草市场

农夫集市售卖的野生鸡油菌

除了蔬菜，农夫集市上还售卖英国的各种传统小吃，牛肉布丁、馅饼、香肠……都是现场烤制。如果有的同学平时并不自己做饭，也从不购买食材，纯粹只是因为好奇来逛这个农夫集市，那么这类成品食物仿佛就是专门为他而备。

我曾经跟几位同学一起来逛这个农夫集市,一开始我并不知道他们平时是不做饭的,还一路大力推荐我认为值得一买的食材。但我发现他们对任何食材都没有兴趣,一直快步前进。直到看到市场里的小吃摊,才立即停下脚步,再也走不动路。在我还没反应过来,他们就马上掏出英镑购买,然后就站在那里愉快地大嚼起来,边吃边欣慰地感叹:"终于看到可以直接吃的食物了。"农夫集市被这几个从不做菜的人吃成了一条小吃街。

除了蔬菜和小吃,肉类当然是农夫集市必不可少的食材。鸡肉、牛肉、猪肉、羊肉,甚至在英国超市不大容易能买到的内脏如鸡肝、鸡肾、兔肾,都能在农夫集市买到,并且都是农民自己养殖的,美味非凡。如果已经吃腻了超市里工业化生产的肉,就可以到农夫集市来尝一尝英国农民小规模作坊的产物。

除了生肉,这里也卖可以直接食用的肉,比如薄如蝉翼的自制火

农夫集市售卖的自制火腿、比尔通牛肉干、风干鹅肉片等

辑一
爱丁堡城堡、
城堡广场
与干草市场

腿、红褐色的南非下酒美食比尔通牛肉干,有着雪花纹路的风干鹅肉片等。我在农夫集市买过一种用苏格兰橡木熏制出来的烤鸡。整只鸡被熏成了棕色,鸡身上涂满了各种我叫不出名字的香料,如夜空中的繁星。"繁星流动,和你同路,从不相识,开始心接近,默默以真挚待人",看上去就令人垂涎三尺。从来都是理性购物货比三家的我,一见到这只烤鸡,就十分钟情,毫不犹豫买下。

拿回家以后,用微波炉稍稍加热一下,就迫不及待地大吃起来。一口咬下去,肥鸡的鲜嫩,香料的缤纷,夹杂着苏格兰橡树枝燃烧而形成的青烟,都融入了这一口温热中。在寒冷的冬天,大啖这么一只热腾腾的苏格兰橡树熏鸡,再来上一瓶从中国超市买到的"江小白"白酒,醉意朦胧间,仿佛正在与苏格兰诗人彭斯和中国诗人李白一起把酒论诗,"呼童烹鸡酌白酒……起舞落日争光辉"。

农夫集市还卖各种海鲜。哪怕仅仅是路过,只要你稍微用余光向海鲜摊瞥上一眼,满面笑容的渔夫总是能用他热情的眼神抓住你,让你无法逃脱。即使什么都不打算买,也不得不临时找个话题跟他聊两句,或者假装向他提一个问题,就跟在爱丁堡大学的课堂上被老师和蔼的目光抓住后一样。

海鲜摊上有龙虾、大虾、鲈鱼、鲑鱼、生蚝、扇贝、面包蟹、竹节蛏等各种常见海鲜。张牙舞爪的大龙虾是最吸引眼球的,我嫌贵从来没买过。但我始终对苏格兰龙虾充满期待,想找一个值得庆祝的大日子,购买一只大龙虾,给心爱的人做一顿大餐,可惜一直未脱单,始终没等到这一晚。

我经常会给自己买的海鲜是鲈鱼和鲑鱼(三文鱼)。鲈鱼一般用来清蒸,鲑鱼主要用于烧烤。因为鲈鱼的肉是白色,鲑鱼的肉是红色。我直觉白色鱼肉更适合清蒸,而红色鱼肉更适合烧烤。事实证明,清蒸鲈鱼和火烤鲑鱼,再配上白葡萄酒或香槟,是在无数个疲惫的周末,为我的心情增添一抹亮色的美餐。

这里的大虾个头挺大,这不是一句废话。但我每次都在这么大的虾前犹豫半天,嫌贵不忍下手。当我终于下定决心在春节前那个周六去购买大虾时,却遍寻不着它的踪影。渔夫告诉我由于最近太冷,船都不出海了,所以最近都没有大虾售卖。"出海"这两个字一进入我的耳朵,我就迅速从这两个字里捕捉到了这虾的鲜甜。渔夫可能不知道,他用的"出海"这个词,就像一句带有魔力的咒语,马上在我的眼前构建了一幅在甲板上活蹦乱跳的大虾画面。从此我对爱丁堡农夫集市售卖的虾的新鲜程度的想象,就变成了一幅活灵活现的齐白石的虾画。

辑一
爱丁堡城堡、
城堡广场
与干草市场

农夫集市：畅游异国，放心吃喝

爱丁堡农夫集市最有特色的地方，就是这里售卖的各种野味。当然，现在国内已经立法禁止吃野味了，对此我坚决支持。但在我到爱丁堡这一年，国内还没有相关立法。而且，根据英国的法律，在苏格兰购买农夫集市的野味是完全合法的，我也可畅游异国，放心吃喝。所以作为介绍苏格兰风土人情的文章，还是要在这里写一写在苏格兰合法售卖的野味。

打猎一直是英国人的传统，曾经只属于皇室，后来慢慢地，平民百姓也开始爱上这项活动。被誉为"自然文学开山鼻祖"，由英国博物学家吉尔伯特·怀特（Gilbert White）所著，莫乐哥所译的《塞尔彭自然史》中就提道："1741年之后几年的夏季，气候干燥，山鹬的数量激增，疯狂的捕猎者也因此蜂拥而至，一天之内可以猎杀20甚至30对……"书中还提到了捕猎松鸡和安妮女王津津有味地观赏鹿群的场景。实际上，在每年英国女王来爱丁堡荷里路德宫过夏天的7月的前几个月，皇家的厨师就在忙着规划菜单，利用苏格兰的丰富物产，为女王奉上苏格兰特色的三

农夫集市，
背后是爱丁
堡城堡

农夫集市售卖的鹿肉、兔肉、野鸭等野味

餐。而鹿肉和松鸡肉，是必不可少的两味鲜美食材。

根据我一年来的观察，农夫集市售卖过的野味有马鹿、松鼠、野兔、山鹑、林鸽、松鸡、雏鸡、野鸭、绿头鸭……在中国，我从来没见过这种在市场上公开售卖多种野味的摊位。当我看到这么多野味在爱丁堡农夫市场集中售卖的时候，感到异常新鲜，对英国人的"吃"也产生了新的认识。英国人只是不大会做菜，但他们做菜的食材可真是丰富多彩。

第一次看到有松鼠肉售卖的时候，我简直不敢相信自己的眼睛，甚至不敢相信自己的英语词汇量。我还马上拿出手机，查了一下标签上的"灰松鼠"（Grey Squirrel）是否有其他含义。当然，查出来就只有"灰松鼠"这一个意思。我百思不得其解，不是说西方人痛恨东方人吃可爱的动物吗？看来又被忽悠了。我的一位作家朋友在听我讲述了此事以后，还专门找我要了在爱丁堡农夫市场拍摄的野味的图片发给她的亲戚，用以驳斥她的亲戚固执地坚信不知道从哪里听来的"老外不吃野味"的传言。

即使在食材丰富的中国,我也只听说过有人吃竹鼠,没有吃松鼠的,最多也就是松鼠鳜鱼。而且现在,在新冠疫情过后,随着关于全面禁止非法食用野生动物的规定的出台,竹鼠的食用也被禁止,虽然我还从来没吃过竹鼠,我也坚决支持。在我阅读过的各种中外文学作品里,好像也没看过有描述松鼠肉的美味的。平时在草地上、花丛中、树林间嬉戏的各种可爱的松鼠,怎么可以在以动物保护组织兴盛而著称的大英帝国的农夫集市合法售卖?这个问题困惑了我很久。

我在爱丁堡大学地理系选修了一门叫作"景观写作"(Writing Landscape)的课程,老师弗拉瑟·麦克唐纳(Fraser MacDonald)博士既是一位年轻的学者,又是一名作家,英俊帅气,才华横溢,是我在英国最喜欢的几位老师之一。这门课程属于爱丁堡人文地理学新兴研究的一个重要领域,却有点像专门培养作家的创意写作课程,只不过老师是侧重于教我们如何描写身边的景观,培养识别、研究和撰写特定地点的叙述技能。

有一次,景观写作课老师带我们去参观爱丁堡达丁斯顿湖

农夫集市售卖的各种野味及悬挂的山鹑与松鸡

勇士、诗人与魔法

农夫集市售卖野味的摊位

（Duddingston Loch）旁一个隐秘的林场。为了保证每位同学有足够的时间与老师互动，他把我们分成了很多小组，在不同的时间段跟他一起参观林场，听他面对面讲解。我所在的小组只有我和中国同学思怡两个人，于是那天就我们两位同学与一位老师在林场进行一对二交流。

他带着我俩在林场和树丛中行走，给我们详细介绍如何生动地描写我们看到的林场里的各种野生动物。他还特别提到这里的松鼠有两种，一种是红松鼠（red squirrel），是英国本地的松鼠，非常漂亮。还有一种是灰松鼠，是从北美洲引进的外来松鼠。老师强调，个头更大也更狡猾还具有一定侵略性的外来物种灰松鼠恃强凌弱，专门欺负红松鼠，导致英国红松鼠的数量每年都在急剧下降。

我听到"灰松鼠"一词，心中一动，马上想起了我在农夫集市看到过售卖的灰松鼠肉。我赶紧问他："老师，我在爱丁堡农夫集市看到过有灰松鼠肉卖，是不是因为它太多了影响到红松鼠的生长，才会被捕杀的。我以前从来不知道松鼠肉也可以作为野味售卖。"老师显然对我冷不丁冒出来的这个问题有些意外。他马上回答："是的，为了拯救红松鼠的生存空间，现在英国法律规定可以猎杀灰松鼠，也鼓励人们合法地吃松鼠肉。"不过，他也一脸正色道："我从来不吃这玩意儿，我也不知道是什么人在吃。"

其实不只松鼠，我对于农夫集市上售卖的那些鸟类也很好奇。为什么可以在这里集中售卖这么多鸟类呢？我在农夫集市就此问题询问了售卖鸟肉的老农。他告诉我，因为苏格兰是个森林多的地区，鸟类品种也很丰富，所以政府是允许卖鸟肉的，不过也要分季节和鸟儿的种类。

在跟苏格兰老农的交流中，我还学会了两个英文词组，一个是"可捕猎的鸟"（game birds）。这意味着根据英国相关法律，有一些鸟儿是可以被捕猎的。像是在这个市场上售卖的野鸭、山鹑、松鸡、林鸽等都属于"可捕猎的鸟"。但是,并不是一年四季都可以捕猎这些"可捕猎的鸟"。

这就要引入另一个英文词组,"In season",这个词在这里是"时令""打猎期"的意思。也就是说,根据英国法律,在每年什么时期可以捕猎什么野鸟,都有明确规定。据我观察,捕猎季大多数是在秋天。因为在春天和夏天的时候,农夫集市的野味摊位出售的鸟肉品种很少,让我等得好心焦。而到了秋天,就会有种类繁多的鸟儿在这里售卖,等待秋后问斩。其实中国古代也有这样的观念,《淮南子·主术训》就有记载:"故先王之法,畋不掩群,不取麋夭,不涸泽而渔,不焚林而猎。"

热心的苏格兰老农还给我建议了烹饪鸟肉的方法。他推荐的做法就是抹上香料、盐和蜂蜜,然后用烤箱烤。我自己则觉得用烤箱烤实在是浪费这些在中国很难直接买到的珍贵食材。而且根据我的亲身试验,这些野味都是以瘦肉为主,脂肪很少,因此烤出来肉质会比较柴。我个人觉得鹿肉烧烤起来味道不错,但野生的鸟儿并不适合直接烤制,所以我还是采用了川菜的手法进行爆炒。以下为我每次在爱丁堡做完菜以后发微信朋友圈的心得,特收录在此,仅供与读者朋友交流参考。

1. 鹿肉 (2019年9月21日)

小时候读《红楼梦》,对里面的爱情和人情懵懵懂懂,印象最深的却是乌进孝进贡这段:"大鹿三十只,獐子五十只,狍子五十只,暹猪二十个,汤猪二十个,龙猪二十个,野猪二十个,家腊猪二十个……"当时就对这些"大鹿""獐子""狍子"向往不已,当然那也是年幼的我认识世界的丰富多彩的一种方式。今天终于在每周末的爱丁堡农夫集市买到了新鲜的鹿肉,回家按自己对"舌尖上的中国"的理解胡乱炒了一锅,真是鲜嫩无比,风味人间。

我还记得童年时曾看过一部小说，主要是描写一个人跟一头熊的感情。这个人还有一个马鹿场。书中特别提到把鹿肉切成巴掌大的薄片，烤出来晶莹剔透，回味悠长。于是我也照着这个记忆做了一次，发现这本书说得很对，鹿肉真的很适合烤着吃，玫瑰的色泽加上口感的香脆，令人如痴如醉。这本书的书名我早已忘得一干二净，就记得吃鹿肉这个细节了。如果有根据我提到的以上线索就知道这本书名字的朋友，请抓紧联系我。

2. 山鹑（2019 年 9 月 23 日）

农夫集市不仅有鹿肉，还有德国诗人歌德在作品里提到过的灰山鹑（patridge），这是栖息于不列颠岛的山珍。怀着童年时对世界文学的向往，我也果断地花了 4 英镑买了一只，炒来犒劳自己一整天对苏格兰历史的学习。同在厨房做饭的英国室友尝了以后，满脸都是洪七公吃到黄蓉做的叫花鸡后的表情，可惜他没有降龙十八掌可以传授给我。他还用了一个词"earthly"（世俗的）来形容山鹑的美味，如果有准备雅思口语的朋友，记得使用这个词来形容野味，我估计应该会有加分。

其实就是普通的川菜做法，但这个灰山鹑肉真是鲜香细嫩，带着英国绿色的大森林的气息。还好没听卖菜的英国老农让我直接烤了吃的建议，否则哪里会有这美味的四川和英国文化的融合。我现在就两个遗憾，一是身边没有一坛中国的白酒，二是只煮了一锅白饭。

3. 野鸭（2019 年 11 月 14 日）

在农夫集市买了一只野鸭（mallard），回来自己尝试着做了一个魔芋啤酒鸭。第一次挑战这道菜，心中十分忐忑。当我打开一罐苏格兰啤酒倒进锅里，看冒着泡的淡黄色啤酒渐渐淹没鸭肉的时候，我感觉做菜就像当代艺术，是一种创作。但这样创作真的会好吃吗？我有些怀疑。当然，自己搞的创作，含着泪也要吃完。

一边做,一边终于还是忍不住小心翼翼地用勺子舀了一小勺带有啤酒清新的野鸭汤送入嘴里。当温暖的鸭汤与舌尖触碰那一刻,我瞬间感到了一种异国情调,通体舒坦,唇齿留香。

4. 松鸡 （2019年9月29日）

小学语文课文选用的俄罗斯文学作品《大森林的主人》让我幼小的心灵开始惦记松鸡这种美味。"猎人又找来几片大树叶,把松鸡裹好,放进洞里,盖上薄薄的一层土,然后在上面又烧起一堆火。等我们把衣服烘干,松鸡也烧好了,扒开洞,就闻到一股香味。我们俩大吃起来,我觉得从来没吃过这么鲜美的东西。"毫不夸张地说,这几段小学时被我读得烂熟的课文即使过去这么多年,我仍然可以整段背诵。如今在农夫集市终于买到了仰慕已久的松鸡（grouse）,这种终圆童年时梦想的心情,用一个不恰当的比喻,仿佛终于追到了童年时仰慕的女神（纯属虚构）。

味道我就不具体描述了,总之一起做菜的英国室友看我在切辣椒剁松鸡,就主动问我中国有什么优秀的摇滚歌手。我随口说资历排名第一的应该是崔健,虽然他是第一次听说老崔的名字,但他竟然非常积极地用手机搜到了崔健的音乐,还给我放起了《花房姑娘》。自然,松鸡做好后我邀请他尝尝,他马上激动地表示他很喜欢中国的这首歌。我说还是放英文歌吧,因为崔健的歌词如果听不懂就失去了很大的意义。但他一边吃,一边坚持表示,对于艺术而言歌词并不重要,下次在厨房一起做菜还要继续放中文歌。

鸡肉吃完以后,忍不住把姜和蒜也吃了,还吃了部分干红辣椒,依然滴滴香浓,意犹未尽,"Good to the Last Drop"!恨不得把筷子、碗、盘子、炒菜的锅铲和铁锅以及手指都吃掉,这才是真正的吮指原味鸡!

辑二

爱丁堡最悠久的
文化历史大道"皇家一英里"

博士与作家：苏格兰旅行文学开创者

勇士、诗人与魔法

在爱丁堡城堡广场的门口，有一家精致华丽、古色古香又略带一丝神秘感的餐厅——幽灵餐厅（The Witchery Restaurant）。餐厅的入口是一条小巷，小巷名叫鲍斯威尔庭（Boswell's Court），我在心中默默地译为"鲍师傅家大院"。沿着小巷往里走，经过一个精美的小花园才能到达餐厅。餐厅的内部装置非常雅致，墙上

爱丁堡城堡广场门口的幽灵餐厅

辑二
爱丁堡最
悠久的文化
历史大道
"皇家一英里"

的画和桌上的雕塑配上摇曳的烛光，整个餐厅都洋溢着浪漫的艺术气息。我第一次走到这里的时候，差点以为这是一家可供参观的画廊。

"鲍师傅家大院"的特色菜不是鲍鱼而是牡蛎，牡蛎来自苏格兰高地奥本（Oban）小镇附近的阿盖尔郡水域。这片水域有细腻的白沙滩，海水清透湛蓝。把来自阿盖尔的牡蛎轻轻吸入口中，就仿佛吸进了一抹清新的苏格兰海风。但这家餐厅最吸引我的地方，不是它提供的美食，而是餐厅门口墙上的一块铜牌，铜牌上

鲍斯威尔庭入口

幽灵餐厅门口的铜牌，刻着"鲍斯威尔和约翰逊博士曾在这座楼里用餐"的字样

刻着"鲍斯威尔和约翰逊博士曾在这座楼里用餐"。

詹姆斯·鲍斯威尔（James Boswell）和塞缪尔·约翰逊（Samuel Johnson）是我来苏格兰后，每次外出旅行前或旅行后都会反复翻阅的一本书上两位作者的名字。这本书叫作《惊世之旅——苏格兰高地旅行记》，中文版由蔡田明译出。根据书中的记载，约翰逊博士到了爱丁堡后，就居住在"皇家一英里"詹姆斯庭（James Court）的鲍斯威尔家中。

我曾专程去寻找这个詹姆斯庭，惊喜地发现它位于靠近城堡的劳恩市场，就在鲍斯威尔庭的斜对面。由此看来，当年他俩吃住都在这一带，然后从这座城市出发，开始了他们的苏格兰高地之旅，并写下了这本《惊世之旅——苏格兰高地旅行记》。

这本在18世纪完成的苏格兰游记，直到今天我读起来都觉得兴味盎然。爱丁堡大学差不多每个月都会利用两天周末时间组织一次外出旅游的活动，我基本上每次都报名参加。虽然苏格兰和英格兰早就合并为同一个国家，都坚持一个英国原则，但爱丁堡大学组织我们去旅游的景点却都位于苏格兰，尽管英格兰的很多著名景点也并不遥远。我猜想，也许是作为苏格兰的学校，爱大特意要培养自己的学生对苏格兰山川人文的情感吧。

辑二
爱丁堡最
悠久的文化
历史大道
"皇家一英里"

"皇家一英里"上詹姆斯庭的铜牌，刻着曾经的居住者的名字，有大卫·休谟、詹姆斯·鲍斯威尔、约翰逊博士等

学校组织去旅游的这些苏格兰景点，好多都在《惊世之旅——苏格兰高地旅行记》里被提到过。因此，每次在去一个地方之前，我都会先找出这本书，看看两位作家怎么描写这些景点和他们的经历。在旅游结束后，我还会再拿出这本书翻翻，看我对这个地方的感受是否与两位作家一样。最重要的是，当我自己懈怠，不想写游记时，就想想这本书，提醒自己，人家约翰逊博士作为一位64岁的老人都这么一丝不苟地坚持写游记，你有什么理由不坚持写下去呢？

由鲍斯威尔和约翰逊博士共同完成的这次苏格兰之旅，随着他们的游记出版，在无意中竟然开启了苏格兰高地旅游的先河。这要从当时的时代背景和二人的身份说起。

塞缪尔·约翰逊是英格兰著名诗人、作家和文学评论家，也是第一部《英文大辞典》的编纂者。他早年就读于牛津大学，但中途辍学。在他编纂的词典出版后，爱尔兰的圣三一学院为他颁发了荣誉博士，后来他的母校牛津大学也给他颁发了荣誉博士，因此人们都称他为"约翰逊博士"。为了表彰他对编纂词典的贡献，英国政府还决定每年授予他300英镑的养老金（听上去有点像我们的"国务院政府特殊津贴"），因此，约翰逊博士可以说是伦敦文化圈的精英人物。

而詹姆斯·鲍斯威尔出生于苏格兰爱丁堡，他的父亲是最高民事法院的勋爵，典型的贵族家庭出身。鲍斯威尔曾在爱丁堡大学学习法律，拥有律师资格，但最后还是成为一名作家，又是一位从法学院逃离的文学青年。虽然爱丁堡大学法学院走出了无数在法学界叱咤风云的议员、法官、律师和教授，但在爱丁堡大学法学院图书馆的门口，唯一的一块关于校友的铜牌就是为纪念鲍斯威尔而立。

鲍斯威尔出生的年代，刚好是苏格兰跟英格兰合并不久的时代。这期间苏格兰的经济还远远比不上英格兰，苏格兰人这个身份在伦敦也经常会遇到麻烦。"苏格兰"就是偏远落后的代名词。虽然很多苏格兰年轻人都渴望去伦敦发展，但他们都有一种偏僻地区的小孩来到大都市的复杂心情，担心自己的苏格兰口音招致嘲笑。

1760年，20岁的鲍斯威尔第一次来到伦敦，体会到了伦敦人对苏格兰人的偏见。历史学家赫尔曼提道：1763年，鲍斯威尔在一家叫作"汤姆·戴维斯的书店"（Tom Davies's Bookshop）见到了比他年长30岁，已经是伦敦文坛领军人物的约翰逊博士。不知道是不是因为紧张，他当时说出来的第一句话是："我的确来自苏格兰，但这不是我的错。"约翰逊则半开玩笑地回答："是的，我发现你的很多苏格兰同胞都有这样的担忧。"

这个对话反映了当时苏格兰人在伦敦人面前复杂的情绪。其实在很多国家都存在这种现象，一个人从文化边缘区来到文化中心区，一方面，对自己的家乡严重信心不足，另一方面，又渴望自己家乡的文化得到中心区域的人们认可。尤其是刚刚失去了独立国家地位，跟英格兰合并的苏格兰人，更是在这种矛盾心情中产生了一种文化焦虑。

辑二
爱丁堡最
悠久的文化
历史大道
"皇家一英里"

因此，在与约翰逊成为亦师亦友的忘年交以后，鲍斯威尔就多次邀请约翰逊这位伦敦文化圈的代表人物到苏格兰旅游，希望借此消除伦敦文化圈对苏格兰的偏见。就好像越是被外界误解、被贴标签地方的人，越是会非常积极主动地对那些施以偏见的人说"你最好亲自来看一看"一样。

终于，在1773年，64岁的约翰逊博士在33岁的鲍斯威尔的陪同下，用了三个多月时间从低地进入高地，游览了整个苏格兰。约翰逊记录了他在这次旅途中看到的苏格兰风土人情，以及他自己的所见所闻和所思所得。而鲍斯威尔则主要记录了约翰逊博士在旅途中的谈话和生活细节。两个人从不同的角度，互为补充，为这段苏格兰之旅留下了珍贵的文字。

即使是在现在已经号称"全球化"的时代，世界上的国家之间都会存在很大的误解和偏见，何况是在苏格兰刚刚与英格兰合并以后的18世纪。当时的交通和信息传播的落后都是现代人难以想象的，英格兰人向来对苏格兰抱有偏见，认为这是一个很落后的蛮荒之地，也没有太多英格兰人愿意到苏格兰来亲自感受这个刚刚被英格兰合并的兄弟之邦。关于苏格兰的种种偏见和陈见一直在英格兰人中流传。

因此，约翰逊这么一位毕业于牛津的英格兰作家，又是伦敦文坛很有分量的人物，亲自前往苏格兰进行三个多月的实地考察，写出游记给世界展现一个他眼中的苏格兰，这是一件既有文学意义，又有历史意义的开创性事件。

现在的苏格兰首府爱丁堡早已是全球闻名的旅游城市，苏格兰高地也已经成为欧洲十大景点之一，但客观地说，18世纪的苏格兰跟英格兰确实有较大差距。约翰逊的苏格兰之行是为了真实地写下自己的感受，并不是与当地旅游机构进行商业合作从而大唱赞歌，因此，约翰逊博士在游记中对苏格兰的评价也有一些负面的地方。比如，由于他在抵达班夫镇（Banff）前见到的树都很少，于是他就在日记里这么写道，"一棵树在苏格兰可能是一种奇观，就像一匹马在威尼斯一样"。这个说法显然是运用了英国人常见的讽刺手法，还有一点点幽默感，但的确也反映了苏格兰高地人烟稀少，当时的人们缺乏植树和生态意识的现象。

约翰逊在书中对苏格兰的描述引起了一些人的不满，但吸引了更多人来苏格兰旅游，因为约翰逊的描写引发了他们对苏格兰的兴趣。甚至有很多人是因为读了约翰逊的书以后，为了支持或者挑战他的观点，专门来苏格兰高地旅游。约翰逊当然是无心插柳，但用现代的眼光看，这是一个旅游营销的经典案例，他的文章引起的争议本身就为苏格兰带来了更大的流量和更多的游客。这是约翰逊这本书的成功，更是苏格兰高地旅游业的成功。

也许是约翰逊对于苏格兰缺少树木的描述引起了当地人民对植树的重视和对自然环境的保护，在短短 20 年后，有一位名叫亨利·斯克莱恩（Henry Skrine）的旅行者在他的游记里对苏格兰的树做出了跟约翰逊完全相反的评价，他写道，"英格兰没有什么地方比苏格兰有更茂密的橡树、榉木和桦木丛林了"。这当然也是一种夸张的说法，但十年树木，百年树人，这反映了在短短 20 年间，苏格兰的自然环境发生了巨大的变化。其实就我在苏格兰各地旅游的亲身感受而言，现在的苏格兰简直就是森林王国。所以，这还真要感谢约翰逊那句也许是认真、也许是玩笑的话。

这本《惊世之旅——苏格兰高地旅行记》还催生了关于苏格兰的旅行文学的发展。在约翰逊和鲍斯威尔的书出版约 30 年后，英格兰"湖畔文学"代表人之一的多萝西·华兹华斯与他的哥哥诗人威廉·华兹华斯以及萨缪尔·柯尔在 1803 年专程来到苏格兰，开始了历时 40 天的苏格兰之旅。

多萝西·华兹华斯写下了一本《苏格兰旅游回忆》，以诗人的眼光

> 辑二
> 爱丁堡最
> 悠久的文化
> 历史大道
> "皇家一英里"

再次描述了苏格兰的自然风景和人文风光。苏格兰最伟大的作家司各特也用他描述苏格兰风光的诗歌比如《湖上美人》，吸引了越来越多的人到苏格兰旅游。这一批文学作品极大地推动了苏格兰的旅游产业，而最先的开创者就是约翰逊博士和鲍斯威尔。

由于《惊世之旅——苏格兰高地旅行记》的影响，约翰逊和鲍斯威尔的旅行足迹为后来者效仿，很多游客都希望按照他们在书中描写的线路来游览苏格兰高地。如果不是每个月都有爱丁堡大学组织的专车送我们前往苏格兰各地参观，连我都动过这个念头。因此，说约翰逊和鲍斯威尔开辟了苏格兰的旅游线路也不为过。中国各行各业都有拜祖师爷的传统，做菜的要拜厨神，理发的要拜关公，酿酒的要拜杜康……我觉得今天这些在苏格兰开得如火如荼的旅行社最应该拜的"祖师"，就是约翰逊博士和鲍斯威尔。

这次旅行还有一个文学的副产品，在多年以后慢慢显现。在旅途的过程中，鲍斯威尔记录了约翰逊的谈话，这些谈话成为日后他创作《约翰逊传》的珍贵素材。因为我们知道，写传记最好的方法之一就是对当事人进行多次采访，但再多的单独采访，都不如跟本人一起来一段长途旅行丰富深入。就连男女谈婚论嫁，都有人建议"最好婚前一起旅行一次，旅行中最能够看清一个人"，那可想而知一起旅行对于写传记的作用了。所以也难怪那本《约翰逊传》如此成功，成为英国最有影响力的传记作品之一。后来，因为詹姆斯·鲍斯威尔和塞缪尔·约翰逊这段被传为佳话的旅行，还诞生了一个新的英文单词"Boswellian"，指的是"不变的伴侣和记录观察者"。

"两面人"布罗迪执事

勇士、诗人与魔法

"皇家一英里"上的布罗迪执事酒馆

在爱丁堡"皇家一英里"大道与银行街（Bank Street）的交汇处，有一家酒吧格外醒目。这家酒吧叫作"布罗迪执事酒馆"（Deacon Brodie's Tavern），酒吧的名字来源于布罗迪执事（Deacon Brodie）。布罗迪执事的全名为威廉·布罗迪（William Brodie），中国人对这个名字十分陌生，但他是爱丁堡家喻户晓的传奇人物。

"皇家一英里"大道上关于布罗迪执事的景观不止一家酒吧，就在布罗迪执事酒馆斜对面，"皇家一英里"大道另一边，还有一条以布罗迪的名字命名的小巷——布罗迪巷（Brodies Close）。走进这条小巷，你会发现右手边有一家一看就很有故事感的咖啡馆——"执事咖啡馆"（Deacon's House Cafe）。这个咖啡馆的原

辑二
爱丁堡最
悠久的文化
历史大道
"皇家一英里"

"皇家一英里"上的执事咖啡馆

址，就是布罗迪执事曾经的工作坊。咖啡馆里挂着很多壁画，描述了布罗迪执事的传奇故事。如果你不忙着在爱丁堡赶路，就请你走进这家咖啡馆，点上一杯热气腾腾的咖啡，一边欣赏壁画，一边来了解一下这个在爱丁堡广为流传的布罗迪执事的故事。

布罗迪执事的传奇，可以用一个现代非常流行的词来形容——"两面人"。布罗迪平时的工作之一是木匠，他擅长制作家居必备储物柜（cabinet），工艺精湛、制作精良，还有自己的家具工作坊，也就是现在的执事咖啡馆所在地。布罗迪同时还是一名政治人物，因为他担任了爱丁堡工匠行会执事（Deacon of the Guild of Wrights）和市议员。议员布罗迪温文尔雅，形象好气质佳，唱歌也是一绝，市民们都以跟他共进晚餐、共吟一曲为荣。晚餐结束后，他还会非常礼貌地送市民回家。

令人万万想不到的是，布罗迪执事在白天以君子之风处理各种公务，还用自己的木工手艺为市民打造具有工匠精神的储物柜，到了夜晚却摇身一变，从君子变成梁上君子，潜入爱丁堡众多市民家中，成为一名窃贼。

如果你走在"皇家一英里"的布罗迪执事酒馆附近，你会看到酒吧门口布罗迪执事帅气的大幅全身画像。在画中，他神采奕奕，笑容可掬，左手自信地揣进裤兜，右手则高举一串亮闪闪的钥匙。这幅画提供了一个信号，布罗迪行窃的秘密就在他手中这串钥匙里。

由于深得人们信任，布罗迪执事经常被邀请到市民家中去做家具。在当时的爱丁堡，人们习惯把房门钥匙挂在门后面。狡猾的布罗迪会趁人们不注意的时候，悄悄在手心里藏一块柔软的蜡团，然后不经意地捏一下门后面的钥匙。这样，房门钥匙的形状就印在了这块蜡团上。而凡是由他的工作坊制作出品的储物柜，他都会偷偷保留一把钥匙。这样在他行窃的时候，房门和储物柜的钥匙都由他一手掌握。布罗迪在盗窃完毕以后，还会把柜子原封不动地锁上，让很多失主都无法判断财物是在什么时候被偷走的。

这个故事对我的生活都产生过一定的影响。我那段时间在爱丁堡配钥匙的时候，都特别小心翼翼，密切观察锁匠的一举一动。尤其注意看他手里是否藏有蜡团，也坚决不让配锁人知道我的家庭住址。

由于布罗迪平时担任执事，也长期为市民制作家具，消息灵通，他可以知道谁会出差，谁有应酬，谁家有几口人，以及这家人的基本作息，然后在最合适的夜晚下手。有时，他还会选择周日，在当地人都去教堂做礼拜的时候行动。

> 辑二
> 爱丁堡最
> 悠久的文化
> 历史大道
> "皇家一英里"

有一次，布罗迪的判断略微有些失误，在进入一处他认为全家人都已外出的住所后，他意外发现房间里居然还有一位躺在床上的老太太。也许是出于担任议员的习惯，他冷静地冲着老太太鞠了一躬，然后不慌不忙地退出房间。虽然布罗迪戴着面具，但他平时作为公众人物对人鞠躬的礼貌形象实在是太为人们熟悉，所以这一鞠躬，老太太也情不自禁地嘟哝了一句："这是布罗迪议员吧？"但随后，老太太自己也认为这绝不可能，觉得可能是自己老眼昏花，并没有去告发他。

常言道："常在河边走，哪有不湿鞋？"终于，在布罗迪对爱丁堡的税务办公室下手后，他的窃贼身份被人发现，布罗迪匆忙逃到荷兰。到了荷兰后，他给爱丁堡一位朋友写信，这封信暴露了他在荷兰的藏身之地。最终，布罗迪在荷兰被抓获，被送回爱丁堡执行绞刑。

如果走在"皇家一英里"布罗迪执事酒馆斜对面的马路上，你可以发现一个嵌在地上由黄铜制成的 H 形标记。我平时经常从这个黄铜 H 形标记上面走过，但我在很长一段时间都把这个 H 形黄铜标记当成是一个奇形怪状的下水道井盖。直到我了解布罗迪执事的故事后，我才知道，地面上这个黄铜 H 形标记所在地，就是布罗迪当年在爱丁堡被执行绞刑、摆放绞架的地方。在苏格兰历史上被处以绞刑的大小人物可谓不计其数，爱丁堡居然在布罗迪被处死的地方做了这么一个可以流传后世的标记，深深地嵌入马路中，可见布罗迪执事这个形象在爱丁堡市民心目中的分量。

在 1788 年 10 月 1 日，布罗迪在这个 H 形黄铜标记处被执行绞刑。关于他的绞刑，也留下了一系列至今都让爱丁堡人津津乐道的传说。首先是关于绞架，用来给布罗迪行刑的绞架来自布罗迪的木匠工作坊，这个绞架就是由他自己设计，自己制作。现在用他自己制作的绞架来给他执行死刑，这是一个悲剧，但又带有一丝喜剧的黑色幽默。而且，正由于这个绞架是他自己设计制作，就为下一个传说埋下了一个伏笔。

其次，最为精彩的传说当然不是这个绞架，而是布罗迪强烈的求生欲和他最终的结局。很多爱丁堡人至今都认为，布罗迪并没有在这次绞刑中死去。他利用他缜密的心思和狡黠的算计，成功逃脱一死。就像他当时精心设计储柜、精心复制钥匙、精心设计绞架一样，布罗迪为他的这次绞刑也精心设计了三个逃命的环节。

第一，他在行刑当天穿了一件特制的衬衣，衬衣的衣领是用金属做的，但外人根本看不出来，所以这个衣领其实可以起到一定保护作用。我突然想到，英国历史上唯一一个被执行绞刑的国王查理一世在走上断头台之前，也是要求穿上两件衬衣。查理一世之所以提这个要求，是希望不会因为寒冷的天气让自己冻得瑟瑟发抖而被围观的人误以为他是在害怕，这样他就可以维持一个国王应有的尊严，沉着地走向死亡。

第二，布罗迪执事在走上绞架前，事先悄悄吞下了一个精心设计的管子，这管子就停留在喉咙中，当脖子被绳子勒紧的时候，可以抵消一部分外在的力量。然后，他还提前贿赂了行刑者，调整了绞架上绳子的长度，从技术上缩短了他被行刑的时间。由于这个绞架是他自己制作的，他显然非常明白怎么调节对他最有利，又不会让其他人看出破绽。所以说，使用他自己制作的绞架，既是悲剧，又是喜剧。

第三，布罗迪安排了一个医生朋友来到行刑现场，当他被"绞死"，身体被放下的时候，他的这位医生朋友会迅速把他的"尸体"运到安全的地方，然后以最快的速度专业地对他进行抢救。

布罗迪被执行了绞刑的全过程，执行完毕之后，他的身体确实被现场的一位朋友匆匆运走。但关于他的结局，在爱丁堡却有不同的版本。有人说布罗迪尽管机关算尽，但还是被成功地绞死了。也有人坚持认为根据布罗迪的精心安排，他其实很快就被朋友"救活"，隐姓埋名于江湖。

布罗迪的故事被爱丁堡人广为传颂，流传至今，我觉得并不是因为他干了多么大奸大恶的事情，因为在英国历史上，比布罗迪大奸大恶的人其实层出不穷，不胜枚举。这些关于布罗迪结局不同版本的传说，也反映了人们对这件事情的复杂态度和心理。虽然"两面人"可憎可恨，应该受到法律的制裁，但人们也渴望看到不按常理出牌的奇迹出现，因为大多数人的人生都太常规了。而布罗迪执事，这位"两面人"，他的全部生活就是一整个不按常理出牌的传奇。布罗迪这些行为，体现了一种"打破常规"的意识。

此外，庄子早就说了，"彼窃钩者诛，窃国者为诸侯"。在英国历史中，与那些为了争权夺利相互征战弄得民不聊生的王公贵族相比，布罗迪只算一个小人物，他干的坏事也远达不到千夫所指的程度。布罗迪虽然有执事和市议员的身份，但同时也是一位为人们制造家具的木工，所以他身上也带有很多平民特质。虽然布罗迪在被抓捕以前，干了很多坏事，但当他被送上绞架的时候，在恐怖的绞架面前，他也是一位弱者。布罗迪的平民特质和他被送上绞架时自然产生的弱者身份，也会让人们从憎恨他、希望他被绳之以法，突然变成同情他，盼望他是那个可以靠着智慧，逃脱绞刑的传奇大盗。

布罗迪对爱丁堡最大的贡献，还不仅是留下了这么多传奇故事，在"皇家一英里"大道这么黄金的地段，关于他的景观就有好几处，有以他的名字命名的酒吧，有他当年的工作坊改造成的咖啡馆，还有专门嵌入马路的绞刑执行地标志，更在于，他的故事还启发了一部伟大文学作品的诞生，从而催生了一个心理学名词。

出生于爱丁堡的苏格兰作家罗伯特·路易斯·史蒂文森由于从小就听着布罗迪执事的传说长大，竟然以布罗迪执事为原型，创作了小说《化身博士》。这部小说塑造了文学史上首位双重人格形象，还拍成电影，编成音乐剧，由于流传广泛，影响巨大，其中的主人翁"杰科和海德"（Jekyll and Hyde），最终成为心理学中"双重人格"的代称。我也注意到，在 2022 年上映的《哈利·波特 20 周年：回到霍格沃茨》这部真人秀中，饰演德拉科·马尔福的演员汤姆·费尔顿在谈到饰演他的父亲卢修斯·马尔福的演员詹森·艾萨克时，就用了这个词，"He's a real, you know, Jekyll and Hyde, that one"（他绝对具有双重人格）。如果有需要考雅思的读者朋友，在口语考试中遇到形容人的考题时，不妨用一用这个颇有文化韵味的词组，也许会有更好的斩获。

辑二
爱丁堡最
悠久的文化
历史大道
"皇家一英里"

中洛锡安之心与旅游"渐变真实"

如果你沿着"皇家一英里"大道上的劳恩市场往下走,进入爱丁堡议会广场,会发现在圣吉尔斯大教堂(St Giles' Cathedral)的西门和布克卢奇与昆斯伯里公爵(The Duke of Buccleuch and Queensberry)雕像之间的地上,有一个由圆石镶嵌而成的心形图案。这个心形图案叫作"中洛锡安之心"(Heart of Midlothian)。

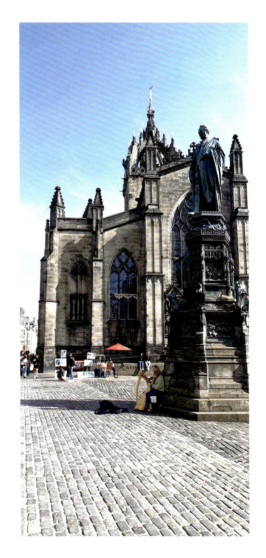

圣吉尔斯大教堂的西门和布克卢奇与昆斯伯里公爵雕像,一名女子正在雕像下演奏竖琴

这个名字有什么来历呢？原来，洛锡安（Lothian）是苏格兰低地的一个地区，这个地区曾经分为三个郡：中洛锡安、东洛锡安和西洛锡安。爱丁堡曾经是中洛锡安郡的行政中心，现在的爱丁堡市虽然还属于洛锡安地区，却已经不再隶属中洛锡安郡，但"中洛锡安之心"这个名字仍然保留了下来。现在的爱丁堡，还有一家中洛锡安之心足球俱乐部，其名字和徽章也来自这个"中洛锡安之心"。

苏格兰著名作家，毕业于爱丁堡大学法学院的沃尔特·司各特爵士也著有一部同名小说。这部《中洛锡安之心》由司各特根据发生在这里的大量刑事审判记录创作，被认为是司各特最好的小说之一，还多次被改编为舞台剧、电影和歌剧。由于司各特最擅长的文学体裁就是历史小说，他的作品基本上都取材于苏格兰真实的历史，他还被誉为"欧洲历史小说之父"。我觉得法学院的同学，尤其是既对刑法又对文学感兴趣的同学可以认真研读司各特这部《中洛锡安之心》。这既是一部关于苏格兰刑法案例的生动教材，又可以作为"法律与文学"研究的精彩素材。

现在广场上"中洛锡安之心"图案的位置，曾是老市政厅（Tolbooth）所在地。老市政厅建于1403年，在1817年被推倒。

"中洛锡安之心"图案

辑二
爱丁堡最
悠久的文化
历史大道
"皇家一英里"

在400多年中，这个地方曾经被作为市政厅办公室、收费站、监狱和公开处决犯人的场所。当囚犯从监狱释放的时候，他们会朝这个地方吐唾沫，表达对监狱的蔑视和重获自由的欢欣。久而久之，对着这个心形图案吐口水就成了爱丁堡的一个传统。据说这样会给人带来好运，当地的市民也开始朝这个地方吐口水。后来，这个传说越传越神，其受众又从爱丁堡市民扩大到爱丁堡的游客。

由于很多来爱丁堡旅游的游客都深深迷上了爱丁堡，走的时候都非常依依不舍，因此，这个古老的传说就逐渐演变成为：如果往这颗"中洛锡安之心"吐唾沫，那么有一天，你就会重返爱丁堡。这个传说在爱丁堡大学的学生中流传甚广。甚至有对自己的人生有长远规划、希望先工作几年再回到爱丁堡大学读博的同学，在离开之前，专门到这里来吐一口唾沫，仿佛吃下了一粒他日必然能被博士班录取的定心丸。我觉得这个行为也挺有哲学意义，"吐"代表的是"吃"，"离开"却寓意着"归来"。

这个现象非常符合旅游人类学家埃里克·科恩（Erik Cohen）提出的"渐变真实"（emergent authenticity）理论。科恩认为，某些最初可能只是为了迎合旅游者需求的事件，随着时间的推移会逐渐融入当地文化中，从而被认为是真实的存在。

我们来简单回顾一下这个传说的演变过程，一开始，从监狱里被释放的囚犯冲着这个地方吐口水，是蔑视监狱的一种表示。慢慢地，这个行为的意义开始演化成往"中洛锡安之心"吐口水会给人带来好运。这个意义已经与最原始的意义不一样了，但还存在一定的内在逻辑，因为从监狱里被放出来，当然是一种好运来临的表现。到了当代社会，随着旅游业的发展，这个与时俱进的故事又逐渐演变成只要是希望再来爱丁堡的游客，朝"中洛锡安之心"吐口水就可以重返爱丁堡。这已经与最开始被释放的囚犯吐口水的初衷相去甚远，相信当年那些囚犯在朝这里吐口水的时候，无论如何也不希望再回到这个地方。

但有趣的是，随着爱丁堡的导游们不断地对游客进行讲述，以及留学生中的口口相传，这个朝着"中洛锡安之心"吐口水，以后就可以回到爱丁堡的传说却变成了关于"中洛锡安之心"的传说中最广为流传的版本。这个版本已经成为爱丁堡旅游文化的一部分，听上去还有一点诗意的色彩，而最初关于被释放的囚犯表达对监狱的蔑视的真实故事，却逐渐被人们淡忘。

这可能是全世界最著名的两个可以"光明正大在历史遗迹吐唾沫"的地方之一。另一个就是中国杭州的岳王庙。在我的童年，在读完《说岳全传》以后，我一边为岳飞、岳云、张宪被秦桧等人陷害，死于风波亭义愤填膺，一边也苦苦思索自己能为这件事情做点什么。当我听说在遥远的杭州，在岳飞的墓前，塑有秦桧夫妇等四个人跪着的铜像，经过的人们为了表达对岳飞的爱戴和对害死岳飞的秦桧等人的愤恨，都会朝这些铜像吐口水，我就立下了"一定要去杭州为岳飞大哥报仇"的志向。

在多年以后，我终于有机会来到了心心念念的岳王庙，发现跪着的秦桧等人的铜像还在，但朝着铜像吐口水这个风俗似乎已经被禁止了。我心里有一丝失望，但也马上意识到，这样做是更符合环保和卫生观念的。我不得不感叹，我是真的长大成熟了！

人一生中有很多瞬间，能让你突然意识到你已经长成一个成熟、理性的大人了。比如，当你发现即使穿着一双长筒雨靴，你也会选择绕开前面积满雨水的水坑，而不是故意去踩这个水坑的时候，这就是一种长大成熟的表现。于我而言，当我终于来到从小就十分期待的岳飞墓前，却发现已经不能冲着秦桧的铜像吐口水了，但我并不感到十分遗憾，也没有公然违抗这个规定，而是马上主动从环保、从卫生、从文化景观、从旅游城市、从国际形象的角度来进行换位思考，这就是我的成熟瞬间。

辑二
爱丁堡最
悠久的文化
历史大道
"皇家一英里"

但爱丁堡的人却似乎一直处在孩童的童真里。也许是爱丁堡这座城市童话般的气质，让成熟的人也不自觉回到了童年吧，议会广场上的"中洛锡安之心"这个心形图案里，总是有很多半干半湿的唾沫痕迹。

有一次，我在一个雨天经过议会广场，忍不住又往"中洛锡安之心"看了一眼。我突然发现，大雨把唾沫冲得干干净净，整个地面清清爽爽。我仿佛明白了什么，难怪爱丁堡人不在乎往这里吐口水了。了解爱丁堡的人就会知道，这是一个一周有一半以上的天数都会下雨，或者说，一天有一半以上时间会下一次雨的城市。也许是老天爷为了帮爱丁堡保留这个有些浪漫色彩的传统，而开启了定时清洗模式吧。在雨中，我也鼓起勇气，朝"中洛锡安之心"吐了一口口水。那一刻，竟然有一丝丝快感！那个在岳王庙前已经变成熟的我，又在这里找回了童年的快乐。

关于爱丁堡的雨水，我再多说几句。爱丁堡由于它的建筑风格、地理结构和在苏格兰启蒙运动中的地位，一直被誉为"北方的雅典"，这是爱丁堡一个流传很广的称号。其实，爱丁堡还有一个外号，这个外号甚至在爱丁堡被称为"北方的雅典"之前很久就有了。这个外号就是"北方的威尼斯"，听起来也很美，但如果了解为什么会给爱丁堡起这个外号，那你就能体会到一点点英国人的幽默感了。我们都知道意大利的威尼斯没有公交车，城里的交通工具都是一种叫"贡多拉"的威尼斯尖舟，因为威尼斯是一座建在运河上的城市，水运发达。而爱丁堡因为经常下雨，当时的排水系统也不是很发达，因此在爱丁堡走路，你就跟走在运河里一样，所以爱丁堡曾经被英国人赋予了"北方的威尼斯"的外号。

集市十字架与苏格兰独角兽

勇士、诗人与魔法

如果沿着"皇家一英里"圣吉尔斯大教堂前门的"中洛锡安之心"往下走,在议会广场和高街的交界处,你会看到一座别致的建筑。宽大的八边形底座,底座中心立着一根石柱,这个造型让我想起《说唐》里裴元庆使用的八棱梅花亮银锤。八边形底座是锤身,中间细细长长的石柱是锤柄,《说岳全传》里的何元庆也是使用这个兵器。

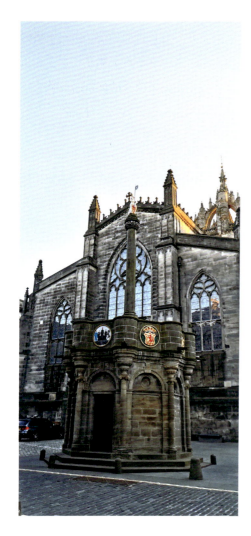

议会广场和高街的交界处的集市十字架

辑二
爱丁堡最
悠久的文化
历史大道
"皇家一英里"

这个倒放的"八棱锤"的锤身，又像是一座封闭的八角亭，其中一面还有一道紧闭的木门。木门上有一个古老的黑铁门环，我好奇地走上前去扣了一下门环，无人应答。这个位于市中心的奇怪建筑是做什么用的？这是某个机构的办公室吗？相信很多初来爱丁堡的人，都跟我有同样的困惑。

这个八边形建筑叫集市十字架（Mercat Cross），虽然包含了"cat"这个单词，但跟猫没什么关系。还有很多来爱丁堡的游客把它误读为"Meerkat（狐獴）Cross"，虽然听起来更可爱，但这种在电影《少年派的奇幻漂流》里出现过的非洲动物"Meerkat"跟"Mercat Cross"的真正含义差得更远。实际上，"Mercat Cross"是苏格兰英语对"集市十字架"的称呼。在苏格兰的很多城市和乡村都建有集市十字架，它是国王允许在这个地方开设集市的标志。在中世纪封建制度下，城市里市民的活动都由国王批准，这是国王利用城市里新兴阶层来制约贵族势力的一种方式。有集市十字架的地方，就是这个城市的商业中心。

最早的爱丁堡集市十字架可以追溯到1365年，曾几经迁移和重建，但大致位置都在"皇家一英里"附近。作为苏格兰的首府，爱丁堡的集市十字架除了是商业标志外，还多了一层政治意义。集市十字架所在地是死刑执行地，在人流集中的商业中心公开执行死刑，有宣示官方权威、震慑民众的意味。虽然后来死刑早已不在这里执行，英国也逐渐废除了死刑，但那些曾经在这里被处死的死刑犯的故事，仍然会被爱丁堡当地的导游不断地讲述，并提醒你晚上逛"皇家一英里"时千万不可掉以轻心，这一带依然有幽灵萦绕。

除了在这里执行死刑，集市十字架还有另一项重要的政治功能。从18世纪开始，来自英国王室的公告就在集市十字架前面被宣读。直到今天，这个地方还承担着这个任务。在过去，带着王室公告的信使从伦敦骑马到爱丁堡需要三天，所以爱丁堡人通常比伦敦人晚三天才能知道王室的命令。而在当代，无论是通过网络，还是现代交通工具，伦敦的信息都可以迅速传到爱丁堡。但苏格兰仍然保留了在伦敦宣告三天以后，才在爱丁堡正式宣布王室公告这个习惯。

这让我想起来英国以后观察到的另一个现象，就是银行会坚持每个月给我们邮寄纸质账单而不是发电子邮件。对于经常搬家的留学生来说，哪怕都离开了英国，银行还是会往最初注册时留下的地址孜孜不倦地每月寄送纸质信件。英国文化中的保守和遵循传统的倾向，就体现在这些细节中。

爱丁堡的集市十字架既是一个商业符号，又是一个政治景观，但我对十字架最感兴趣的地方，是它蕴含的苏格兰文化符号。在集市十字架的"锤柄"（石柱）顶端，有一匹凌空跃起的"马"的雕像。这匹"马"一看就非比寻常。通体雪白发亮的马身令我想起《水浒传》里引发梁山泊与曾头市大战的"照夜玉狮子"，而金光闪闪的马鬃毛又让我想起《说唐》里拔一根毛就叫声若雷的"呼雷豹"。它的身上还缠绕着一道金色锁链，光芒耀眼，让我想起《圣斗士星矢》里美少男阿瞬的星云锁链。这威风凛凛的气势和超凡脱俗的气质，显然不是普通的马可以拥有的。仔细观察，便发现这匹"马"的头上比一般的马多了一个金色螺旋角，这就是被称为苏格兰"国兽"的独角兽。

代表一个民族文化遗产的"国兽"常常是由这个民族的人们选择而成，它跟民族的性格有一种互相影响、互相成就的关系。最初，人们是要选择一种跟自己民族的性格和追求比较相似的动物作为民族的象征。在把某种动物当成这个民族的文化符号以后，这个民族的心理就会受到一种暗示，会进一步向这个动物的性格和特点靠拢。这个动物在世界上也开始代表这个民族的形象，人们会由这个民族想到这个动物，也会由这个动物联想到这个民族。

我想起多年前我读过的一期美国《时代》周刊，当大陆跟台湾地区首次签署《海峡两岸经济合作框架协议》（ECFA）的时候，这期杂志里就有一幅美国人画的漫画：一条红色的大龙高举协议，而一条蓝色的小龙双手迎接。我觉得这个漫画很有意思，用两条不同颜色、不同体积的龙，一下子就说明了大陆和台湾虽然暂时处在不同的状态，却都是"龙的传人"。我觉得这暴露了美国人潜意识里对两岸关系的认知，即两岸都是中国。

独角兽很早就存在于西方传说中，并不专属苏格兰。早在 4 世纪，希腊哲学家克泰夏斯（Ctesias）就记录下了关于独角兽的资料，而独角兽也出现在《旧约》和《古兰经》中。直到 12 世纪，独角兽被苏格兰威廉一世放在了王室的盾徽上，独角兽才真正进入苏格兰历史。由于苏格兰主动选择了这种现实世界中找不到的神奇生物来作为自己民族的象征，这个具有梦幻色彩的独角兽，在今天的西方世界就成了苏格兰的文化符号。每年的 4 月 9 日甚至被设置为苏格兰的国家独角兽日（Scotland's National Unicorn Day）。

苏格兰的"国兽"独角兽选择得很成功，跟苏格兰的整体气质和处境也非常契合。独角兽外形英俊、气质高雅、遗世独立，只要看到独角兽优雅的形象，就可以感受到苏格兰这个民族的文艺风范和浪漫气息。这里是无数作家和诗人的故乡，这里有悠扬的风笛声和五彩的格子裙，这里高山壮阔，湖水湛蓝，威士忌香醇醉人。

独角兽虽然脾气温顺，打起架来却力量强大，跟代表英格兰的金狮斗起来常常是不分高下，宁死也不愿被捕获。这就更符合苏格兰的自我定位：善战的勇士，不甘心被英格兰征服，那颗"勇敢的心"永远都追求自由与独立。

在 1707 年苏格兰与英格兰合并以后的英国王室徽章上，盾徽的两侧由代表英格兰的金狮和代表苏格兰的独角兽组成，象征苏格兰的独角兽身上那条金链十分抢眼。有人说这是寓意英格兰随时提防苏格兰独立，所以用链子把苏格兰锁住。其实，这个独角兽身上的金链，在英格兰和苏格兰合并之前就有了。独角兽身上的金链子是苏格兰人自己放上去的，不是为了炫富，而是为了寓意独角兽力量强大，不同于一般的马，只有苏格兰人才能纳入麾下。

我自从知道了这个说法以后，每次经过各种独角兽雕塑，都会情不自禁观察它身上的链子。尤其是当苏格兰独角兽与英格兰金狮同时出现时，对比就非常明显，因为狮子身上没有链子。如果不是我认真查阅了资料，知道独角兽身上的金链是苏格兰人自己放上去的，我也会相信"独角兽身上的链子是英格兰人别有用心的设计，为了锁住苏格兰人"这种说法。如果利用这个说法进行一种有意识的宣传，就会产生一种苏格兰处于英格兰奴役之下的悲情色彩，激发苏格兰人更大的独立愿望。

由此可见，意识形态会影响人们对一个事物的判断，景观一旦从政治的角度来解读，会被引申出它本身不具备的复杂意义。如果带着一种成见来看待事物，你只会看见你想要看见的东西，甚至还坚信不疑，但这未必是事件的真相。

虽然这种生物在现实世界中并未出现，但在苏格兰却随处可见独角兽的痕迹。以爱丁堡为例，荷里路德宫的门柱上，圣吉尔斯大教堂的内部，大草坪（The Meadows）的入口，爱丁堡城堡里……我曾经想统计一下在爱丁堡城区看到的独角兽的数量，后来发现这是一个不可能完成的任务。因为越是带着寻找独角兽的意识去仔细观察，越是有更多平时没有注意到的独角兽从四面八方涌现出来。甚至走在大街上不经意一抬头，你就会发现在某个酒吧的门口，某个商店的墙上，到处都可以找到独角兽的踪迹。

独角兽已经成为苏格兰的民族象征与身份认同。在爱丁堡诞生的文学作品《哈利·波特》中，即使是一头已经死去的独角兽，也

辑二
爱丁堡最
悠久的文化
历史大道
"皇家一英里"

荷里路德宫门上的独角兽雕像

被作家J. K. 罗琳描绘得如此唯美。"一个洁白的东西在地上闪闪发光……哈利从来没有见过这样美丽、这样凄惨的情景……它的鬃毛铺在漆黑的落叶上，白得像珍珠一样"，这段描写让人对独角兽产生一种又爱又怜的感情，不知不觉中，这种情感就会移情到苏格兰这个民族身上。

玛丽金小巷与旅游"怀旧情结"

勇士、诗人与魔法

爱丁堡的"皇家一英里"上有很多小巷，玛丽金小巷（Mary King Close）是唯一完整保存了17世纪特色的一条。玛丽金小巷曾经在好几百年中都被封存而不见天日，因为这条小巷背后的关键词是瘟疫、隔离与死亡。对于2020年遭遇了一场突如其来新冠肺炎的现代人来说，玛丽金小巷背后的故事尤其值得我们去探访。

在14世纪，欧洲爆发了一场大规模的鼠疫，由于患者的皮肤会因皮下出血而变黑，也被称为黑死病。黑死病随着战争的铁蹄和贸易的商船在欧洲大陆传播，到了17世纪，这场黑死病终于传到爱丁堡的利斯港（Leith）。位于"皇家一英里"上的玛丽金小巷因为人口众多，卫生较差，成了重灾区，不到一年就有600多人感染。为了防止疫情在全城蔓延，在1645年，爱丁堡市政府强行封堵了这个住满人的小巷。

一开始还有人往小巷的窗口送食物和水，但到了最后，小巷被外面的世界彻底抛弃。在一个已经被完全封闭，缺食少水，还有多数人感染黑死病的小巷，人们就这样一个一个死去。从此这条小巷就怨气重重，寒意森森，"皇家一英里"这一带也一直都有幽灵萦绕的传说。这一封闭就是近四百年，再也没有人敢搬到这条小巷居住。关于玛丽金小巷附近闹鬼的故事一直都在爱丁堡传播，以至于有一段时间，这周围的房子都卖不出去。玛丽金小巷甚至被俄罗斯的《真理报》评为"世界十大恐怖地"之一。直到2003年，这条小巷才重新作为一个旅游景点对外开放。

实地探访被封存的爱丁堡小巷

如果从考古的角度来看，当初这个将小巷彻底封存，深埋地下的政策，倒是起了另一个作用：让这条 17 世纪的街道和民居被完整保存下来，人们可以了解 17 世纪原封不动的小巷和民居的样子。这条小巷，就像是时间已经停止了，永远定格在 1645 年。

既然已经身在爱丁堡，当然要去这条 1645 年的小巷走一趟。我从明亮的"皇家一英里"上的专用通道进入这条依然被封存在地下，仅供买了门票的旅游者参观的小巷，真有来到"阴间"之感。由于整条小巷的上方早就被彻底封闭，所以无论在房间内还是房间外，小巷里完全看不到天空，我们全程都在地底世界穿行。外面的爱丁堡是彩色的，阳光明媚，风笛悠扬，人们在大街上悠闲地行走。而这条地下小巷里的爱丁堡却只余黑白二色，阴气森森，两边石壁上的铁皮油灯闪烁着昏暗的灯光，更增添了几分诡异的气氛。

这是一座曾经消失、封闭，又重新被打开的"鬼城"。我平时算是比较胆大的人，"阳气"比较重，一般情况下也不惧怕超自然的力量，仍然在这里感受到一种从未有过的阴森。毕竟这是一条相当于活埋了 600 多人的小巷，而我现在正穿行其中。我突然想到了一个地方，跟这里的气氛很像，就是小时候看过的杨洁导演的那一版《西游记》里白骨精的白骨洞。

在这个封闭的地下世界，我们看到了当时人们居住的破败房屋。除了增加了一些道具外，房间和小巷基本上是 1645 年的原样。房间里还摆放着一些雕像，有躺在床上骨瘦如柴的死者，有奄奄一息还在挣扎的患者，还有面目狰狞，想逃却无法逃脱的生者。这些雕塑生动形象地还原了当时的部分惨状，但我认为被封锁在这条小巷里的人的实际状况，可能比这些雕像的表现更加疯狂。哀莫大于心死，无论是在什么国家和时代，得了瘟疫当然应该被隔离，但可怕的是被社会彻底放弃。

我觉得玛丽金小巷最恐怖的，不是瘟疫病毒本身，不是爱丁堡一直流传的这条小巷"闹鬼"的故事，也不是那些死在这里据说还游荡在小巷里的 600 多个鬼魂，而是当时全社会放弃玛丽金小巷这个行为。强行封锁小巷，任由 600 多人在小巷里绝望地一个一个死去这个行为，是一种人为的恐怖，暴露了人性里我们非常不愿意去面对的一面。可以想象被封锁在小巷里的人最后死去时，那种近似于被遗弃被活埋的绝望，更可以想象 600 多人在这种无政府、无法律、无食物、无出路的状态下自生自灭的惨状。我觉得找不出一个比这里更适合被称为"人间地狱"的地方。

17 世纪的爱丁堡政府采取的是最严厉的"隔离"手段，直接把人封死在小巷里，而在 2020 年新冠疫情期间，英国政府首席科学顾问帕特里克·瓦兰斯曾提出让感染扩散以造成"群体免疫"的建议。这两个政策，虽然一个是严厉封锁，一个是任其传播，看上去是完全相反的防疫措施，但目的都是彻底牺牲一部分人的利益和生命，去保护另一部分人。

从本质上，这符合深深地影响了英国人思想的功利主义哲学家边沁的理论，即"结果的效用最大化"。但拿到现实中运用起来，这个理论却显得如此残酷，违背了人道主义的原则，难怪德国古典哲学家康德会反对功利主义。康德认为人是目的而非手段，我们必须尊重作为个体的人的尊严。如果人类为实现功利目的做事情，就不能被认为是道德的行为。只有当我们遵守道德准则时，我们才是自由的，如果只是为功利而行为，人类就成为事物的奴隶。

当边沁和康德的理论正在我的脑海中相互博弈时，小巷阴森房间里突然显现的一个雕像简直让我惊掉下巴。一个浑身黑袍的家伙，长了一个如啄木鸟一样的头和嘴，默默地注视着我们。我的第一反应：这不是童年时看过的动画片《黑猫警长》里恐怖的食猴鹰大哥吗？这是故意放一个黑暗使者的雕像来吓唬我们吗？

与我的猜想相反，导游告诉我们，这个"鸟人"的形象其实是一名医生的模样。这个雕像的原型就是当时爱丁堡的医生乔治·雷（George Rae）。他是一位英雄，在玛丽金小巷被封锁之前，他多次来到这里，救治了很多人。为了防止皮肤接触这里的空气，他穿上了把自己裹得严严实实的黑色皮制长袍，相当于我们今天的防护服。而长长的像鸟嘴一样的面具，就是我们今天的口罩和护目镜。至于为什么这个口罩要做得跟鸟喙一样，是因为这里面塞满了香草和花瓣。当时的人们认为腐臭的气味会传染疾病，所以医生如果要进入充满腐臭的玛丽金小巷，就必须让自己一直闻到芳香，才能抵抗病毒的传染。虽然现在的欧美人表现出来多么不爱戴口罩，但他们当年戴起"口罩"来可是一点都不含糊。

故事是旅游地的灵魂

因为"阴气太重"，玛丽金小巷禁止一个人单独进入，必须由导游带我们组成一个小团队，一个房间、一个房间地参观。据导游说，在旅行的过程中，经常有人感觉被触摸，或者听到一些奇怪的声音，或者偶尔会看到幻影从眼前飘过。

小巷里最恐怖的地方，是一间堆满了洋娃娃的小房间。导游告诉我们，据说在 20 世纪 90 年代，一位来自日本的通灵者爱子为了拍一部电影来到这条小巷，走进一间房间时突然浑身动弹不得，她声称一个叫安妮的小女孩的鬼魂抓住了她的腿。于是，爱子为这个小孩买了一个洋娃娃。据说房间里只要有洋娃娃，安妮就不会再出现。从此以后，洋娃娃被源源不断地送到这个房间。配上这个 5 岁小女孩的故事，在这个黑暗的堆满了表情各异的洋娃娃的地下房间里，我确实感觉很"瘆人"。

最为奇怪的是，在 2019 年，堆在这里的一些洋娃娃莫名其妙地消失了，这在无形中又增添了一丝神秘和恐怖的色彩。故事是旅游地的灵魂，一个景点能随着时代的前进，不断更新其背后故事的内容，不断增加新的恐惧来吸引游客，这一点也算是营销成功的典范，值得其他旅游景点借鉴。我基本上不相信这个故事，但冷静下来思考，我还是觉得，宁愿这个小孩的鬼魂拉住行人索要洋娃娃的故事是真的，宁愿洋娃娃莫名其妙消失的故事是真的，也不愿意那个全社会彻底放弃一条小巷，政府带头封锁小巷，任由 600 多人在这里一个个绝望地死去的故事是真的。

旅游与怀旧的关系

这个小巷现在是爱丁堡最吸引人的旅游景点之一。为什么会有这么多人来观看这条"恐怖小巷"呢？从旅游人类学的角度来看，这是一种对恐怖的"怀旧"心态。当人们亲自来到这个当年发生了如此恐怖事件的地方，回顾过去的人们所经受的恐惧，会生出"幸亏不是我"的庆幸心理，就跟看悲剧一样，从而过滤掉自己的不快，人生得到净化。

我从出口走出小巷以后，竟半天回不过神来，有一种失魂落魄之感。本来爱丁堡这座城市整体的中世纪气质就给人恍如隔世的感觉，现在离开小巷，重返地上光明的世界，又是另一种恍如隔世，仿佛从时光隧道走出。我不禁再次感慨，在爱丁堡这座极具故事性的城市，诞生那么多伟大的哲学家和作家，催生像《哈利·波特》这样的魔幻小说，是再正常也不过了。

辑二
爱丁堡最
悠久的文化
历史大道
"皇家一英里"

圣吉尔斯大教堂与苏格兰新教守护人

"皇家一英里"上漂亮的建筑可以说是比比皆是，用目光贪婪地在这里四下扫射，就是一场视觉的盛宴。每次到"皇家一英里"享用这场盛宴，都希望这些佳肴能摆在我的眼睛里。如果要从这场盛宴里挑选出一个拥有最漂亮头部的建筑，我会毫不犹豫地把票投给圣吉尔斯大教堂。它的头顶就像一顶皇冠，即使在"皇家一英里"这条美景如云的街道上，也依然艳光四射，夺人眼球。

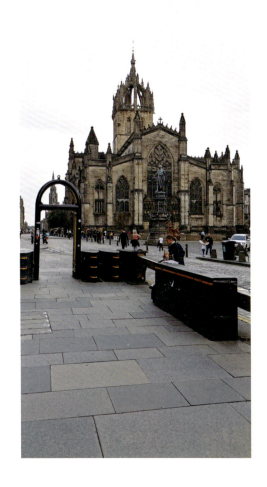

圣吉尔斯大教堂

圣吉尔斯大教堂曾经是一座罗马天主教教堂，在16世纪苏格兰宗教改革以后，这座教堂变成了长老会教堂，被认为是全世界长老会的母会。它也是爱丁堡的宗教枢纽，正如伦敦的西敏寺教堂是伦敦最受游客欢迎的教堂一样，圣吉尔斯教堂也是爱丁堡最受游客欢迎的教堂，被称为"苏格兰的西敏寺"。

作家角与苏格兰宗教领袖约翰·诺克斯

伦敦西敏寺教堂的诗人角（Poet's Corner）是文学爱好者的朝圣之处。但很少有人知道，爱丁堡的圣吉尔斯大教堂西南角也有一个作家角（Writer's Corner），陈列在这里的作家雕像都是土生土长的苏格兰作家。一进入教堂西门，向上仰望，就可以看到一面纪念苏格兰最伟大民族诗人彭斯的大型三层花窗，名为"彭斯之窗"（Robert Burns Window）。

从西门往右拐，最先映入眼帘的一座大型雕塑就是出生于爱丁堡的作家史蒂文森的全身像。他的《金银岛》《化身博士》等作品在中国享有盛名，还被金庸称作他的老师。

除此以外，这个角落还有苏格兰著名女作家奥利芬夫人（Mrs. Oliphant），创作风格影响了彭斯的诗人罗伯特·弗格森（Robert Fergusson），既行医又从

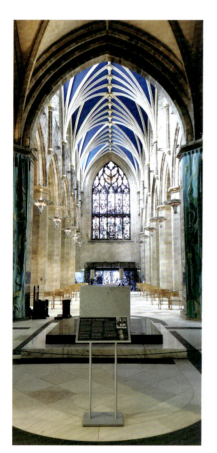

教堂西门上方的彭斯之窗

辑二
爱丁堡最
悠久的文化
历史大道
"皇家一英里"

作家史蒂文森的全身雕像

作家角标牌

文的散文家约翰·布朗（John Brown），既钻研学术又从事创作的约翰·斯图尔特·布莱克教授（John Stuart Blackie）的浮雕。

除了彭斯和史蒂文森，其他几位苏格兰作家不太为中国人熟悉，但他们都是英国文学史上的重要人物。当然最显眼的还是彭斯之窗和史蒂文森的全身像，就跟伦敦西敏寺教堂诗人角里莎士比亚的墓碑最为巨大豪华一样，圣吉尔斯教堂作家角纪念碑的大小也反映了作家在苏格兰文学史中的地位。

在艺术史上，英国涌现的画家比不过法国，雕塑家比不过意大利，但谈到文学和作家对全世界的影响，尤其是语言（英语）在全世界的输出，以及仿佛刻在基因里的幽默感，这一点英国可能

圣吉尔斯大教堂内的作家角

教堂内的约翰·诺克斯雕像

要独占鳌头。这个现象背后有很多原因,如果从伦敦和爱丁堡两个最著名的教堂都专门为作家和诗人开辟一个角落供人瞻仰这个现象来看,恐怕跟这个国家重视文学也有一定关系。

除了作家,圣吉尔斯教堂里还有很多宗教人物的雕塑,苏格兰最值得纪念的宗教人物约翰·诺克斯(John Knox)雕像就在这座教堂里。虽然圣吉尔斯教堂是以住在法国的希腊隐士圣吉尔斯命名,但约翰·诺克斯才是这个教堂背后的灵魂人物。约翰·诺克斯确立了以后苏格兰人的精神世界，他是真正意义上的苏格兰新教守护人。

16世纪的欧洲正是宗教改革运动风起云涌的时候，因不满罗马天主教的腐败，基督新教从天主教中脱胎而出。约翰·诺克斯早年是一位天主教徒，后来被放逐到瑞士日内瓦，在那里受到了宗教改革中最激进的加尔文教派的影响，并把这种思想引入了原本信仰天主教的苏格兰。

加尔文教派倾向于底层人民和资产阶级的利益，在当时比较贫穷落后的苏格兰有很强的群众基础。约翰·诺克斯被选为圣吉尔斯教堂的牧师，他带领群众摧毁了象征天主教的圣像和圣坛，废除了天主教复杂的宗教仪式，让普通人民通过阅读《圣经》直接与上帝交流。在他的努力下，苏格兰从一个原本是天主教占统治地位的国家，逐渐变成了一个新教思想主导的国家，而圣吉尔斯教堂就从一座天主教教堂变成了信仰加尔文教派的苏格兰长老会教堂。

由一把椅子引发的"国民誓约"运动

圣吉尔斯教堂里整整齐齐地摆放着很多椅子。如今，当牧师在神坛上布道时，台下的人们就坐在这些椅子上静静倾听。教堂每年还举办上百场音乐会，由来自世界各地的音乐家轮流表演。对此有兴趣的朋友，可以随时关注教堂网站上对各种活动的介绍。刚到爱丁堡的第一周，我就来过这座教堂。当时希望多多参加爱丁堡的活动以便尽快融入当地文化的我，在Eventbrite网站上发现了一场来自北欧的古典吉他四重奏演出的预告，演奏地点就在圣吉尔斯大教堂。那天晚上，还不太清楚这座教堂历史的我，怀着好奇的心情来到了这里，坐在教堂的椅子上接受了一次音乐的洗礼。

教堂里的这些椅子并不简单，甚至可以说是全世界教堂中最风

引发"国民誓约"运动的椅子的雕塑

光的椅子,因为教堂里居然有一座专门为椅子而立的青铜雕塑。这是一把有故事的椅子,就在三百多年前,一把从教堂里扔出的椅子,直接导致了苏格兰历史上著名的"国民誓约"运动。国民誓约是苏格兰反对英格兰国教对苏格兰宗教习惯的改变,争取宗教自由的运动,这场运动要从苏格兰与英格兰的宗教分歧说起。

也许有一些对基督教发展史不太了解的朋友,会产生这样的疑问:宗教改革就是新教脱离天主教的运动,英格兰和苏格兰都是积极参与宗教改革、放弃天主教采用新教的国家,为什么同样信仰新教的英格兰和苏格兰还会宗教不合呢?原因就在于新教还分成很多派别。当时的新教主要分三个教派:德国的路德教派,英格兰的安立甘教派和瑞士的加尔文教派。在约翰·诺克斯的努力下,苏格兰接受了加尔文教派。

虽然加尔文教派和安立甘教派都属于新教,但这两个教派还有一定差别。英格兰的安立甘教派由于是国王主导,也叫"英格兰国教",是保留了天主教特征最多的新教教派,后来被恩格斯讽为

> 辑二
> 爱丁堡最
> 悠久的文化
> 历史大道
> "皇家一英里"

"由国王担任教皇的天主教"。而加尔文教派要求简化宗教仪式，废除主教职位，长老由选举产生，是一个更民主、与底层人民更贴近的宗教。加尔文教派的思想不利于国王进行统治，因此当时的英王查理一世强迫苏格兰在祈祷时使用英格兰国教圣公会的《公祷书》，企图一步一步改变苏格兰长老会的性质。

然而，深受约翰·诺克斯思想影响的苏格兰人民早已不再认可国王对宗教的干涉。在 1637 年，就在圣吉尔斯大教堂这个大厅，当主教第一次使用英格兰国教的《公祷书》进行祈祷时，一位名叫珍妮·杰德丝（Jenny Geddes）的苏格兰妇女捡起一把椅子，朝他猛扔过去，并大声表达反对。其他教众也马上用行动声援这位妇女，无数的椅子在空中飞舞。

暴乱从这个教堂开始暴发，越来越多的人加入了反对英格兰对苏格兰的宗教信仰进行干涉的活动，大家纷纷在一份宣言上签下自己的名字，表达苏格兰人对宗教自主、精神独立的捍卫。这就是英国历史上著名的"国民誓约"运动。当年由苏格兰人签署的"国民誓约"原件，至今都还存放在这座教堂里。

宗教对西方人精神世界的影响

诺克斯带来的新教加尔文教派的信仰观念已经深深扎根苏格兰人民心中。直到今天，苏格兰人的主要宗教依然是长老会，它完全独立于英格兰国教。长老会和英国国教毕竟都属于新教，因此苏格兰和英格兰还能维持成为同一个国家。而历史上也是英国的一部分，后来却一直闹独立并终于成功的爱尔兰就不一样了。

爱尔兰人一直想独立，跟英格兰人不是一条心可以找出很多原因：比如英格兰人在爱尔兰的残酷镇压和统治，比如英格兰人对爱尔兰人的歧视，比如英格兰在爱尔兰大饥荒中袖手旁观，比如美国的爱尔兰人支持爱尔兰独立，等等。但从精神的角度看，有一个很重要的因素就是爱尔兰人的主流信仰是天主教。这让爱尔兰人从精神上始终跟信仰新教的英格兰有深深的隔阂，从宗教的角度就埋下了独立的隐患。

我们可以想象，虽然深受加尔文教派影响的苏格兰长老会与英国国教有很大分歧，如果没有约翰·诺克斯把新教加尔文教派的思想引入苏格兰，导致苏格兰从天主教国家变为跟英格兰一样的新教国家，那么苏格兰可能会跟爱尔兰一样让英格兰头疼不已。后来的大英帝国是否还会存在，鸦片战争是否还会发生，世界格局是否还是今天这个样子……都是一系列值得深思的问题。

在西方世界里，宗教信仰对一个民族或者国家的影响巨大。信仰天主教还是新教，信仰新教中哪个教派，都将影响这个民族的历史和发展轨迹。从这个角度看，当时将新教中的加尔文教派引入苏格兰，从此确立了苏格兰宗教信仰的约翰·诺克斯，可以算是苏格兰的"精神国父"。

惭愧的是，苏格兰历史上这么重要的一个人，在我刚到爱丁堡的时候，我甚至都没听说过他的名字。在"皇家一英里"上有一座小房子，是约翰·诺克斯当年的故居，里面陈列着很多关于他的物品和资料。我当时在"皇家一英里"上的修士门（Canongate）片区闲逛，偶然发现在这么重要的黄金地段居然有一幢独立的小楼作为一个人的故居供人参观，并且是爱丁堡难得一见要收门票的地方，我便猜想这可能是一个很重要的人物，也许是大作家，也许是大诗人，也许是大艺术家，也许是大政治家。然后我就好奇地问售票员："这个约翰·诺克斯是谁？"售票员一边告诉我这是苏格兰最伟大的宗教领袖，一边以一种"你怎么连他都没听说过"的表情看着我。当时我还不以为然，心想一个宗教人物，我没听说过很正常嘛。

后来对苏格兰历史了解得越多，我越来越意识到约翰·诺克斯对于苏格兰的意义。这也反映了一个思维模式的问题。以前，以我自己的中国文化背景,我很少从宗教这个角度去看待、观察和判断西方的一些政治现象和文化现象。来欧洲以后,我开始慢慢学会从宗教信仰的角度来看待西方历史和国际政治,才逐渐看出一些门道。在西方世界,由于宗教信仰不同而导致的战争贯穿整个西方文明的历史。谁跟谁是一伙的,谁跟谁天然是仇敌,这背后的原因很大程度都是因为宗教。

我觉得从大的角度说,中国人在国际舞台上判断形势和进行国际对话,要更多地考虑到西方世界各个国家的宗教背景。从小的角度说,像我这样的普通中国人在与西方人打交道的时候,也应该多了解一下宗教对西方人思想的影响,这样双方才会增进理解,减少误解。

当然,我也希望西方的朋友们在跟中国人打交道的时候,多了解一下中国的文化背景。比如孔子提出的"子不语怪力乱神"的传统,儒释道对中国人思想的影响,中国和平共处的外交原则,各民族共同繁荣的民族政策,以及新时代中国特色社会主义的核心要义等,这些都是西方人与中国人打交道时需要了解的文化背景。

大卫·休谟的脚趾与亚当·斯密的头发

大大小小的艺术节让爱丁堡成为一座艺术之城,来来往往的作家令爱丁堡变成一座文学之都。如果在爱丁堡的街头走一走,你会发现,爱丁堡还可以被称为一座"雕塑之城"。在爱丁堡的街上,到处都是雕像。在街头林立的雕塑中,我觉得至少有两个人值得我们去仔细品读,这两个人就是哲学家大卫·休谟和经济学家亚当·斯密。他们的思想和他们背后那场启蒙运动,不仅属于苏格兰,也不仅属于英国,而是属于全世界。

休谟的雕像就在"皇家一英里"上苏格兰高等刑事法院(High Court of Justiciary)门口,格外引人注目,是爱丁堡的一个地标性建筑。我在武汉大学赵林教授的《西方哲学史讲演录》封面内页,就发现了赵林教授与这尊雕像的合影,倍感亲切。赵林教授对西方文化、哲学的讲述,是我在英国留学期间,获益最大的网络课程之一。

爱丁堡这座休谟雕像是一尊连手臂上的肌肉,甚至胸肌和腹肌都层次分明的青绿色铜像。半裸着右半身的休谟,坐姿不是正襟危坐,而是略为后倾,显得放松随意,坚毅的眼神则表现了他坚定的意志。他的肩膀上披着一件古希腊式长袍,寓意休谟在西方思想史中的重要性堪比古希腊哲学家。他向前伸出的右手紧紧握着一本无字的书,左脚则轻轻踏在一块雕刻着《圣经》"十诫"的铜板上,喻示在他的理性主义思想中,基督教的《圣经》被踩在了脚下。

雕像的下方还有一个部位非常醒目,那就是休谟闪闪惹人爱的右脚趾。爱丁堡有一个流传已久的关于休谟"幸运的脚趾"(The Lucky Toe)的传说:如果在运气不好的时候,摸摸休谟的脚趾就能带来好运。很多爱丁堡大学的学生会特意在考试前赶来摸一

辑二
爱丁堡最
悠久的文化
历史大道
"皇家一英里"

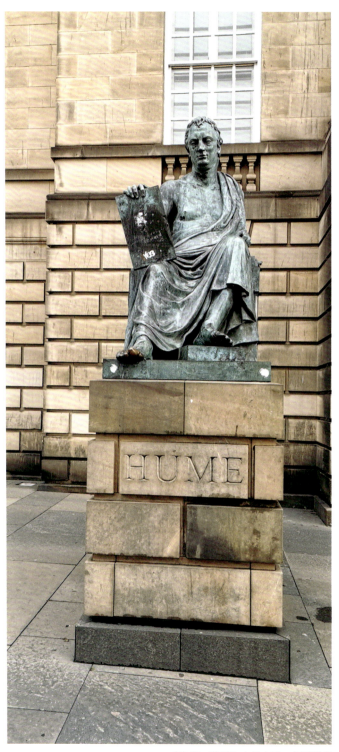

"皇家一英里"上的大卫·休谟雕像

摸这位学霸的脚趾，以求保佑顺利通过。因此休谟的脚趾就跟爱丁堡的另外一个著名景点忠犬波比的鼻子一样，被无数只手摸得黄澄透亮。

比较反讽的是，休谟实际上是一位无神论者，反对偶像崇拜。他认为上帝在人的来生会惩罚不信奉他的人这个念头，不过是残忍的迷信。结果他自己的雕像却成为人们"迷信"的符号，也不知道这是不是他不相信的上帝跟他开的玩笑。

如果了解休谟的一生，就会觉得这尊雕像做得非常传神。这不是巧合，而是说明雕塑家在把休谟的特点融入雕像的过程中下了很大功夫。北京大学的叶朗先生就在"美学原理"的课堂上谈到过，虽然我们没见过古时候的孔子、老子等圣人，但看到关于他们的雕像，我们心中就会自然地根据我们对孔子和老子的理解，来判断这尊雕像到底跟真人"像"还是"不像"。根据这个观点，虽然我没见过休谟本人，但由于爱丁堡这整座雕塑透露的都是休谟一生不羁放纵爱自由的气质，完全符合我对休谟的理解，我觉得这尊休谟的雕像是非常像了。

除了是一名伟大的哲学家，休谟也是一名畅销书作家。他在26岁就完成了他的第一本哲学著作《人性论》。这本书在哲学史上地位极高，但在出版时没有获得太多重视。休谟意识到问题可能出在表达方式上，应该用更通俗易懂、明白晓畅的方式去写文章，才能获得更多读者欣赏。因此他又写了大量脍炙人口的文章，书的销量也不断上涨。

通过这件事，休谟发现理性是激情的奴隶，实际上人们更容易受感觉的影响，这个想法甚至影响了他的哲学思想。他认为如果难以用逻辑去说服公众，就应该用充满激情的写作去感染读者。因此他决定做一名为大众写作的知识分子，努力把抽象的哲学思考写得引人入胜而又不失深度，通过激情的句子和生动的例子来阐

> 辑二
> 爱丁堡最
> 悠久的文化
> 历史大道
> "皇家一英里"

明道理。休谟的《大不列颠史》《道德和政治随笔三篇》都采取了这种文风。虽然休谟以哲学家为后世所知,但他当时却是通过写作畅销书实现了经济独立。这一点我颇有些意外,也加深了我对休谟的喜爱。

同样善于把哲学文章写得通俗易懂的刘擎教授也在《刘擎西方现代思想讲义》中谈道,当代哲学家桑德尔曾对他说,哲学不应该只是少数哲学家的事情,而是应该成为公民教育的活动,哲学写作应该深入浅出。刘擎教授认为,"这是意义重大且值得尊敬的成就",我本人也完全赞同这个观点。

休谟与苏格兰另一位大思想家亚当·斯密是非常要好的朋友。考虑到"成千上万个门口,总有一个人要先走",他俩甚至指定彼此为自己去世之后的著作权管理人,负责对方作品的出版。如今,爱丁堡的亚当·斯密雕像就在同一条街上距离休谟雕像不到 200 米远的地方,与他遥遥相望。跟休谟的雕像充分地表达了休谟的思想一样,斯密的理论和生涯也在这尊雕像上得到了完美呈现。

从朝向来看,亚当·斯密这尊雕像面朝爱丁堡"皇家一英里"的北方,他的目光甚至可以看到"皇家一英里"下方埋葬他的墓地。顺着这个方向再往前伸展,就是爱丁堡的利斯港。这是爱丁堡的商业港口,货物在这个港口进进出出,与亚当·斯密关于商业和贸易的理论遥相呼应。如果把目光朝着这个方向继续往前延伸,跨过北海和福斯湾,甚至可以看到苏格兰法夫郡的寇克卡迪(Kirkcaldy),那是斯密出生的地方。

不同于休谟浪子般的袒胸露乳,长期担任大学教授和贵族导师的斯密穿戴十分整齐。斯密雕像复杂的穿着寓意了斯密思想的丰富性。披在身上的学位长袍让人们联想到他是一名教授,负责探索永恒的理念。而学位长袍下面是 18 世纪的礼服,世俗的礼服

勇士、诗人与魔法

"皇家一英里"上的亚当·斯密雕像,背后是圣吉尔斯大教堂

> 辑二
> 爱丁堡最
> 悠久的文化
> 历史大道
> "皇家一英里"

又提醒我们斯密作为一名经济学家务实的一面。他的衣领造型别致，设计师采用的是美国开国元勋托马斯·杰斐逊的圆领。而他的头发则是美国首任总统乔治·华盛顿的假发造型，极具辨识度。雕塑中这些美国元素，喻示了苏格兰人斯密的理论对美国立国的影响。

斯密的右手放在一个地球模型上，地球下面有一个蜂巢，蜂巢寓意了斯密关于劳动分工是社会进步的基础的理论。一个耕田的犁置于斯密雕塑的身后，寓意他的现代商业经济理论最终取代了农业经济理论，商业社会替代了农业社会。除了我提到的以上几点，这尊雕塑还有更多值得我们去细细品读的地方。

大卫·休谟与亚当·斯密都是苏格兰启蒙运动的代表人物，我们也早就在历史课本里听说过他们的名字，只是我们一直默认他们是"英国思想家"，而没有从更细的角度去认识到，他俩都是苏格兰人，他们的思想是苏格兰启蒙运动中的一部分。以他们为代表的苏格兰启蒙运动，不但影响了苏格兰，还影响了全世界。

以前一提到启蒙运动，我想到的都是以法国的伏尔泰、卢梭等人为代表的18世纪欧洲启蒙运动，而对"苏格兰启蒙运动"没有什么概念。我第一次听到"苏格兰启蒙运动"这个词，是在开学第一天我们文化景观专业的所有同学跟导师见面时，导师佩妮告诉我们，爱丁堡被称为"北方的雅典"，除了这座城市的建筑风格和地理环境外，更重要的还是因为在这里发生的苏格兰启蒙运动。苏格兰对欧洲文明的影响，就如同当年雅典对欧洲文明的影响一样。

那天佩妮还讲了很多关于爱丁堡的故事，但我印象最深刻的就是导师的这句话。以前只知道爱丁堡是一座非常迷人的旅游城市，没想到爱丁堡在欧洲史上还承担了一个"启蒙运动发源地"这么有思想有内涵有分量的身份。从那天起，我对爱丁堡的情感就变

"皇家一英里"修士门教堂（Kirk of the Canongate）旁的亚当·斯密墓地

得更加复杂，就如同遇见一个漂亮可爱有气质的女孩，没想到还是个顶级学霸。

在开学第一周的选课过程中，我再次感受到了苏格兰启蒙运动对于苏格兰人的重要性。除了选择艺术学院的课外，我们还可以选择爱丁堡大学其他院系的课程，因此我几乎浏览了全校所有人文社科类课程介绍。我发现，"苏格兰启蒙运动"这个词多次出现在选课目录中，好几个院系都从不同角度开设了相应的专题课程。

接下来的几天，我又在苏格兰国家图书馆发现了正在举办的"北方的光芒：苏格兰启蒙运动展"。这个展览非常全面细致，从历史、哲学、经济学、文学、艺术、医学等多个层面展出了苏格兰启蒙运动中的重要人物和贡献，让我大开眼界，叹为观止。我意识到，苏格兰启蒙运动在人文科学、自然科学和社会科学领域取得的成就不仅影响了苏格兰，也影响了整个人类的思想进程。

打开爱丁堡有多种方式。对于来爱丁堡学习和访学，停留时间较长的朋友，不妨通过苏格兰启蒙运动来认识爱丁堡，去了解这场

> 辑二
> 爱丁堡最
> 悠久的文化
> 历史大道
> "皇家一英里"

运动中涌现出来的思想家的学说和生平,去探访这座城市里每一个跟启蒙运动有关的景观,尽量从苏格兰的角度,去观察和理解这场他们引以为豪的启蒙运动以及这场运动对世界的影响,也不枉来爱丁堡学习一趟。

如果只是来爱丁堡旅游,只做短暂停留,在爱丁堡街头面对大大小小的历史人物雕像和文化景观不知如何抉择,那么就像很多人去藏品浩如烟海的卢浮宫只看"卢浮宫三宝"一样,在爱丁堡至少可以看看"皇家一英里"上大卫·休谟与亚当·斯密的雕像和他们在爱丁堡的墓地,通过这两位苏格兰思想史上最伟大人物的思想和生平,来品读苏格兰,认识英国,了解西方。

老卡尔顿公墓里的大卫·休谟墓地

羊绒围巾、高地警卫团与黑卫士图案

爱丁堡旅游局为对旅游感兴趣的爱丁堡大学的学生建了一个微信群，在群里除了推送各种跟爱丁堡旅游有关的文章和旅游局举办的活动外，还会发送一些兼职信息，其中有三次兼职信息曾让我心动。

第一次让我心动的信息，是爱丁堡旅游局招聘微信公众号的编辑，负责用文字和图片介绍爱丁堡的旅游景点和历史。我觉得这正是平时虽然没人给我发工资，我也在自费干的事。第二次让我心动的信息，是苏格兰的旅行社招聘精通中英双语的兼职导游，主要是为中国来爱丁堡旅游的游客介绍爱丁堡的景点和历史，要求对历史和文化感兴趣，善于跟人交流，最好有一定幽默感。看到这一句，我有一种被精准击中的感觉。虽然这两个工作都是兼职，但都要求长期坚持。由于做饭是我留学期间在业余时间最享受的休闲活动，为了不跟我平时做饭的时间发生冲突，经过谨慎考虑，我在心动半天后，都没有行动。

但还有一次兼职信息，是既让我心中一动，又让我立即行动。

第三次让我心动的信息，是苏格兰羊绒品牌约翰斯顿·埃尔金（Johnstons of Elgin）招"试衣模特"，要求体型适中的亚洲男士。因为这个品牌之前主打的客户是欧洲人，但现在亚洲客户越来越多，所以设计师希望根据亚洲人的体型对尺寸进行一定调整。

我一看我这辈子竟然还有机会从事跟自己风格完全不搭调的"模特"工作（虽然只是试衣模特），这简直是一种行为艺术。招聘的时候还提到，"可以与约翰斯顿·埃尔金专业设计师团队面对面"，听上去也挺好玩的样子。如果因为我的参与，而设计出了更适合亚洲男性版型的衣服，我觉得也是我对亚洲的一点贡献。

> 辑二
> 爱丁堡最
> 悠久的文化
> 历史大道
> "皇家一英里"

这个行为艺术活动只需参加一次，也不会影响我一直都在坚持的做饭活动。于是我就报名参加了这次行为艺术，不，"兼职工作"。

在参加完这个活动后，我收到了一条印有格子图案的羊绒围巾作为礼物。围巾的图案由黑色、绿色、蓝色和白色的格纹构成，我很喜欢这个颜色搭配，忍不住现场就对这个图案大加赞美。热情的店员琼石告诉我这种格子的名字叫"Black Watch"（黑卫士），代表的是苏格兰高地警卫团。听到这个名字，我手中这条蓝绿色格子图案的围巾仿佛立刻有了灵魂，一下子变得鲜活起来。难怪《论语》说，"必也正名乎""名不正则言不顺，言不顺则事不成，事不成则礼乐不兴"。

苏格兰高地警卫团的名字我曾经在阅读苏格兰的相关历史时见到过，爱丁堡的街头也能找到好几处跟这个警卫团有关的景观，但我直到今天才知道这个警卫团还跟一种苏格兰格子图案有密切关联。由于拥有了这条代表苏格兰高地警卫团的羊绒围巾，这条围巾让我跟这个军团缘分般地有了一种连接，本来就对苏格兰历史文化很感兴趣的我，开始去主动挖掘这个警卫团背后的故事。

这一切要从英国历史上的光荣革命说起。

1688年，为了防止天主教在英国复辟，英国资产阶级和新贵族推翻了信仰天主教的詹姆斯二世，让詹姆斯二世信仰新教的女儿玛丽和女婿威廉接替了王位。这场革命没有发生流血，因此被后来的人称为"光荣革命"。这次革命给英国带来的最大影响，是确立了君主立宪制政体，这个政体一直延续到今天。

詹姆斯·弗朗西斯·爱德华·斯图亚特是因为光荣革命下台的詹姆斯二世的儿子，他一直在海外流亡，希望伺机夺回已经由汉诺威王室继承的英国王位，他的支持者被称为詹姆斯党人。1719年詹姆斯登陆苏格兰高地，希望进军伦敦，夺回王位。而苏格兰高地的民兵分成了两派。一派支持詹姆斯党人推翻英国的汉诺威王室,这部分人被后来的英国历史定义为"叛军",另一部人则支持伦敦的汉诺威王室。

到了 1725 年,这批曾协助汉诺威王室击溃詹姆斯党人的部队,被汉诺威王室征召为高地独立连,后来逐渐发展成高地警卫团。他们当时的任务是维持高地的治安,守护和监视(Watch)高地,防止叛乱。负责征召的韦德将军命令高地警卫团都穿同一种格纹图案的制服。这种格纹由黑色、绿色、蓝色和白色组成,因此这个高地警卫团就被称为"黑卫士"(Black Watch),而这种格子图案也从此被称为"黑卫士"。

高地警卫团对保留和发扬苏格兰的格子呢文化功不可没。在 1746 年到 1782 年"禁裙令"颁布的这 30 多年中,苏格兰高地人被禁止穿格子裙,但高地警卫团却可以不受这个禁令限制,因为他们已经被"招安"成为大英帝国的"国家队"。一直都固定穿黑、绿、蓝、白四色图案格子裙的苏格兰高地警卫团经常出现在公众的视野中,这就导致当时的英国人产生了一个印象:一个格子图案就对应一个苏格兰组织或者家族。

乔治四世在访问苏格兰之前,曾公开说他不想在苏格兰看到任何不具备民族特色的东西。为了满足乔治四世的期待,司各特还专门为参加活动的高地首领设计了"专属"的格子呢图案,让乔治四世在苏格兰看到了"苏格兰民族特色",也让苏格兰高地的格子呢文化通过这次活动得到复兴和一定程度的规范化。因此,在 1822 年乔治四世访问爱丁堡之后,格子图案开始流行,各个高地家族也纷纷开始重新设计专属的家族图案,"发明"自己家族的传统。今天我们可以看到这么多家族对应的"家族格纹",从某种程度上也应该归功于最先树立了"一个格子图案对应一个组织"这个理念的苏格兰高地警卫团。

苏格兰高地警卫团最大的亮点,当然还是在大英帝国的麾下南征北战。身着黑、绿、蓝、白四色图案格子裙的高地军人被认为

辑二
爱丁堡最
悠久的文化
历史大道
"皇家一英里"

是拥有浪漫传奇的苏格兰高地勇士的传承者,代表了苏格兰民族的尚武精神和勇敢忠诚的美德。鉴于高地警卫团为国家做出的贡献,在城堡广场,在王子街花园,在爱丁堡的街道,到处都可以看到跟苏格兰高地警卫团有关的景观。

最引人注目的是位于爱丁堡小山坡(The Mound)那座高地警卫团勇士的雕像。我第一次发现这座雕像的时候,就为他一身整齐的苏格兰传统服饰吸引。在神学院集市街(Market Street)的路口,这位高地警卫团军人雕像双手合抱长枪,目光坚毅地望着远方。

位于爱丁堡小山坡的高地警卫团军人雕像

高地警卫团军人浮雕，表现的是 1899—1902 年的南非战争

雕像下面有一行字，写着"为了纪念在 1899—1902 年南非战争中牺牲的英国陆军'苏格兰高地警卫团'中的军官和军士们"（To the memory of officers Non-Commissioned officers and men of the Black Watch who fell in the south African war 1899-1902）。在这行字的上方还有一个浮雕，浮雕上描述的是一群勇士激烈战斗的场面。有的士兵正在瞄准射击，有的士兵在往前冲锋，有的士兵在匍匐前进，还有一名士兵正在吹奏风笛。最吸引人的，仍然是画面中

> 辑二
> 爱丁堡最
> 悠久的文化
> 历史大道
> "皇家一英里"

所有士兵身上的黑卫士格子裙，在生死就在一瞬间的战场上，高地勇士裙摆飘飘，有一种残酷的浪漫。

由于苏格兰人英勇顽强，能征善战，高地警卫团成了英国军队的骨干。本来我还猜想，高地警卫团毕竟是苏格兰人而不是英格兰人，不是"嫡系"，恐怕不见得会被派到最重要的战场上。但细数苏格兰高地警卫团参加的战役，阻止美国独立、远征拿破仑、宣战俄罗斯、镇压海外殖民地、第一次世界大战、第二次世界大战、朝鲜战争，以及后来的伊拉克战争和阿富汗战争，处理北爱尔兰冲突，到处都有高地警卫团的身影。

让我感到有些意外的是，英格兰居然派苏格兰高地警卫团去处理北爱尔兰的冲突，这让我想起《水浒传》中北宋朝廷让也被认为是"反贼"只是刚刚被招安的宋江和他的梁山兄弟去征讨正在反叛的方腊部队。当然这也说明苏格兰人还是比爱尔兰人更得到英格兰的信任。而爱尔兰人有多么讨厌英格兰呢，据英国《卫报》报道，现美国总特拜登的母亲是爱尔兰血统，之前她访问英国时住在一家被安排好的酒店。当得知那张床被英女王睡过时，她非常抗拒，坚决拒绝睡那张床，最后选择整夜睡在了地板上。

辑三
亚瑟王座与"天鹅湖"

辑三
亚瑟王座与
"天鹅湖"

亚瑟王座：这里春风沉醉，这里绿草如茵

在爱丁堡，当几个同学相约"我们去亚瑟王座（Arthur's Seat）走走"的时候，实际上是去亚瑟王座四周的荷里路德公园这个绿色生态区郊游。只有大家明确提到"今天去爬亚瑟王座吧"，才代表我们一定要去攀登这座山峰。"爬"这个动词，是真正为这次出行定性的关键，也反映了亚瑟王座的险峻。

荷里路德公园这个片区曾经被圈起来作为英国王室的专属公园，体量巨大，有山有水有草坪，可渔、可牧、可捕猎，现在已经成为爱丁堡市民公用的最大自然公园。位于爱丁堡"皇家一英里"底端的这座公园是爱丁堡人踏青的好去处，亚瑟王座是公园里的最高山峰。

亚瑟王座是大自然吟唱了"冰与火之歌"后的产物。它由3.5亿年前石炭纪火山爆发喷出来的岩浆凝固而成，又经历了两百万年前第四纪冰川的雕琢和锤炼，形成了现在的玄武岩峭壁。山峰上有一条倾斜的短坎，看起来就像王座的扶手。在苏格兰传说中，远古英雄亚瑟王和他的勇士们曾经来过这座山峰，所以被人们称为"亚瑟王座"。这个传说未必为真，但拥有了"亚瑟王"这个名字的加持，这座山就有了一种神圣感，地名会赋予地点特殊的意义。

生活在都市中的人通常需要一个地方去寄托精神和陶冶性情，获得心灵上的宁静，捕捉宇宙中的能量。这个地方可以是教堂、寺庙，也可以是大自然的山川湖水。对于生活在爱丁堡的我来说，亚瑟王座就是这样一个地方。

山脚下有好几条路都可以登上亚瑟王座顶峰，有平缓的盘山路，也有陡峭的垂直路。我第一次来的时候，在毫不知情的情况下，

亚瑟王座

误打误撞走了位于山体西南面一条几乎垂直的石头路上山，有的路段甚至狭窄到容不下两个人并行。走到山腰，风已很大，随时都有被吹下山的危险。难怪亚瑟王座有一个叫作皇家公园突击队（Royal Park Rangers Visitor Service）的组织，专门负责营救那些失足的登山者。

走这条路，真有童年时在家乡登那种完全没开发过的深山的感觉。通往峰顶的最后一段小路极其陡峭狭窄，也没有台阶，就像是从石头缝里挤出来的一道入口，我不得不手脚并用，攀爬上去。本来手里拿着因为登山出汗而脱掉的格子衬衫，这个时候我不得不把格子衬衫绑在腰间，倒也是像极了苏格兰格子裙，不过这"格子裙"下面，还有我的长裤。

人有人的品格，山有山的气魄。登上亚瑟王座山顶以后四下眺望，马上可以感受到一种王者气象。这里是爱丁堡的制高点，整座山都充满了英雄和勇士的气息。如果把爱丁堡看成一个圆，那亚瑟王座山顶既是顶点，又是圆心。在这里可以看到爱丁堡的全景，四周都一览无余。电影《勇敢的心》里那些华莱士背着长剑屹立于群山之间看苍茫大地的镜头，我觉得就应该在亚瑟王座拍摄。在亚瑟王座俯瞰平时觉得非常壮观此刻却显得如此渺小的爱丁堡城堡，如积木般搭建起来的王子街，远方的福斯湾和彭特兰山脉，有一种"鸟瞰天下，俯视宇宙"之感，仿佛天下尽在掌控之中。

眼中的画面突破了山水的有限形体，目光伸展到远处，从有限的时间空间进入无限的时间空间，一种人生感和历史感油然而生，随之而来也产生了一种莫名的惆怅。突然就不想离开爱丁堡了，

亚瑟王座山顶上的石头柱子，贴在上面的代写广告已经被我揭下

仿佛这里就是自己最后的归属。看来古人说,"青山不可上,一上一惆怅"不无道理。

山顶上有一根石头柱子,柱子顶端镶嵌着一个银色的金属罗盘,罗盘上标记着山的经纬度、高度和东西南北四个方向。石柱上有一张帖子,是一个关于论文代写的广告。我忍不住把这张帖子揭了下来,突然非常后悔,生怕过一会儿,这山就塌了,跳出一个已经被压了五百年的石猴,冲我喊师父,要保护我去西天取经。不过这也合理,我们来爱丁堡求学,就是来取经的,只有杜绝各种代写,才能取得真经。

一位苏格兰朋友告诉我,爱丁堡有一个传统,在每年 5 月 1 日,如果攀登到亚瑟王座上,用清晨的露水洗脸,就能青春永驻,诸事顺利。不知道这是不是《哈利·波特》中福灵剂的灵感来源,冲着这个故事,就应该来登一下亚瑟王座。就算清晨的露水没有这么神奇的功能,在这个"极目楚天舒"的山顶上看日出,必然会给爱丁堡的生活留下一段浪漫而美好的记忆。不过说来惭愧,刚来爱丁堡的第一周,就有同学组团一起去亚瑟王座看日出。我毫不犹豫地拒绝了,理由是看日落可以考虑,反正不耽误睡懒觉,但在我走过的几十年慵懒岁月里,只有在熬通宵的时候才见

草丛中漫步的野鸡

亚瑟王座和山脚下的大草坪

过日出。

到了山顶,才发现下山和上山的路都有很多条。我找到了另一条下山的路,这条路好走多了,才意识到之前登山的我选择了一条最难走的路。我倒也欣慰,因为先苦后甜才是人生的合理搭配。这条路是一大片长满青草缓缓柔柔的斜坡,一路上发现草丛中有很多野鸡,五颜六色的羽毛在绿草中若隐若现。这些漂亮的鸟儿看见人也不躲,依然不慌不忙地行走,自在地觅食。渴了饮泉水,饿了吃青草,缺钙了就将藏在草丛中的蜗牛带壳一起吞下。

看到这一幕,我突然产生了一个感触,其实现在中国发展得很好很快,我们出国的人尤其深有体会,出国以后也不再羡慕国外的高楼大厦、豪华商场,因为我们也有,甚至更好。但在生态环境的保护,在人和动物和谐共生这方面,我们还要继续努力,还要进一步对自己高标准严要求,尤其是要抓好生态意识的教育,才不负这个伟大的时代,"绿水青山就是金山银山"。

这一年从国内的网站上,偶尔看到某个公园的天鹅蛋被人捡走,某个人工湖里陪伴了市民几十年的大鱼被偷偷捕杀的新闻,还是让我心痛。不过,通过这次出国,跟比我年龄小得多的年轻中

山腰中骑自行车和跑步的人，远处是爱丁堡城区

国同学接触，看到了这一代中国青年积极向上、自信开放的崭新形象，我对中国的整体环保观念和生态意识的进步和完善充满信心，当然还是要谦虚谨慎，戒骄戒躁。

山脚下有一个略微有一定坡度的大草坪，我也有些累了，索性直接躺在草坡上看风景。绿色草坪上有缓缓跑步的人，愉快撒欢的狗，还有黑色柏油铺成的自行车道。女生跑起步来，马尾左右摇晃，灵巧的倩影就像奔跑的小鹿。骑车的男生则完全不减速，飞快地冲下来，如下山猛虎。

在蓝天白云下，山的一侧开满了大片的金黄色荆豆花，再加上这温暖的阳光像刚摘的鲜艳草莓，我突然有了一个心得：亚瑟王座这片美景是"中西结合的艺术"。单看巍峨壮丽如刀斧精凿出来的山体，就像中国宋代的一幅卷轴画，我仿佛置身于范宽的《溪山行旅图》中，而山脚下五颜六色的生动景象，却好似一幅鲜艳亮丽的欧洲油画。我情不自禁地哼起了李健的歌，"这里春风沉醉，这里绿草如茵"。

圣玛格丽特湖：艺术之心的显现

在初步领略了爱丁堡之美时，我曾感叹，爱丁堡这座城市有山有海有草坪，文学艺术看不停，散落在老城区爱丁堡大学的建筑也各具魅力，唯一的遗憾就是没有一个大湖来集聚灵气。直到疫情期间学校停课，我离开自己平时的图书馆、宿舍和艺术学院三点一线，在整个爱丁堡四处游走，才偶然发现，从爱丁堡大学的莫雷教育学院出发，向亚瑟王座一带前行，不到 10 分钟就会出现一个非常优雅的蓝色大湖。

这个湖名叫圣玛格丽特湖，位于荷里路德宫以东 500 米，圣安东尼教堂废墟以北 100 米处。这里曾是一个沼泽地，在 1856 年，由维多利亚女王的丈夫阿尔伯特亲王（Prince Albert）改建成为一个湖。当时是专供王室人员划船使用，现已经成为一个天鹅和各种鸟类的聚居地，也是爱丁堡居民陶冶情操之地。

意外在爱丁堡觅得这一潭碧波，我突然心头一动，这个湖或许就是爱丁堡隐藏的心脏吧。爱丁堡是一个美得可以偷走人们的心的城市，那些被爱丁堡偷走的无数颗心聚在一起，就变成了爱丁堡自己的艺术之心。而眼前这青山绿草中任白色天鹅点缀的蓝色湖面，就是爱丁堡的艺术和文学之心的显现。

就像中国人看到雄奇的山水就会觉得这个地方卧虎藏龙一样，看到亚瑟王座下这个充满了梦幻气息的天鹅湖，来到爱丁堡以后一直被苏格兰文化浸淫的我直觉这里除了美丽的白天鹅外还悄悄存在着另一种神秘的动物。这么洁净的湖面，在夜深人静的时候，一定有苏格兰"国兽"独角兽出没，毕竟这附近的荷里路德宫中到处都是独角兽的踪迹。

它们会从荷里路德宫大门的门柱上走下来，从宫殿外墙的墙壁上跳下来，从女王画廊的木门上跑下来，到此地饮水玩乐。独角兽有洁水的功能。相传在一个森林里，子夜时分有很多动物围住一面有毒的湖水，却不敢近前喝，此时突然出现了一只苏格兰独角兽用角轻轻点了一下水面，湖水马上变得清澈纯净。传说中这面湖水，会不会就是我眼前的圣玛格丽特湖呢？

我本来只是路过这里，看到这突然显现的充满浪漫艺术气息的湖水，突然就走不动路了，索性坐在湖边慢慢欣赏。我曾经在去华盛顿时，感慨过这座城市的法学院学生随时可以到美国最高法院旁听是多么幸运。此刻，我也涌上同样的感受，爱丁堡大学的学生，随时可以步行到这湖边赏美景看天鹅，也是多么幸运。更为幸运的是，我就是这些学生中的一员。

这个湖让我想起了北大的未名湖，但未名湖里只有"藏在水底的诗人"（歌曲《未名湖是个海洋》），没有这么多成群结队的天鹅、苍鹭、海鸥、野鸭。这些鸟中最被人宠爱的当属天鹅，我身边爱丁堡大学的同学们都亲切地称圣玛格丽特湖为"天鹅湖"。

我目测这个湖里的天鹅大概有上百只，多数时候，天鹅都在悠闲地游泳，或者把头伸进水里捕食，或是歪头整理自己的羽毛。天

圣玛格丽特湖，一名英国女生正在给天鹅拍照

圣玛格丽特湖一角

鹅安静的时候，看上去就像浮在水上的一团白云，又像天上的云浓缩以后在水中的倒影。尤其是天鹅把头伸到尾部，已经看不清脖子，浑然一团雪白的时候。而天鹅游动时在水中游弋轻舞仰脖低头划出的各种线条，又让我想起中国的舞蹈和书法。突然想到如果爱鹅的王羲之也来到这里，或许能触发他的感兴，创作出爱丁堡版的《换鹅帖》呢。

我正低头用手机记录这一切，倏忽听到一阵扑棱扑棱的声音，清脆响亮，抬头望去，这是天鹅在用脚掌扑打水面，准备起飞。天鹅站立起来奋力舒展开的双翅，令我一下子想起了藏于卢浮宫的胜利女神像，也许就是根据天鹅展翅的灵感雕琢而成。一行天鹅先是在水面上滑行，随后渐渐飞上青天，像极了从航空母舰上陆陆续续起飞的战斗机。

湖的背后是长满了绿草黄花的亚瑟王座山脉（Whinny Hill），山上还有 13 世纪圣安东尼教堂（St Anthony's Chapel）的遗迹。这里湖水湛蓝，天空悠远，金色的夕阳照在身上，不晃眼却无比温柔。我不禁想起了叶朗先生在《燕南园海棠依旧》这本书中提到的"夕阳无限好，妙在近黄昏"。此刻的夕阳，照在我身上，我

圣玛格丽特湖,背后山上的建筑是13世纪圣安东尼教堂的遗迹

就想用这个"妙"字来形容。古人云"仁者乐山,智者乐水",到了亚瑟王座山下的湖边,已经不用区分仁者和智者了。号称可以诗意地栖居的地方很多,于我而言就是此时此地。

在我看来,这一片美景中,最美的意象却是这湖中的倒影!青山的倒影,白云的倒影,绿树的倒影,黄花的倒影,统统映照在这蓝色的波光中,真是比油画还美,如仙境一般。在水中,我仿佛见到了柏拉图的美学理论中那个完美的理念世界。艺术果真是应目会心的,美的理论也是如此。曾就读于爱丁堡大学的朱光潜先生肯定也欣赏过这些意象,才写出了那么多的美学文章。

王一川教授也谈道,美学在当代可以成为一门"身感心赏"之学,即关于身体感觉与心灵鉴赏的融合的学科。在赏玩眼前这气韵生动,亦真亦幻的湖光山色的时候,我首先希望自己是一名画家,可以用画笔把这造化涂抹。其次希望自己拥有诗人或作家的天赋,能够用诗意的文字来描述眼前的景物。再次我想到的是老子、庄子、海德格尔、荷尔德林、朱光潜、宗白华这些哲学家和美学家,想听听他们用美的理论来概括这一切,用哲学原理来阐释这一切。就在当下,我突然有了一个感悟,艺术到了精神是理论,诗意凝固下来是哲学。

草丛中的云雀蛋，山腰中的"月半弯"

发现了圣玛格丽特湖这个宝藏一样的天鹅湖后，我准备继续探索亚瑟王座这个大片区，也就是广义的荷里路德公园，于是我顺着圣玛格丽特湖旁边一条通向山顶的小路往上走。这条路不像我第一次登亚瑟王座时走的那条小道那么险峻，而是一条盘山公路，分为步行区与骑行区，有很多人骑着自行车，就这么一圈一圈地向上盘行，从山脚骑到山顶。

对于我这个步行者而言，这是一条不那么累还很悠闲可以散步到山顶的绝佳路线。走在上山的路上向左望，整个爱丁堡城区一览无余。我的右手边就是山体，在这个 5 月，山上开满了大片灵性俏丽的黄色荆豆花。除了欣赏这如油画般的金色美景外，一阵微风吹来，还可以闻到一丝椰子的甜香。我寻思虽然前两天刚做了椰子鸡，也不至于余香犹存在衣服上这么久吧。椰子鸡又不是重庆牛油老火锅。难道是这路边荆豆花的香气？靠近一闻，果然是荆豆花散发出的椰香。我很好奇，这金黄色荆豆花酿成的蜜，是否也如椰浆般香甜可口。

沿着盘山道路一直走，突然在草丛中发现一块木牌，上书"重要的鸟类地面筑巢区域"（Important Ground-Nesting Bird Area）。木牌上提示："请注意只在道路上行走。因为从 4 月到 8 月，都是云雀下蛋的季节。云雀的蛋会直接产在草丛中的鸟窝里。同时请看好你的狗。"文字下方还附上了草丛中云雀窝和云雀蛋的照片。

看到这块木牌，我的第一反应是，云雀居然不在树上做窝，而是直接把蛋下在草丛中。这是有多不了解社会，这是有多高度信任人类！如果有人直接走进草丛，岂不是一弯腰就可以捡到云雀蛋？而且，本来像我这样的路人根本不知道这里有云雀蛋，专门立一块这样的牌子，岂不是等于"此地无蛋三百颗"？

辑三
亚瑟王座与
"天鹅湖"

草丛中的木牌之一，
这样的木牌还有很多

一个地方的文化由当地人的日常生活习惯决定。既然云雀敢在这个天天都有人经过的草坪里生蛋，既然爱丁堡的人敢公开立这么一块牌子提醒这里有蛋，那就证明在爱丁堡，保护鸟类、爱护自然的意识已经深入人心。不会有人产生"去捡几个云雀蛋来涮火锅，看看是不是比鹌鹑的蛋更赞"的想法。想到这里，我还真有些肃然起敬。

其实"天人合一""万物一体"这种思想,早就存在于中国的传统文化中。《聊斋志异》中有很多人与动植物和谐相处的故事。现在狐狸精这个词已经被污名化,就不在这里为漂亮的狐狸与人的浪漫传说大唱赞歌了。像《黄英》《葛巾》这些篇章,讲的就是人和植物结为夫妇,相亲相爱的故事。当下,中国人民的环保和生态意识正在逐年增强,植树造林的成果有目共睹。虽然有时候在网上偶尔看到有人去公园偷天鹅蛋的报道我也非常气愤,但通过这一年跟爱丁堡大学的中国留学生接触,我对年轻一代充满信心。

一路上我渐渐发现,这样的牌子每隔几十米就有一块,看来这一片都是云雀的地面筑巢区域。这面山体朝东,我在这座山的其他几面都没有看到提示"路边的云雀蛋不要采"的木牌,也许是因为这面山体的日照、水分、朝向都很符合鸟儿居家的"风水",所以才被鸟儿选择作为栖息地。

继续沿着道路上山,在走到山的三分之二高度,已经可以近距离仰视山顶之处,我惊奇地发现,在半山腰上,怎么还有一弯新月形状的湖。我是第一次见到山脚下已经有了一片美丽的大湖,登上山腰发现半山中还有一片别有风情的大湖的景象。如果把山底下的湖看成客厅,位于半山腰的湖就是二层的阁楼。这片湖也是

半山腰如一弯新月般的邓萨皮湖

辑三
亚瑟王座与
"天鹅湖"

本书作者手持自拍杆与天鹅合影

波光粼粼,但更加宁静清幽。

湖上还有几只毛茸茸的灰色"大鸭子",仔细观察才发现是小天鹅,跟在妈妈的后面,亦步亦趋。难怪有丑小鸭变白天鹅的传说,只有看到天鹅小时候的样子,才知道原来漂亮的白天鹅小时候都是丑小鸭。真是一个励志的故事!不过我现在已经不是小时候了,也明白自己长大后可以长成什么样了,这一类励志似乎对我用处不大……

我仔细数了数,湖面上一共有七只天鹅,两只老天鹅带着五只小天鹅,就像全真七子的北斗七星阵。奇怪的是,为什么就这一家天鹅住在上面呢?是遗世独立的性格使然,还是它们专属的特权?这是英国天鹅中的皇室吗?

在半山腰突然出现一片湖水,有一种特别的意境。叶朗先生的《美在意象》提到"意境"是"象外之象",在看过了山脚下的大湖后,这个在半山腰突然出现的湖就是"湖外之湖",意外惊喜以外的意外惊喜。仿佛武侠小说中的情节,一处风景背后就隐藏着

开满大片大片金黄色荆豆花的山崖

从山腰俯瞰爱丁堡的城郊

辑三
亚瑟王座与
"天鹅湖"

一位高人。我想到了《射雕英雄传》里的桃源大山，山顶上住着一灯大师，渔樵耕读四大弟子从山脚到山腰，守卫着一关又一关。

后来才知道，跟玛格丽特湖一样，这个湖也是在皇后大道（Queen's Drive）的建造过程中，在阿尔伯特亲王公爵的倡议下，于 1844 年人工修建。水源来自城市南部的阿尼克希尔（Alnwickhill）。由于位于邓萨皮（Dunsapie）山和亚瑟王座之间，所以名叫邓萨皮湖（Dunsapie Loch）。

现在我面前有两个选择，要么是从这里走上一片舒缓的草坡，登上亚瑟王座，要么是继续沿着盘山公路往前走，相当于绕着峰顶走一圈。由于我之前已经从一条更为艰险的路登上过亚瑟王座，我决定这次不再登顶，而是绕山而行，继续欣赏一路的风景。

下山的道路上偶遇一只向着夕阳奔跑的小狗

沿着公路前行,我的右手边是山崖上大片的荆豆花,与山脚下经过的那些金光闪闪的荆豆花相比,山腰上的花开得更加艳丽灿烂,令世界黯然,令我想起凡·高画中大片金色的麦田和黄色的向日葵。我猜想他也是看到了类似的风景,才画出那一抹抹舞动的、充满生命力的蔚蓝金黄。

从我的左手边向山下望,是爱丁堡的城郊。这是爱丁堡的东南方,这个方向看不到爱丁堡老城那些典型的教堂和尖顶,倒是发现了爱丁堡的另一面。爱丁堡不再是一座布满中世纪哥特式建筑的城市,而是一个如《彼得兔的故事》里描述的童话王国,一座座英式小别墅点缀在大片的青草、绿树、碧水、黄花中。

继续绕着这条道路环行,一路上都有骑自行车和跑步的人从我身边经过,这条路可以一直走回圣玛格丽特湖,也就是我出发的地方。还有什么风景,比这条从山脚到山腰,又从山腰到山脚,既可以骑车,又可以跑步,还可以进行美学散步的地方更适合出游呢?我真心希望每天都可以沿着这条美学之路走一走,直到所有的灯都熄灭了也不停留。

辑三
亚瑟王座与
"天鹅湖"

苏格兰历史最悠久酒吧:"挂羊头、卖羊肉"

除了圣玛格丽特湖与邓萨皮湖,爱丁堡还有一个更大的湖达丁斯顿湖,也属于荷里路德公园的一部分。达丁斯顿湖跟爱丁堡城区的距离比其他两个湖要稍远一点,但从荷里路德宫出发,步行不到半小时也可到达。

爱丁堡有这么多美丽的大湖,我觉得根本不需要再去英格兰的湖区旅游,爱丁堡自己就是一个湖区。之前我以为英国女王每年夏天从英格兰的白金汉宫到苏格兰的荷里路德宫来度假,是基于维护"一个英国"的政治考量,现在觉得,抛开政治不谈,爱丁堡充满湖光山色的荷里路德公园确实非常适合在夏天避暑小住。

到了冬天,宽大的达丁斯顿湖就成了一个溜冰的好去处。爱丁堡溜冰俱乐部的成员经常在结成冰的湖面上如舞者般飞驰。这一幕还被苏格兰画家亨利·雷本爵士(Sir Henry Raeburn)用画笔记录了下来,在爱丁堡的苏格兰国家美术馆,就珍藏着这幅《达丁斯顿湖上滑冰的牧师》(The Reverend Robert Walker Skating on Duddingston Loch)。画中再现的是爱丁堡溜冰俱乐部的成员,同时也是苏格兰教会的罗伯特·沃克牧师(Rev. Robert Walker)在湖上溜冰的场面。这幅画被认为是苏格兰最有名的画

苏格兰国家美术馆馆藏的油画
《达丁斯顿湖上滑冰的牧师》

之一，我曾经慕名专门去苏格兰国家美术馆寻找这幅画，发现它就挂在苏格兰画作展厅的入口处，非常显眼。

达丁斯顿湖跟圣玛格丽特湖和邓萨皮湖至少有两点不同。第一，面积特别大，比那两个湖加起来还要大很多。第二，那两个湖都是人工湖，而达丁斯顿湖跟亚瑟王座一样，是火山爆发的产物。湖边有一层又一层的芦苇和丛林，沿着广阔的湖岸，穿过湖边的丛林，还有一个长满青草的小山坡。坐在柔软的小山坡上欣赏湖的全景，一种观山水风景画的美就自然显现在眼前。我就说爱丁堡偷走了那么多人的心，一个圣玛格丽特湖肯定不够，原来更多的心都藏在了达丁斯顿湖。人常说狡兔三窟，而爱丁堡是"爱宝三湖"。

达丁斯顿湖水中游弋的天鹅，空中飞翔的海鸥，迎风起舞的芦苇，湖边小屋的青瓦白墙，以及这空静清寂的大自然，都让我想起梭罗笔下的《瓦尔登湖》。我听说凡是读了《瓦尔登湖》再去瓦尔登湖现场的人，多少都有些失望。我可以负责任地对朋友们说，如果你读了我描写爱丁堡的湖的文章，再来爱丁堡看达丁斯顿湖，绝对不会失望。因为我有限的笔墨，甚至没有表现出达丁斯顿湖十分之一的颜色。

勇士、诗人与魔法

达丁斯顿湖全景

绵羊海德酒吧

达丁斯顿湖的周围有一个小村子,名字就叫达丁斯顿村(Duddingston Village)。这里有一家据说是苏格兰历史最悠久的酒吧绵羊海德酒吧(The Sheep Heid Inn),其历史可以追溯到1360年。传说从那个时候开始,很多苏格兰的有钱人会在夏天专程来到这家酒吧,以吃这里盛产的水煮羊头和烤羊头为乐。

在几个世纪以来,达丁斯顿村这个小村庄都是屠宰那些在青青的山坡上漫步的苏格兰黑脸羊(black face sheep)的地方。黑脸羊就是英国动画片《小羊肖恩》的原型,肥美鲜嫩,可乐可口。单独的羊头不好售卖,于是村子里的人就用羊头来炖汤或者烧烤,逐渐就形成了本地独具特色的名菜。曾经的苏格兰国王,后来成为英国国王的詹姆斯一世也经常光顾这里。在1580年,他还专门为酒吧送来了一个精心装饰过的羊头,这个国王送来的羊头被挂在了酒吧的墙上,为这个酒吧带来了"灵韵"和"膜拜价值",吸引了更多慕名而来的顾客。

我走进这家非常有乡村气氛的酒吧,发现墙上真的挂着一个羊头!这应该不会就是詹姆斯一世送的那只吧,保质期有这么久吗?但由于那个故事,这个羊头就会让人产生这样的联想。一个精彩的故事是旅游胜地的精神和灵魂。

酒吧内吧台一角

酒吧里分为好几个房间，后面还有一个露天的小院，也可以在院子里用餐。为了幽静地感受这个苏格兰最早酒吧的气氛，我选择了房间里的一个角落。坐下来以后，路过的人我早已忘记，驿动的心已渐渐平息。我拿过菜单，发现菜单上并没有羊头，羊头只是这家酒吧的一个噱头。我长舒了一口气，本来我还担心一个人在这里大啃羊头是否看上去就像一个猪头。虽然没有羊头，但这里是挂羊头卖羊肉，排在菜单最前面的招牌菜就是羊肋排（Lamb Rack）。羊肋排是羊的肋骨和羊肉的筋相连接的肉，是羊身上的精华部位，比羊头更为美味。

英国的菜单一般会把这道菜一起搭配的食材也全都标示出来，我用手机认真查阅，终于把每一个奇怪的英文单词都弄明白。这道羊排的配菜有西班牙甜腊肠、灰胡桃泥、土豆泥、烤青葱、意大利羽衣甘蓝、意大利松子青酱和波特雷斯酱，搭配丰富得超出我的想象。

虽然我觉得 21 英镑的价格很贵，超出我平时吃饭成本的 21 倍。但转念一想，这可是传说中苏格兰最早的酒吧啊！再加上这羊肉背后的故事，就冲着这"文化"也应该吃。有的人还千里迢迢专程来吃呢！现在我就在爱丁堡，节省了几千块的飞机票，为什么不利用这难得的机会品尝一下可能是苏格兰最有故事的羊肉呢？

辑三
亚瑟王座与
"天鹅湖"

美味的羊肋排

而且，平时那么节约，几乎每一顿饭都自己做着吃的我，不就是为了养兵千日用兵一时，把钱花在刀刃上吗？于是我毅然决定，为了考察这个地区的饮食文化，把田野工作做细做深做实，吃！

一位年轻漂亮的英国女服务员过来为我点菜，红袖添羊，更增添了我对这个酒吧的好感。她问我羊排需要做几成熟。我以前只知道点牛排需要回答这个问题，还是第一次听说羊排也要分几成熟。我没什么主意，只好以我的一贯风格告诉她，我这个人很随和，善于跟英国老百姓打成一片。广大英国老百姓最喜欢几成熟，我就吃几成熟！然后服务员告诉我，一般是五成熟（medium）最受欢迎。随和的我一听，索性超越一下广大英国老百姓，点了一个三成熟（medium rare），显得自己很不成熟。

过了一会儿，羊排就盛放在一个金边的白色盘中端了上来。两块粉红色的小羊排，沉浸在褐色的意大利青酱中，再加上旁边五颜六色的配菜，简直就是一幅五彩缤纷的油画。我虽然是第一次吃这道菜，但我发现无论是做菜还是吃菜，我都无师自通。手中的刀叉，在盘中来来回回，几下就将这粉嫩的羊排，切成了汁水四溅的小块，同时将烤得微焦的青葱，与羊排共同送入口中。我的牙齿第一次与三分熟的羊肉接触，丝滑柔嫩弥漫在我的舌尖，都舍不得吞咽。

勇士、诗人与魔法

悬挂在酒吧内墙壁上的羊头

在大口吃肉以后，再来一点整整齐齐摆在旁边切成细片绿白相间的意大利羽衣甘蓝，口中瞬间弥漫一阵清爽，从来没觉得绿色蔬菜也这么可口。羊肉虽然鲜美，也不能一直不停地吃，因为担心很快就被一扫而光，被人看出我是一个肉食狂。于是我开始转向盘中点缀在橙黄色胡桃酱里红白相映的西班牙腊肠片，发现这腊肠比我平时在超市里买的腊肠要好吃21倍，层次丰富，甜和辣都恰到好处。最后，再浇一勺特雷斯酱在金黄色的土豆泥上，当主食吃光。

毫不夸张地说，这是我在爱丁堡吃过的最好吃的一道菜，在这一瞬间改变了我对英国人不擅做菜的刻板印象。看来还是要找对地方，普通英国人固然是不太会做菜，但如果是国王经常光顾的餐馆，得到了国王送的羊头的加持，就连不怎么会做菜的英国人，也变得善于烹饪起来。

辑三
亚瑟王座与
"天鹅湖"

爱丁堡的鸟：很欧洲的情调，吃全麦的面包

爱丁堡的三个湖除了为我们带来审美的体验外，还能给我们带来投喂的乐趣。尤其是在疫情期间，去湖边散步，投喂各种鸟儿就成了我们治愈自己的方式。从物质上是我们在投喂鸟儿，从精神上是鸟儿在投喂我们。我们投喂给鸟儿食物，而鸟儿反哺给我们精神满足。

三个湖我都去投喂过，不过由于距离，去得最多的还是跟城区最近的圣玛格丽特湖。这是游人最多的湖，这里的鸟儿也最不缺投喂，一只只吃得脑满肠肥。我发现，如果有身边的同学说，今天去天鹅湖玩，大家就都默认是去圣玛格丽特湖。很多人都不知道爱丁堡至少还有两个大湖。有时候为了表示公平，我也会专门去到相对更远，游客较少的邓萨皮湖和达丁斯顿湖进行投喂。

网上曾流传一个故事，"梁朝伟有时闲着闷了，就突然临时一人飞到伦敦，独自蹲在特拉法加广场上喂一下午鸽子，不发一语，当晚再飞回香港，当没事发生过，突然觉得这才叫生活"。据说

达丁斯顿湖
喂鸟的地方

后来有记者专门问过刘嘉玲，刘嘉玲说她完全不知道有喂鸽子这回事。当然也不排除是刘嘉玲被梁朝伟放了鸽子。之所以有这样的故事流传，也是因为梁朝伟的文艺气质，让人相信这件事情有可能发生在他身上。我们假定这是真的，那么去伦敦特拉法加广场喂鸽子，和到爱丁堡亚瑟王座山下的湖边喂鸽子，哪个格调更高呢？

我个人觉得，在爱丁堡野外的湖边喂鸽子更有意境。因为这是一个生机勃勃的大自然，到处都是生生不息的气象，饱含生意，充满情趣，是动物的家园，有天地之大美，在这里喂鸽子是一种审美的境界。借用北京大学彭锋教授在《完美的自然》一书中提到的观点，在中国的传统美学看来，审美指的是从日常状态进入本原的和谐状态，中国传统美学要求的是一种彻底的人生态度的改变，而不是对自然环境的局部保护。

具体而言，在大自然里喂鸽子，我们人类跟鸽子是平等的，对鸽子是向往的。甚至可以说，是我们到了它们的家园，我们是它们的客人，去它们的家里拜访它们，为它们带来了礼物。我们改变了与自然对立的生活方式和世界观，回归了人与自然本原性的和谐状态。而大都市里的特拉法加广场是人工修建的，鸽子本来应该生活在大自然，如果在广场上喂它们，就是我们在人工修建的场所喂鸽子，把鸽子当宠物喂，我们仍然是在日常状态中对动物进行给予。想到这一层，我恍然大悟，觉得爱丁堡湖边的鸽子比伦敦特拉法加广场的鸽子更幸福，我也比梁朝伟更幸福。

在湖边喂食还有规矩要遵循。我注意到圣玛格丽特湖和达丁斯顿湖的岸边都专门立有一块牌子提示，"人类的食物如白面包、薯条、米饭都会导致鸟儿缺乏维生素而生病。只有专门从宠物店买的谷物可以喂。如果一定要喂面包，只能是富含粗纤维和丰富维生素的全麦面包。白面包绝对不可以"。爱丁堡的鸟儿吃饭真是挑，而且还都住城堡。我突然想起周杰伦在《同一种调调》里唱

辑三
亚瑟王座与
"天鹅湖"

到"画框的城堡，很欧洲的情调……很少笑，吃全麦的面包"，原来写的是爱丁堡的鸟。

我没有什么欧洲的情调，平时只喜欢吃白面包、白馒头和白米饭，无法从我的口粮中省出鸟儿的食物。因此每次去湖边前，我都会顺路在特易购超市（TESCO）专门买一袋全麦面包，当然是挑最便宜的，0.5英镑一大口袋那种，然后把这一大袋面包拎到湖边。老远看到我拎了沉甸甸的东西过来，天鹅、鸭子、鸽子都兴冲冲地赶过来热情地迎接我，仿佛在对我客气地说"来玩就来玩嘛，带什么礼物"。我冲它们眨眨眼，用眼神回应它们"从老家带了一点土特产而已，不必客气"。

我站在岸边，把一片片全麦面包掰碎了往水里扔。为了照顾不会游泳的鸽子，也时不时丢一些面包在水边的石头上供鸽子享用。在找食这件事情上，鸽子永远比天鹅聪明。有些食物就掉在天鹅眼前的石头上，它们也伸长脖子在石头上寻找，但不是看不到，就是虽然看到了，但反应迟缓。而鸽子老远就能精准定位，飞到这块石头上来准确无误地啄食。

鸽子还算文明取食，海鸥则简直是强盗。海鸥飞行速度快，反应灵敏，在空中定位能力强，胆子也大，还会互相争斗抢食。在抢劫的过程中，甚至会发出巨大噪声，干扰其他鸟儿取食，绅士般的天鹅根本抢不过像强盗一样的海鸥。我专门投掷给天鹅的一片片面包，正在空中匀速飞行时，海鸥就可以飞起来从空中拦截，几乎不会失手。记得当年海湾战争的时候，伊拉克只要一发射"飞毛腿"导弹，美国这边马上就发射"爱国者"导弹进行拦截，但成功率可能还不如这些海鸥。让我觉得美国制造"爱国者"导弹的技术部门，是不是应该向爱丁堡的海鸥取取经。

我投了好多次，面包根本到不了水里，更到不了天鹅的嘴里，总是在半空中就被海鸥拦截。虽然说众生平等，但外貌协会的我当然更偏向美丽优雅的天鹅,希望天鹅吃到我带来的食物。要是真想喂海鸥,我直接往宿舍楼下的垃圾箱里扔剩饭剩菜就可以了,就算垃圾箱盖上了盖子,这帮野蛮的家伙也能毫不费力地全部翻出来——啄食,还费这么大劲来湖边干啥?住过爱丁堡的同学都懂的。

后来,我终于想出一个办法。把一小片面包用力捏紧,成为一个小团,尽量绕过海鸥,用力直接掷向天鹅,就像扔一颗小石子。这样面包体积变小,密度变大,在空气中飞行速度变快,海鸥才不会次次都拦截成功,面包才有可能抵达天鹅的口中。

我相信海鸥肯定打不过天鹅,但屡屡被鹅口夺食的天鹅却从不攻击海鸥。难道是怕自己出手太重,不屑于与这些小流氓计较?还是有偶像包袱怕弄脏弄乱自己的羽毛?我甚至看到一只海鸥直接站在天鹅身上,把天鹅的后背当成航空母舰,随时准备起飞,等待拦截我投掷给天鹅的面包。虽然鸟儿之间的内政不该由我来插手,但这个举动真是看得我这个人类都觉得太过分了,特别想要为天鹅打抱不平,干涉一下。

但优雅的天鹅却泰然处之,一副"敌军围困万千重,我自岿然不

把天鹅的后背当成航空母舰,随时准备起飞的海鸥

圣玛格丽特湖喂鸟的地方

动"的样子。只有当面包刚好落到面前,它才会伸出脖子啄一下,像是温和的贵族。有时候投出去的面包掉进一只天鹅的羽毛,其他天鹅也会伸长脖子去它羽毛中寻找,温柔的姿势和动作都不像是在抢食,倒像是在帮忙整理被弄乱的发型。

在天鹅和海鸥的一旁还有好多未成年的小鸭子,知道抢不过流氓海鸥,也拼不过贵族天鹅,只好眼巴巴地在一旁围观,一点不敢上前争夺。虽然一无所获,但我想这是它们成长过程中必须学会的一课,弱肉强食,落后就要挨打,弱鸟无外交。当然,我也会趁着海鸥和天鹅不注意的时候,尽量定点投喂一些食物给它们,希望它们快快成长,认清社会真相,同时也对未来充满希望。

给鸟儿喂食果然让人治愈心情。也不知道以它们的鸟类视角,怎么看我们这些大老远赶来投食的人类。是童话里,带来食物的天使,会张开双手,变成翅膀守护它?是笨手笨脚,反应迟钝,会自动发射面包的两脚怪兽?还是三天打鱼,两天晒网,从不准时上班的业余饲养员?

辑四
爱丁堡大学与《哈利·波特》魔法王国

辑四
爱丁堡大学与《哈利·波特》魔法王国

艺术学院：雅典行、他乡遇故师与《哈利·波特》线路考

爱丁堡大学艺术学院干草（Grassmarket）校区是一个宽广的庭院。院子里芳草鲜美，落英缤纷，教学楼行政楼图书馆咖啡厅一应俱全，让人感觉这个地方不像一个二级学院，倒像一所独立大学。其实，它本来就是一所独立的艺术院校，后来才并入爱丁堡大学。历史上的爱丁堡艺术学院是欧洲最大、同时也是历史最为悠久的艺术学院之一，可以追溯到建于1760年的爱丁堡美术学院。

艺术学院大楼的建筑风格跟爱丁堡大学主校区也完全不同，极具艺术气息的红砖楼是这里的特色。艺术学院干草校区位于爱丁堡老城的中心地带，跟"皇家一英里"、爱丁堡城堡都在步行10分钟以内。在来爱丁堡之前，爱丁堡大学给我发的分配宿舍的邮件里特意提道：我的宿舍里戈街（Riego Street）地理位置十分方便，步行3分钟即可到达爱丁堡艺术学院。我还觉得运气特别好，从此可以过上开课前5分钟才起床的生活。到了爱丁堡，我才发现艺术学院的校区不止一个，而我这个专业的大多数课程都在另一个劳瑞斯顿（Lauriston Place）校区。

劳瑞斯顿这个校区也在爱丁堡老城区，步行十几分钟即可到达。由于爱丁堡老城区到处都是历史文化建筑，这段十几分钟的路程给了我在步行途中无数次欣赏老城风光的机会。每次在上学或放学回宿舍的途中，我都是目不暇接四处眺望，只恨不能将各种美景悉数收藏，同时忍不住感慨自己怎么有幸在这么一个既犹如中世纪古堡又宛如迪士尼乐园的梦幻之地读书平躺。

爱丁堡艺术学院劳瑞斯顿校区就在爱丁堡大学老学院的街对面，跟爱丁堡老城的建筑风格完全融为一体。我有两门必修课都在这个校区，导师佩妮的办公室也在这里，所以这个校区我日常去的

频率更高。教学楼的斜对面就是苏格兰博物馆,有一次上课,老师直接把我们带到了博物馆里面,边走边讲。

我的专业"文化景观"的相关课程需要进行田野调查。除了带领我们在爱丁堡老城区寻访文化古迹、驱车带我们去爱丁堡郊外探索自然景观外,两位老师佩妮和安吉拉(Angela)还带我们这个课程的七位同学一起去了一次雅典,在这座被誉为"西方文明的摇篮"的城市进行了一周的田野调查。那是我最难忘的一段求学经历。除了带我们走遍雅典城区最有特色的历史建筑和街区,亲自为我们讲解街区背后的故事外,佩妮甚至把我们带到了雅典郊外由古希腊哲学家柏拉图创办的柏拉图学园(Plato Academy)故址,这比去雅典卫城帕特农神庙更让我激动不已。坐在柏拉图曾经探讨过真理的草地上,我觉得我已经抵达了我的理想国。

他乡遇故师

在一次从宿舍步行去劳瑞斯顿校区上课的途中,发生了一次我迄今都觉得非常神奇的"他乡遇故师"。我正匆匆前行,走到干草校区红砖房大门附近的时候,突然毫无心理准备地一抬头就看见了北大艺术学院曾经教过我的李道新老师、李淞老师和刘晨老师,还有北京交通大学的高红岩老师正迎面走来。我简直不敢相信自己的眼睛,要知道,就算是在北京,就算是在海淀,就算是在北大校园,也不是随便就能在路上偶遇自己的老师的呀!何况这是在千里之外的苏格兰爱丁堡。而我若是早一分钟或晚一分钟出发,可能就会完美错过。这只能理解为在爱丁堡这座梦幻之城,时常都有梦幻事件发生。

几位老师专程从中国过来参加北大艺术学院与爱大艺术学院联合举办的"跨文化交流中的艺术礼品"研究工作坊。我在艺术学院的劳瑞斯顿校区结束我的"世界文化遗产"课程以后,马上就赶到了干草校区,去听三位老师的学术报告。一瞬间,我感觉我仿

辑四 爱丁堡大学与《哈利·波特》魔法王国

佛置身于几年前在北大攻读艺术硕士时的课堂，但发生的地点又是在几年后的爱丁堡艺术学院，在奇妙变幻的时空场景中，我有些恍惚，唯一可以确定的是，我思故我在。后来我每次经过爱丁堡艺术学院干草校区与几位老师偶遇的这个地点，都会想起这段奇遇。这是艺术学院带给我们的艺术和学术之缘。

在与几位老师的交流中，看得出老师们对爱丁堡艺术学院的环境也很满意。李道新老师后来还在他的微信公众号"光影绵长李道新"中发表了一篇《风雨苏格兰》，记录了这次爱丁堡之行。文中特别提道："值得庆幸的是，工作坊所在的爱丁堡艺术学院杭特楼（Hunter Building），窗外不远处就是著名的城市标志爱丁堡城堡。"刘晨老师则专门发了一个微信朋友圈，提到"在看得见风景的会议室报告，是非常令人难忘的学术经历"，配图为几位老师在工作坊会议室的合影，合影的背景就是窗户外的爱丁堡城堡。

刘晨老师这句话是对艺术学院干草校区特色的精准概括。这个校区的很多教室都是"看得见风景的房间"，坐在教室里就可以看见爱丁堡很多中世纪遗留下来的哥特式尖顶，甚至可以用"近在咫尺"来形容。我有一门环境人文学的课程，教室就在干草校区教学楼的顶层。有时候在上课时不经意一转头，突然望见窗外近得几乎可以伸手触摸的爱丁堡城堡，竟有一种"不敢高声语，恐惊天上人"之感。

艺术学院干草校区还有一大看点，就是主楼大厅和走廊上陈列着的那些古希腊风格雕塑。雕塑的原作都在大英博物馆，由英国外交官埃尔金勋爵从雅典帕特农神庙掠取，这是西方艺术史上比较有争议的一次行为。我第一次听说这段公案，是在北大艺术学院丁宁老师的"西方美术史"课堂上，后来到了爱丁堡大学，我的导师希腊人佩妮又多次跟我们讲述过此事。

爱丁堡艺术学院这些雕塑是由存放在大英博物馆的古希腊作品翻制的模具制成,虽然不是原作,但翻制出来的雕塑也具有很高的欣赏价值和教学价值。在四川美术学院虎溪校区的大门口,也就是罗中立美术馆的左侧,有一尊由文艺复兴三杰之一、意大利雕塑家米开朗琪罗创作的《大卫》青铜雕像,这是川美的网红地标性建筑。这个雕塑的看点之一就在于,它是四川美术学院从意大利从事传统雕塑修复的企业定制,由存放在意大利佛罗伦萨美术学院的大卫雕像原作原模翻制而成。川美的相关新闻提道:"这对于提升学校人才培养质量,促进师生艺术创作水平的提高,提升城市文化品位等方面,都具有十分重要的意义。"那么,存放在爱丁堡艺术学院大厅里的古希腊雕塑翻制品,我认为也具备类似功能。

弹贝斯的理发师

由于曾经是一个独立的艺术院校,爱丁堡艺术学院干草校区附近充满了艺术气息。这一带有很多极具特色的旧书店、咖啡馆和酒吧。还有一家奶吧(Milk Bar),售卖各种美味的冰激凌。我第一次看到"奶吧"这个招牌,就想起了英国"文化研究"的代表人物霍加特在《文化的用途》里提到的用于论证英国青年已经被美式大众文化影响了的奶吧,没想到在这里遇见。

值得一提的是艺术学院图书馆附近的一家理发店,带给了我在英国理发经历中最艺术的体验。我之前遇到的那些英国理发师,都是用推子三下五除二把我的头发迅速推倒,连剪刀都用得很少,就像在给草坪除草。但艺术学院附近这家理发店的这位理发师,却像在中国的发廊一样,不紧不慢,细心修剪,就像是在精雕细琢一个艺术品。他不但不用推子,在剪发的过程中还换了好几把不同型号的剪刀,并且他居然有"削薄""碎发""剪出层次感"的意识,这是以前我遇到的那些英国理发师完全不具备的素质。

> 辑四
> 爱丁堡大学
> 与《哈利·波特》
> 魔法王国

理发时店里的音响播放着电台司令（Radiohead）的《爬行》（Creep），我很喜欢，忍不住以这首歌作为话题，跟他攀谈起来。谜底迅速被解开，原来这位瘦瘦高高的苏格兰人真的去过中国，并且待了十年。他告诉我他去过西安、成都、武汉等好多城市，他的职业是在酒吧担任摇滚乐队的贝斯手。原来是一位受过中国理发氛围熏陶过的英国摇滚艺术家在为我理发！我不禁想代表马东，邀请他回中国去参加"乐队的夏天"。

遗憾的是，后来又等到头发长长需要修剪的时候，我多次来到这家理发店门口徘徊。假装从这里路过，假装不经意朝里张望，就是想等到这位理发师在的时候，就进去找他理发，但我却再也没看到过这位理发师。也许他只是在这里兼职体验生活，也许他真的又回到了中国。我也终于剪短了我的发，剪断了牵挂。

哈利·波特线路考

艺术学院干草校区位于爱丁堡著名的干草市场一带。从艺术学院走到干草市场的尽头，就到了被称为《哈利·波特》中对角巷的原型维多利亚街（Victoria Street）。这条街被称为对角巷的原型，不是因为这里有两家哈利·波特官方纪念品商店，而是由于这条

维多利亚街，被称为《哈利·波特》中对角巷的原型

维多利亚街上的哈利·波特纪念品商店

街上有很多售卖传统苏格兰食品、饰品和奇特小玩意的古怪店铺，还有古老的深绿色的爱尔兰酒吧和各种五彩斑斓的小屋，就像糖果罐里的好多颜色。再加上高高低低弯弯曲曲中古世纪风格的鹅卵石街道的烘托，跟《哈利·波特》里描述的对角巷的气氛非常相似，让人怀疑当年J.K.罗琳在爱丁堡创作对角巷时受到过这条街的启发和影响。

这条街上还有一家名为"笑话和新奇事物"（AHA HA HA Jokes&Novelties）售卖各种搞笑物品的商店，也被人们认为是《哈利·波特》中的双胞胎弗莱德和乔治笑话商店的来源。但非常遗憾的是，就在我来到爱丁堡的2019年，这家笑话商店的门上就贴出了装修关闭的字样。在这一年中，我一直在等它装修完毕以后重新开张，等来的结果却是眼睁睁地看着这家商店被改装成了一家冷饮店。我是真心希望相关部门能管一管这个事情，因为我觉得这家笑话商店改成冷饮店，是爱丁堡哈利·波特文化遗产的损失。

除了维多利亚街，爱丁堡还有很多"哈利·波特文化景观"。比

辑四
爱丁堡大学
与《哈利·波特》
魔法王国

大象咖啡馆，J. K. 罗琳曾在这里写作
《哈利·波特》

如 J.K. 罗琳曾在这里写作《哈利·波特》的大象咖啡馆和勺子咖啡厅，影响了《哈利·波特》中伏地魔名字创作的格雷夫莱墓园（Greyfriars Kirkyard），霍格沃茨学校的原型乔治赫瑞特学校（George Heriot's School）……既然都来到了"哈利·波特的故乡"，又在极具梦幻气质的爱丁堡大学学习"文化景观"，我希望自己可以成为一个相对专业的哈利·波特研究者。

在艺术学院学习"文化景观"这一年，我努力在爱丁堡探寻和挖掘 J.K. 罗琳的灵感来源，想知道爱丁堡的文化景观是如何启发和

勺子咖啡厅，J. K. 罗琳曾在这里写作《哈利·波特》

夜色中的乔治郝瑞特学校，被称为霍格沃茨学校的原型

影响J.K. 罗琳创作《哈利·波特》，文化景观是如何成为文学景观的。我在艺术学院平时的作业和毕业论文，都是围绕爱丁堡的哈利·波特文学景观这个主题在开展。而我自己凭着兴趣去参加的那些大大小小的哈利·波特之旅、平时跟中外"哈迷"的聊天交流以及每天在爱丁堡的行走和观察，就成为我写作论文的田野调查。除了从导游那里了解到的那些著名的哈利·波特文学景观外，我自己也在爱丁堡发现了一些可能是影响J.K. 罗琳创作《哈利·波特》的文化景观。我甚至觉得我也可以开设一条包含了我自己的新发现的"爱丁堡哈利·波特文学景观线路"，跟对哈利·波特感兴趣的朋友们分享，这也是我在爱丁堡艺术学院学习的收获之一。

辑四
爱丁堡大学
与《哈利·波特》
魔法王国

法学院和医学院:"格兰芬多"和"斯莱特林"

爱丁堡大学校区遍布爱丁堡全城,美也随之散布全城,每到一处新校区就收获一份新的审美体验,从不曾有一个校区让我失望过。

在爱大的这些校区中,有一处是当之无愧的"老大哥",这就是爱丁堡大学老学院(Old College)。这个地方为什么叫作老学院呢?因为最早的爱丁堡大学就是从这里开始,由这里出发,最终扩张至全城,就跟曾经是北大第一院的北大红楼差不多。不同之处在于酝酿了五四运动的北大红楼校区早已停用,成为文物保护单位,而爱大老学院至今还在履行一个学院的日常功能。

老学院位于人群熙来攘往的南桥(South Bridge)。我第一次从伦敦到爱丁堡的时候,曾三过老学院大门而不入。因为当时作为游客的我行色匆匆,转街过巷,就如滑过浪潮,根本想不到这条繁华大街上的建筑背后还藏着爱丁堡大学的一个学院,真是大隐隐于市。后来是我的朋友,爱大校友李同学专程带我来到这里,才发现这条街带来的别样惊喜。

老学院大门由三道如凯旋门般的拱门组成。穿过拱门,登上数级台阶,前行一小段,然后又登上数级台阶,又前行一小段,最后再登上数级台阶,才最终踏入院中。一个学院的大门为什么要设计得这么复杂?我猜测,可能是因为老学院位于人来人往的商业大街,为了让学术的象牙塔与商业大街产生"隔"的效果,通过对入口的复杂设计,用建筑的语言让人移步换景,从进门的空间就开始体现大学的神圣和庄严。

进入老学院,首先映入眼帘的是一块修剪得整整齐齐的绿色长方形草坪,院子四周则由一圈古老的希腊式圆顶建筑环绕。这座四四方方的院子,就像一座圣殿,符合我们对英国名校的所有期待和想象。虽然爱丁堡的草坪都很适合拍照,但在老学院的草坪上拍出来的照片最有古老欧洲大学的气息。坐在草坪旁边的长椅上,吹着凉风,望着从法学院图书馆进进出出的年轻学子,满街脚步,突然静了,仿佛走入了如《律政俏佳人》般的校园法律题材电影场景。

文艺和美只是这所学院的一面,这个院子更令我神往之处在于它可能是爱丁堡最有智慧的地方。由于这里曾是历史上爱丁堡大学的全部校区,从爱丁堡老学院走出的科学家、哲学家、作家和政治家可以说是不计其数。我有段时间会在晚上到这个院子里来散步,仰望头顶星空,浩瀚无垠的宇宙被爱大老学院四面环绕的建筑分割为这一小块四四方方的形状。但这一面四方形的星空是如此闪耀,仿佛喻示了在人类文明的银河里,爱丁堡大学所散发的光芒。

老学院这个爱丁堡大学最早的校址现在有一部分被作为学校的行政办公地点,尽管学校的大部分学生都不在这里上课,但每个新生在爱大报到时都必须来老学院登记注册。这大概是为了增加学

爱丁堡大学老学院,也是爱丁堡大学法学院所在地

辑四
爱丁堡大学
与《哈利·波特》
魔法王国

生对这所历史悠久的老学院的认同感。不过，虽然爱大大多数学生的上课地点都不在这里，法学院的学生却是一个例外。因为老学院剩下的一大部分，都给了爱大法学院作为教学楼和法学图书馆。所以，当我们在爱丁堡提到老学院的时候，同时指的也是爱大法学院。

由此可见法学院在爱丁堡大学的重要性。实际上，法学院在西方大学中的地位都很高。据清华法学院刚刚复建时就招收的一位博士学长陈兄告诉我，他听说多年前有一位美国副总统访问清华大学，提出就想看看这所中国顶级名校的法学院。但尴尬的是当时清华并没有法学院，于是理工科出身的校长进一步意识到了法学院的重要性，加快了清华法学院复建的步伐。这个故事也许只是道听途说，但可以从侧面反映法学院在西方人心中的重要程度。

成立于1707年的爱大法学院培养了不少知名校友。毕业于爱大法学院的法官、检察官、法学教授、议员占据了苏格兰法学界的大半壁江山。我在爱大法学院图书馆门口的墙上，发现了一块纪念校友的铜牌。由于这个地方只有一块铜牌，我猜想可能是为了纪念校友里某位特别伟大的法官或者法学家。走上前端详铜牌上的名字，才发现这块图书馆门口唯一的铜牌是为了纪念毕业于法学院的苏格兰作家詹姆斯·鲍斯威尔。一所早已培养了很多专业法学人才的法学院专门辟出地方来纪念从这里走出的作家，我觉得这是一种特别的境界，体现了一种道路自信。

除了责无旁贷地为英国和世界输送优秀法学人才外，爱大法学院确实走出了很多顶级作家。在爱丁堡的"皇家一英里"上有一座作家博物馆，里面供奉了三位苏格兰国宝级作家：司各特、史蒂文森和彭斯。这三个人里除了彭斯没有上过大学外，其余两位都毕业于爱丁堡大学法学院。还有不愿意从事法律工作，却喜欢在报纸上写随笔和普及性哲学文章的哲学家休谟，在"皇家一英里"

上也有他的雕像，他也毕业于爱大法学院。

法学院在西方教育界被赋予如此重要的地位，还有其历史原因。教育史上公认的全世界第一所大学，也就是创立于1088年的意大利博洛尼亚大学，这所大学当时唯一的专业就是法学。就在不久以后，同样在意大利诞生的世界上第二所大学萨莱诺大学，开设的专业则是医学。由此可见，世界上最早的两所大学，第一所是法学院，第二所是医学院。而世界上的第三所大学巴黎大学是一

勇士、诗人与魔法

爱大法学院图书馆门口的墙上，纪念校友詹姆斯·鲍斯威尔的铜牌

所综合性大学，这所大学设置了四个学院，分别是法学院、医学院、神学院和艺学院。从此以后，这四个学院就成为欧洲大学的基本设置。罗琳创作的《哈利·波特》里的霍格沃茨魔法学校恰好就有四大学院，或许就是以欧洲大学最早的四大学院为原型。

根据天津外国语大学翟文喆老师的分析，哈利·波特所在的格兰芬多学院的原型就是法学院。因为格兰芬多学院的徽标是一个长着翅膀的狮子，也就是鹰头狮身兽（Griffin），这个形象跟英国法律界著名的"四大律师学院"中格雷律师学院的徽标非常相似。魔法学校的一些课程设置，比如"黑魔法防御"，也就是教人们在现实中对付犯罪的方法，就相当于法学院的刑事诉讼法或刑法。

专门与格兰芬多学院作对的斯莱特林学院则有医学院的元素。因为斯莱特林院徽上有一条醒目的蛇，在希腊文化中，"绕在手杖上的蛇"就是古希腊名医阿斯克勒庇俄斯（Asclepius）的徽记。此外，哈利他们到了高年级的时候学习的草药学和魔药学，则可以类比为医学院的课程。

《哈利·波特》这部诞生于英国，风靡全球的作品，不是从天上掉下来的，也不是作家J.K.罗琳一拍脑门就凭空想出来的，而是从西方的历史和文化里扎扎实实地生长出来的，传承着西方文化传统的血脉。这也说明要成为优秀的作家，写出伟大的作品，离不开本民族文化的滋养。就像《射雕英雄传》虽然也只是一部流行的武侠小说，但里面涉及的那么多中国的诗词歌赋、琴棋书画、儒道佛学、阴阳五行……金庸先生如果不是饱读诗书，对中国传统文化达到了信手拈来的程度，怎么可能写出这样一部雅俗共赏的作品来。

由此可见，要想成为优秀的作家，除了需要具备一定的天赋外，还要有深厚的积累。积累又分为知识文化的积累和生活体验的积累。知识文化的积累就是平时要多学习多读书多思考，除了文学本身，还要有历史的视野和哲学的素养，这样写出来的作品才既有趣，又有深度。最好还要对艺术有所感悟，"功夫在诗外"，要从音乐、绘画、戏剧等艺术门类来借鉴和补充文学创作的给养和技巧。而生活体验的积累，就是不要闭门造车，而是要实实在在地去感受和体验这世界,如许巍唱的"体会这狂野、体会孤独、体会这欢乐、爱恨离别",从而扎根人民,扎根生活。

从生活中生长出来的《哈利·波特》重点描写了发生在格兰芬多学院和斯莱特林学院之间的故事,我们前面已经谈到,这两大学院的原型或许就是西方大学里源远流长的法学院和医学院。巧的是,在罗琳写《哈利·波特》的地点之一爱丁堡,医学院也距离法学院不远,步行就5分钟的距离,也是一所四四方方的独立学院。我有段时间在爱丁堡遍寻罗琳创作《哈利·波特》的足迹,已经进入魔幻状态,从法学院走到医学院,就感觉自己是从格兰芬多走到了斯莱特林。

有趣的是,爱大医学院也产作家,在医学院的拱形入口的左面,有五块知名校友的圆形铜牌,其中有一块就是用来纪念从医学院走出的作家。这位我们中国人一点也不感觉陌生的医学院校友就是《福尔摩斯》的作者柯南·道尔。看来在爱丁堡这座文学之城,医学院跟法学院一样浪漫,也以产作家为荣。

爱丁堡大学医学院的大门

辑四
爱丁堡大学
与《哈利·波特》
魔法王国

藏于苏格兰国家博物馆的克隆羊"多利"标本

实际上,爱大医学院为全世界培养的医学人才早已名扬海内外,单是获得过诺贝尔生物学或医学奖的医学院校友就有 7 名。最著名的医学院校友当然是《物种起源》的作者达尔文(Charles Robert Darwin)。世界上首位通过无性繁殖培育出克隆羊"多利"的胚胎学家伊恩·维尔穆特(Ian Wilmut)也是爱大医学院的校友。而最为中国人熟悉的爱大医学院校友，则是在 2020 年新冠疫情中感动中国的医生钟南山。

2020 年 4 月 2 日，爱丁堡大学公布钟南山院士以超过 90% 的票数当选首届爱丁堡杰出校友奖（Being Edinburgh Award）。爱大官网在介绍其获奖理由时写道，"作为全球抗击新冠肺炎传播的核心人物，钟南山获得爱丁堡奖是完全合适的""钟南山博士对爱丁堡大学的学生、教职员工和校友是一种激励，体现了本校一向致力于坚持的重要价值：进取、激情和自强不息"。

这个投票最初就在爱大的官网上发起，爱丁堡大学的在读生、教职工及历届校友都对这个奖项有投票权。我有幸正在爱大求学，亲眼见证了朋友圈和各种微信群中爱大的中国校友们自发为钟南山拉票所体现出来的那份尊重与爱戴，这说明心中装着人民、真正为人民办事的人，就不会被人民忘记，生命也更有价值和意义。

辑四
爱丁堡大学
引《哈利·波特》
魔法王国

神学院：哈利·波特魔法世界入口

在爱丁堡的小山坡上，矗立着一座双子尖顶的奇幻建筑。有时我在王子街上闲逛，不经意一扭头瞥见对岸这幅轻盈纤巧的哥特式景象，竟会想起在伦敦时在泰晤士河岸远眺绵长的英国议会大厦那些时光。从长度来看，爱丁堡这座尖顶建筑只有与它形似的伦敦议会大厦的一小段，如果泰晤士河岸的议会大厦是一段交响乐的旋律，那么这座双尖顶的建筑就只相当于其中的两个音符。但从占据的高度讲，这却是音高响彻天际的两个乐音。不同于伦敦泰晤士河岸平缓的议会大厦，位于爱丁堡小山坡上的双子尖顶就像两把笔直的圣剑，直插云间，划出了爱丁堡上空一道迷人的天际线。

很少有游人知道，这座建筑也是爱丁堡大学的一部分，并且它的名字与几乎人人皆知的爱丁堡大学法学院所在地老学院（Old College）刚好对应，这座建筑叫作新学院（New College），是爱丁堡大学的神学院，也是苏格兰教会的会议大厅所在地。

爱丁堡大学新学院，也是爱丁堡大学神学院所在地

新学院的建立是苏格兰宗教冲突的产物。在 1843 年，苏格兰国教发生了分裂，超过三分之一的牧师离开了苏格兰国教会（The Church of Scotland），因为他们认为国教会的精神独立和完整遭到了破坏。这批离开的神职人员组建了一个全新的苏格兰自由教会（The Free Church of Scotland），并建立了一个新学院作为苏格兰自由教会的神学院。他们希望新学院成为一所自由的大学，一座反对宗教特权的良心堡垒。新学院的大楼于 1846 年正式建成。

面对这种"大批老员工离家出走另立山头"的局势，原本高高在上脱离群众的苏格兰国教会不得不进行自我反省和革新。在痛下决心刮骨疗毒之后，贵族的特权逐渐被废除，牧师的聘任改由教会的会员来决定。改革终于带来了新的生命力，到了 1929 年，苏格兰国教会和苏格兰自由教会又重新统一为新的苏格兰教会。随后，新学院与当时的爱丁堡大学神学院合并，共同组建新的爱丁堡大学神学院，共享位于小山坡上这座新学院大楼。这就是今天的爱丁堡大学新学院的由来。

在中世纪的欧洲，很多古老的大学一开始都隶属于教会，并由修道院发展而来。而兼具双重功能的爱丁堡大学新学院直到现在还保持着这个欧洲大学起源时的传统，它是苏格兰教会在爱丁堡培养牧师候选人的地方，是苏格兰教会的大会堂，同时也是爱丁堡大学的神学院，是爱丁堡大学不可分割的一部分。

我第一次进入这所神秘的爱丁堡大学神学院完全是一次意外。那天我从爱丁堡城堡广场出来，沿着诗人拉姆齐故居旁边的拉姆齐小巷往下走，"向左向右向前看，爱要拐几个弯才来"。没料到前方真有一个急转弯，这座屹立在小山坡上的双尖顶建筑"忽然地出现，在街角的咖啡店"。

我原本以为这是一座教堂，仔细阅读门口铭牌上的说明才发现这

辑四
爱丁堡大学
与《哈利·波特》
魔法王国

座酷似教堂的建筑竟然是爱丁堡大学的一部分,并且是让我这个非宗教人士感到非常神秘的神学院。虽然游历过不少欧美大学,我突然意识到我此前从来没有进入过任何一所大学的神学院,既然今天误打误撞来到了爱丁堡大学神学院,那就索性进去看看。理论上,爱丁堡大学的学生卡可以刷卡进入学校任何一个学院的大门和图书馆,神学院应该也不会例外吧。尽管站在这所神秘莫测的神学院面前的我有些底气不足,但我还是这么给自己打气。

穿过神学院的大门,进入了一座独立的庭院,首先映入眼帘的就是院子里苏格兰宗教改革领袖约翰·诺克斯的雕像。他左手紧紧握着一本《圣经》,高举右手,俯瞰着学院庭院。庄严肃穆的气势有一种强烈的压迫感,让我感觉到了自己的渺小,就像还没有成为斗战胜佛的孙悟空偶然闯入了佛门圣地雷音寺,纵然是齐天大圣也虎躯一震。

我四下端详了一番,发现院子里有好几道关闭得严严

神学院院子里苏格兰宗教改革领袖
约翰·诺克斯的雕像

实实的木门，看上去都是拒人于千里之外的模样。我怀着试一试的心情，怯生生地推了一下离我最近的那道木门，居然一推就开了。这个时候我就觉得"僧推月下门"比"僧敲月下门"更符合我忐忑的心境。

进门以后走过一段狭长的楼梯，我又鼓起勇气推开一道小门，一个壮阔的大厅突然出现在我面前。这是神学院的图书馆，进入这座图书馆，我仿佛走入了哈利·波特的电影。如教堂一样威严的广阔大厅，充满宗教隐喻画像的彩绘花窗，厚重的红色羊毛地毯，摆满了古老硬皮书的原木书架，和点缀在里一层外一层的书架中木纹清晰的长条桌椅，无一不在提醒我这就是一个神学院图书馆该有的模样，这是一个神圣的空间。望着在这里学习的同学，我有些好奇，在科学已经拥有了对这个世界绝对解释权的当代社会，在这里潜心学习神学的同学到底是些什么样的人呢？他们从哪里来？他们又将去向何方？

跟学神学的同学比，我就是毫无疑问的"麻瓜"了吧。我对这些正在埋头读着厚厚的仿佛是羊皮纸制成的书本的同学心怀敬意。虽然电影里哈利·波特魔法学校的取景地不是这里，但我严重怀疑，长期居住在爱丁堡的 J.K. 罗琳在写作《哈利·波特》的时候，对于魔法学校的构思，很可能也受到了爱丁堡大学神学院的影响。莫非她也和我一样，曾歪打正着进入过爱大神学院？

我在神学院的大楼里慌慌张张地胡乱穿梭，迎面而来的白发苍苍的教授让我忍不住猜想他讲授的到底是哪一门魔法课程，他是不是能一眼看穿我根本就是一个不会魔法的人。我不忍破坏这里的独特气氛，更想保留我脑海里对神学院的奇思遐想，于是见好就收，在转悠了十几分钟后就匆忙退出。我只是有些担心，刚才看到的这一切，是不是就像《桃花源记》里渔人的经历，或者小时候听过的关于峨眉山九老洞的传说一样，出来以后，就再也找不到进去的入口。

神学院的旁边，就是爱丁堡大学的学生宿舍米尔恩院（Milne's Court）。这个宿舍从外观上看，跟神学院一样魔幻。米尔恩院于1690年建成，也是爱丁堡大学最古老的学生宿舍，有些房间里还保留着岩壁式的壁炉，住在这里绝对有住在古堡中的质感。我很遗憾我没有申请到这个宿舍，错过了在爱丁堡住一年古堡的体验。不过"美不自美，因人而彰"，每年也有很多同学因为受不了这里的阴森气氛而在住进来几天后就申请调换宿舍的。

据一位住在这里的同班同学欣玲告诉我，由于刚好凌驾于王子街花园上空的地理位置，住米尔恩院还有一个福利，就是可以在新年的时候，免费欣赏位于王子街花园的跨年演出。我对此羡慕不已，但我在爱丁堡的第一学期完全醉心于学习，早已决定把大多数社交活动都安排在暑期。因此我还没来得及提出去欣玲的房间参观，她就因为预感到新冠疫情可能会愈演愈烈，在2020年3月就匆匆离开了爱丁堡，甚至赶在了断航和隔离政策出来之前，成为最早离开英国的那帮留学生之一，比曹操还快。

而当时我们班上的其他几位没有住这个宿舍的中国同学（润楠、阳阳和思怡，也包括我）还乐观地觉得疫情到了暑假肯定会自然结束，还期待来一次欧洲毕业旅行。结果我们都不得不在英国待到了当年的8月、9月、10月，甚至更晚、更晚、更晚……经历了预定的机票不断被取消，核酸检测标准不断被提高，隔离时间不断被延长等复杂而心酸的心理过程。看来这个神学院的宿舍大概能赋予这里的住客一些神秘的第六感的。

对于爱丁堡的游客来说，如果无法进入神学院大楼或者神学院学生宿舍内部，神学院的外部风景仍然值得前往欣赏。神学院门口倾斜而狭长的青石板路上有好几张长长的红木长椅，这些长椅都由当地人捐赠。椅子上的金属铭牌刻有捐赠人和捐赠人希望被纪念的人的名字和故事，有的是纪念一场爱情，有的是怀念一份亲情，有的是想念一段友情。爱丁堡像这样有故事的长椅还很多，遍布全城的休闲之地，浪漫和诗意也随之散落全城，我觉得这个做法值得我国的城市管理者借鉴。

坐在神学院前面这些有故事的椅子上向远处眺望，目光和思绪都随风飞扬。原来这里还是俯瞰爱丁堡城市景观的绝佳境地，苏格兰国家画廊，司各特纪念塔，王子街花园，甚至远方蔚蓝色的福斯海湾，都尽收眼底。坐在这座小山坡上，背后是神学院，就跟位于人间与天国的交界处一般，从这里俯瞰到的是熙来攘往的繁华人间。我不知道伦敦通往魔法世界的大门是不是《哈利·波特》中提到的 9¾ 站台，但如果要问爱丁堡通往魔法世界的入口在哪里，我的答案就是神学院的大门。

神学院的门前有一块绿油油的三角地，草坪上栽有各种鲜花，一场大雨过后，有时还会长出白色的蘑菇。从这里路过的时候，经常可以看到一个萌萌的机器人割草机在草坪上忙碌地修剪。坐在神学院门前的长椅上望着这个代表了科技的机器人，我陷入了沉思。

在中世纪的西方，宗教与科学曾是水火不容的对立方，神学曾是不容置疑的意识形态，提出了"日心说"的科学先驱者布鲁诺曾被施以火刑。即使到了 1697 年，一名爱丁堡大学神学院的学生托马斯·艾肯赫德（Thomas Aikenhead）还因为宣称上帝、自然界和世界是一体的，被苏格兰教会判处绞刑。而现在，用科学技术制造出来的机器人，已经反客为主地在神学院门前的草坪上修修剪剪，"为神服务"，不再被斥为巫术和异端。这说明宗教和科学是可以兼容的。从基督教神学思想的唯我独尊到今天宗教与科学各自在自己的领域里运转而相安无事，经历了一个循序渐进的过程。这个过程离不开西欧历史上那些伟大的科学家和哲学家的共同努力。

具体而言，在17世纪中叶欧洲著名的宗教战争"三十年战争"结束，宗教宽容的精神开始出现以后，信仰就逐渐成为私事，科学和理性的观念开始逐渐兴起。18世纪的启蒙运动又进一步把自然神论推向了道德神论。

从此以后，上帝只负责信仰者的精神世界，而对自然界的解释和探索则由科学和理性来完成。从"上帝的归上帝，凯撒的归凯撒"变成了"上帝的归上帝，科学的归科学，理性的归理性"。这才会出现身在21世纪的我们，坐在古老的神学院门前的长椅上，看到由人类的科学和理性制造出来的机器人为神学院修剪草坪这和谐的一幕。

教育学院：培育了对外园丁，滋养了 J. K. 罗琳

勇士、诗人与魔法

爱丁堡既是一座文学之都，又是一块艺术圣地，还是一个大学城。顺着爱丁堡最著名的步行街"皇家一英里"往下走，走到靠近女王居所荷里路德宫一带，就会经过爱丁堡大学的荷里路德校区。这个校区是爱丁堡大学的莫雷教育学院所在地，这个学院以培养教育战线的人才为主。

我觉得从外宣的角度来看，莫雷教育学院是爱大一个举足轻重的院系，因为从这里毕业的学生大部分要登上讲台任教，成为我们心中辛勤的园丁。鉴于教师这个职业的特殊性，他们对年轻人的影响远远大于从事其他工作的爱大校友。站在千千万万的学生面前，从爱大毕业的教师最直接地代表和传递了爱丁堡大学的形象和水平。

莫雷教育学院规模最大的研究生项目就是专门培养国际英文教师的对外英语教学专业（Teaching English to Speakers of Other

位于"皇家一英里"的莫雷教育学院

Languages，TESOL)，也就是教母语为非英语的人学习英语，探讨的是英语教学的方法和理论。我在爱丁堡遇到过很多学习 TESOL 的中国留学生，他们基本上都是国内的英语专业本科毕业，从爱大毕业后的就业去向也多以担任英语教师为主，是最直接地把在爱丁堡大学受到的熏陶传播回中国的人。

这个项目招生的数量也比较多，在学校组织的各项活动中经常可以遇到学习这个项目的中国同学。由于自己也是英语专业出身，也曾想过去担任英文教师，我对这些在教育学院学习 TESOL 的同学有一种天然的亲近感，平时也很喜欢跟他们分享我对 TESOL 这个项目的看法。（如果把以下话语中的第二人称"你"改成第一人称"我"，或许更为贴切，因为这些看法其实也是我对自己的要求，说出来与他们共勉。）

"你们这个专业的同学尤其应该在课外多参加各种活动，多去英国及欧洲各地走一走看一看。因为只有你们这些将来要当老师的人现在多走多看，培养出国际化视野，对这个世界文明的丰富和多元有比较全面的理解和比较深入的思考，你回去给学生呈现的英文世界才更丰富和立体，也更真实和具体。"

"你们回国后的工作主要是教中国学生学英语，而语言的背后是文化。所以为了感受英国文化，你们多参加活动、多旅游、多感受、多比较、多思考一点都不是不务正业，恰好是最务正业。当然如果能够把自己的心得和思考随时记录下来就更好。阅读文本和阅读景观都很重要。文本读不完不要紧，还可以回国了继续阅读，做一个终身享受阅读之乐的人。但身临其境地感受英伦和欧洲文化景观，去美术馆看原作，去博物馆看真品，与当地人面对面交流思想……就得珍惜时光、抓紧现在、把握当下了。"

"你们这么做不仅仅是为了你们自己可以愉快地玩耍，而是为了看更多更远的世界并且把这个眼光和经历传授给以后的学生，为了我们中国的年轻一代即使不出国也可以从你们课堂上的讲述中更加全面深入地了解这个世界，从而自信自强地屹立于世界民族之林。所以你们没事就要多出来玩，多参加这个城市的活动，多跟当地人聊天，多出去旅游，这也是另一种形式的学习。"

对于我这最后一句话，同学们尤为赞成。当然对于我的啰唆长论，也常被同学们当成是唐僧……

莫雷教育学院在爱丁堡大学影响的并不只是这个学院的学生，而是爱丁堡大学所有的院系。因为每个爱丁堡大学的国际学生，只要想提高自己的英文水平，都可以选修莫雷教育学院专门为国际学生开设的语言课。由于课程是免费的，每年报名都十分火爆，所以在选课的时候一定要早做准备，眼疾手快。

我曾经在莫雷教育学院上过两门语言课，一门训练我们听懂不同口音的英文，一门培养我们的口语交流和沟通。在这两门课上我分别遇到了一位来自苏格兰当地的老师和一位来自爱尔兰的老师，体会了丰富的英伦三岛文化，交到了很多中国朋友和外国朋友。

这两位分别来自苏格兰和爱尔兰的老师各有一个特点令我印象深刻，也从某种程度上反映了这两个地区的文化特色。来自苏格兰讲授听力的老师是一位年轻漂亮的女士，她一上课就告诉我们，没有绝对"标准"的英语，每个地区的人都有自己的口音，并不是只有英格兰甚至伦敦人的英语才能被称作"标准"的英语。

她非常反对"苏格兰人说英语有口音"这种说法。因为"口音"这个说法本身就是一种偏见的产物，难道"伦敦腔"的英语就不是一种口音吗？同时她也鼓励我们国际学生勇敢自信地表达，不要在乎所谓口音，要以说英语带着自己国家的味道为荣，要以听得懂不同的"口音"为傲。我觉得这反映了苏格兰人一直以来对自己文化的自信，尤其是在跟英格兰或明或暗地较劲的时候。

而来自爱尔兰讲授口语的老师，则是一位非常幽默的老太太。她一上课就问我们平时去不去酒吧，并号召我们所有的社交活动都在酒吧进行。下课了就赶紧去，不去就不算真正在英国待过。甚至包括学习，也可以带着书本去酒吧阅读，而不要老是待在图书馆，因为那里无酒可喝。

爱丁堡大学莫雷教育学院的教师培训无论是在英国还是在欧洲大陆都有口皆碑。为了成为一名合格的英语老师，很多英国人都慕名而来参加莫雷教育学院的培训。《哈利·波特》的作者 J.K. 罗琳也曾经于 20 世纪 90 年代，一边在爱丁堡写作，一边在莫雷教育学院完成了英文教师培训的课程，她还前往葡萄牙担任了一段时间的英语教师并收获了一份爱情。

虽然罗琳当时参加的这个课程并不授予硕士学位，但最终爱丁堡大学给了她与爱大这段缘一个完美的名分。在罗琳创作的《哈利·波特》风靡全球之后，曾经培育和滋养了她的爱丁堡大学给她颁发了荣誉博士学位，典型的"今日我以母校为荣，明日母校以我为荣"。了解到这个情况以后，考虑到自己还没有博士学位，我也默默地为自己定下了这么一个小目标。

莫雷校区：苏格兰与英格兰合并的见证之地

勇士、诗人与魔法

莫雷教育学院是一个长方形的院子，四周都是由霍格沃茨魔法学校尖顶般的楼阁组成。我第一次来爱丁堡大学莫雷校区上语言课时，就感觉这个校区小巧精致，与广阔的主校区风格各异其趣，但又各美其美。这里最有名的一栋楼叫作"莫雷故居"（Old Moray House），这个名字来源于房子曾经的主人玛格丽特（Margaret, Countess of Moray）。房子历史特别悠久，于1625年修建，被当时的一些爱丁堡人称为爱丁堡最漂亮的建筑。

在某些人心中有多漂亮呢？在英国资产阶级革命时期，克伦威尔在1648年第一次进入苏格兰时就为这栋房子的美倾倒，马上将它据为军队在苏格兰的总部所在地，并在这里与他的同盟军进行会谈。由此可见克伦威尔也是一个极其外貌协会的人，是一名颜控，只不过是对房子。现在，这座莫雷故居被作为了莫雷教育学院的行政办公大楼。

莫雷教育学院这个地点对于苏格兰甚至全英国最重要的意义，还不仅仅在于培养了很多教育战线的人才以及拥有爱丁堡曾经最漂

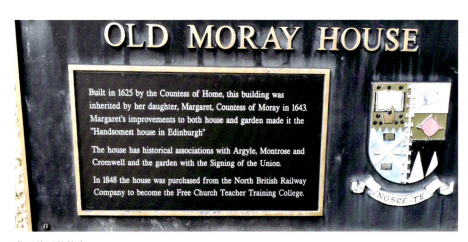

莫雷故居的简介

亮的房子并让克伦威尔一见倾心,而是在这个地方曾经发生过苏格兰最重要的历史事件,苏格兰与英格兰的"统一"。

莫雷故居的前面曾有一个如梯田一般的花园,但如今只剩下一些碎片和现在的莫雷教育学院主楼所在地帕特森之地(Paterson's Land)。推开门进入教育学院主楼,首先映入眼帘的就是正前方墙上的一个由马赛克拼成的图案,上面用拉丁语写着"1707 年 5 月 1 日,在莫雷故居的花园,苏格兰的代表签署了与英格兰合并的《联合法案》"。这简简单单的一句话彻底改变了苏格兰、英

莫雷教育学院主楼墙上由马赛克拼成的图案

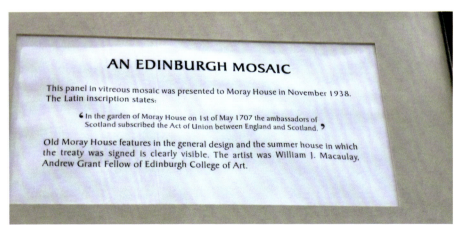

"1707 年 5 月 1 日,在莫雷故居的花园,苏格兰的代表签署了与英格兰合并的《联合法案》"

国甚至世界的格局,也正式宣告了莫雷教育学院的现址就是这段历史的见证之地。

当时苏格兰人民大多数都反对跟英格兰合并,他们认为苏格兰是被上层人物出卖了。我们熟悉的《鲁滨孙漂流记》的作者,被誉为"现代新闻报道之父"的笛福,在那段时间就住在"皇家一英里"上莫雷故居斜对面的小房子莫布雷之屋(Mowbray House)里。笛福是《爱丁堡新闻》(Edinburgh Courant)的记者和英格兰的秘密代理人。据他当时的报道,100个苏格兰人里面,大概只有一个人支持统一。那段时间街上随时都有人群在游行,高呼"不要统一"(No Union)的口号。

但从人类文明的历史和进程来看,无论是城市的合并,还是国家的统一,都是由时代的发展趋势决定。当时苏格兰的经济发展非常滞后,在欧洲列强在全世界抢夺殖民地、瓜分世界、积累财富的时期,苏格兰被远远抛在了后面。在1685年,苏格兰企图效仿其他欧洲国家,也在海外建立殖民地的"达里恩计划"(Darien Project)又惨遭失败,这对于苏格兰经济的影响更是雪上加霜。

此时英格兰已经取代西班牙成为海上霸主,一个欧洲强国甚至世界大国正在崛起。英格兰尤其需要与苏格兰的合并来杜绝国家安全的后顾之忧。因为虽然英格兰的经济十分发达,但英国人非常担心苏格兰与法国联合,支持已经被罢黜的英王詹姆斯二世的斯图亚特王朝复辟,从而反攻英格兰。在历史上,苏格兰与法国联手对付英格兰的事件已经发生过多次。因此,虽然统一以后的英格兰会在经济上吃一点亏,但英格兰还是希望与苏格兰合并。整个不列颠岛在政治上完成统一,就为大英帝国下一步在全球扩张扫清了一个障碍。

趁着苏格兰面临严重经济困难的时候,英格兰瞄准了这个"统一"的绝佳机会,对苏格兰打起了经济战。英格兰停止与苏格兰进

辑四
爱丁堡大学
与《哈利·波特》
魔法王国

行大宗外贸交易，颁布法令宣布苏格兰人为"外国人"，苏格兰人在英格兰的资产不能被子孙继承，苏格兰对英格兰的出口必须支付更高的赋税等。当时苏格兰的上层人士看得非常清楚，与英格兰合并才是苏格兰的出路。苏格兰只有通过一个统一的联合王国，借助英格兰早已在欧洲形成的影响，才能真正走向世界。

苏格兰的高层人物大多是支持统一的。他们早就谈好了条件，但需要履行一个最后的签约行为。他们原计划在爱丁堡高街的一间地下室签署，由于担心外面聚集的反对群众，临时决定换到一个更隐秘的地方。参与签约的西菲尔德爵士（Seafield）就住在莫雷故居，而在莫雷故居的花园里有一个隐秘的用石头砌成用于避暑的小房子。于是，签订这个苏格兰并入英格兰的协议的行为，就发生在花园的这个小房子里。因此，莫雷故居，也就是现在爱丁堡大学莫雷教育学院这个地方，就成了苏格兰历史上最重要事件的发生之地和见证之地。

政治太重要了，所以必须由专门研究和处理这些问题的专业人士来决定，他们在大多数时候都比业余的还有其他工作要做的一般人掌握的情况更全面，了解的信息更充分，站得更高、看得更远、也想得更深。这其实也是李敖苦口婆心反复陈述的观点。他在节目里举过一个例子，19世纪的美国从俄国手里购买阿拉斯加，当时大多数美国民众都不理解更不支持，认为购买这么一块冰雪之地是亏本生意。但事实证明了美国当时做决定的政治人物的高瞻远瞩。否则后来军事上已经可以跟美国分庭抗礼的俄国就可以在这里设置导弹基地，导弹可以直接打到美国本土，对美国的国家安全构成严重威胁。而现在的阿拉斯加，却成为美国战略武器的部署地点。

苏格兰跟英格兰的合并也是如此。虽然当时的苏格兰人大多数反对"统一"，但后来的事实却证明，苏格兰与英格兰合并以后，不但没有失去"自由",反而迎来了和平的周边秩序和自由发展的空间。

"登高而招,臂非加长也,而见者远;顺风而呼,声非加疾也,而闻者彰",从经济上看,与英格兰合并以后的苏格兰顺势进入了大西洋经贸体系,赶上了大英帝国的"大西洋时代",经济和贸易获得了飞速发展。从政治上看,苏格兰从欧洲最不起眼的小国成为"日不落帝国"的一个重要组成部分,当后来英国人的军舰在全球自由航行的时候,到处都有苏格兰人的身影。从文化上来看,融入英国以后的苏格兰在18世纪发生了一次轰轰烈烈的"苏格兰启蒙运动",苏格兰本土诞生了一大批如亚当·斯密、大卫·休谟等影响了全球思想文化进程的大师。

辑四
爱丁堡大学
与《哈利·波特》
魔法王国

图书馆花园的小松鼠：花生是最香的礼物

除了零零星星散落在爱丁堡城区的法学院、神学院、艺术学院和教育学院等校区外，爱丁堡大学还有2个比较集中的大型校区：国王大厦校区（King's Buildings）和乔治广场校区（George Square）。国王大厦校区位于城郊，主要为科学和工程学院的所在地。而位于爱丁堡老城区市中心，最为大家熟悉，以人文社科院系为主的校区是乔治广场校区。连接各个院系学生的大本营，爱丁堡大学的主图书馆（Main Library）就位于乔治广场校区。

爱大主图书馆门口有一个乔治广场花园（George Square Gardens）。跟爱丁堡其他大型花园比起来，这个花园面积不算大，但不知道是不是被图书馆的书卷气吸引，这里的松鼠特别多。花园周围都被铁栅栏圈了起来，有两扇铁门供人出入。在平常的日子，花园在白天开放，晚上关闭。然而在2020年新冠疫情期间，铁门被24小时锁上。

没有了人的打扰，这个花园完全成为松鼠的独立王国。以前只能看见松鼠在树上穿梭，而现在，隔着栅栏就可以看到松鼠三三两两地在花园的草坪上愉快地奔跑、打闹和追逐，或者就蹲在一块石头上，蓬松的尾巴一晃一晃，悠闲地享受下午茶和阳光。如果这个花园长期封闭下去，我怀疑住在这里的松鼠会逐渐放弃树木，爱上平地。

爱丁堡大学图书馆也因为疫情关闭变得空无一人，我们只能在自己的宿舍里学习。虽然可以出门上街，但除了超市还开着外，平时活动的各种室内空间也都被关闭。在偌大的爱丁堡，我常常感到自己无处可去，于是经常跑到图书馆门口松鼠的家园，隔着铁栅栏来凝视这些丝毫不受疫情影响的松鼠带来的勃勃生机。老话说得好，"来玩就来玩嘛，还带什么东西"，虽然我也知道小松鼠们不会介意，但我还是觉得每次都空手过来不大好意思。于是，我决定开始投喂这些给我的封闭生活带来无尽快乐的小松鼠。

花生是最香的礼物

小时候看动画片《米老鼠和唐老鸭》，对于里面两只特别爱吃花生米的可爱花栗鼠印象深刻。因此，我最先想到的，也断定松鼠肯定会喜欢的食物就是花生。图书馆附近的超市特易购就有烤得香喷喷的花生卖，花生的包装上印着"Monkey Nuts"（直译为"猴子花生"，实际意为"落花生"）让我感到有些奇怪。课本里学到的花生英文单词不是"Peanuts"吗？赶紧掏出手机查了一下，原来"Monkey Nuts"也可以表示花生，奇怪的冷知识又增加了。

既然叫"Monkey Nuts"，说明花生也深受猴子喜爱。其实，就别说猴子了，我自己也很喜欢。特易购的烤花生1英镑一大袋，价钱便宜量又足，有时候我喂饱了松鼠还有剩余，就带回家准备下次再来继续投喂。结果常常是我当天晚上在电脑前一边观看英剧《是，大臣》，一边痛饮苏格兰艾尔啤酒时，在醉意朦胧中就把剩下的花生全部吃光。

每次去喂松鼠，我都是先去特易购买花生，再顺便购物，然后统统装进我已经用了快一年的紫色哈利·波特购物布袋，再拎去图书馆门口的花园。虽然花园周围都围着铁栅栏，但每根铁栏杆之间有大约15厘米的距离。人过不去，松鼠却可以从这空隙里自由穿行，生性胆小的松鼠因此获得了一份满满的安全感，就仿佛这铁栅栏是为了专门把人关在外面给松鼠喂食而建。

我把一粒粒花生摆在铁栏杆之间的空隙中，马上就会有附近的松鼠闻风而动。松鼠之间像是有自己的联络方式，我甚至怀疑它们有一个微信群。无论我在花园哪一个角落的铁栏杆摆放花生，一旦有几只松鼠开始过来领取救济以后，全园子的松鼠都会从四面

辑四
爱丁堡大学
与《哈利·波特》
魔法王国

八方飞奔过来,场景颇为壮观,宛如百鸟朝凤。不过此刻是百鼠朝花生。松鼠之间也严格遵守社交距离,都是间隔一米以上,一只一只轮流过来取食。

有的松鼠,不知是胆小还是羞涩,就在不远处心事重重地左右徘徊不敢过来,像极了大学时去英语角反复绕圈就是不敢主动上前找女生搭讪的我。有的则胆大心粗,大摇大摆地跑过来,取了花生也不急着离开,站在现场就开始大吃起来。还有一些办事稳重的松鼠,进三步退两步,同时密切观察其他前来取食的松鼠,确保绝对安全了才最终怯生生地跑到我跟前,赶紧叼了就走,去到一两米外它认为合适的地方双手捧着花生放心大嚼。甚至还有对吃饭环境要求特别高,不嫌累一定要衔着花生爬到一个树杈上去吃的,也许是希望挑一个靠窗的位置一边吃一边看风景。这一点随我。

一边喂松鼠,我还一边给这些可爱的小家伙拍照。饲养员摄影师都是我,忙得不可开交。我走到一旁忙着拍照时,一只体肥胆儿更肥的松鼠居然直接跑到我扔在地上的哈利·波特袋子旁边,仿佛在说"我轻手轻脚,你看不见我",然后伸鼻子东闻闻西闻闻,用爪子这抓抓那挠挠,终于从袋子里强行拽出一粒花生,也顾不得风度,迫不及待地就站在路边香甜地大嚼起来。仿佛在说"我先替兄弟们尝尝看有没有毒",完全无视我这个花生主人的存在,看得我傻眼。这只松鼠可以算是不要命的吃货一枚,从头到尾只有它敢跑出来。

我把花生摆在我面前的铁栅栏空隙中,让松鼠自己过来取用,其实是为了培养松鼠与人之间的感情,让它们知道我是来喂它们吃花生而不是来喂花生吃它们。对于一直不敢过来的胆小的松鼠,我也会把花生直接扔到它们面前,精准投喂,不落一鼠。而对于胆大得敢跑到我跟前展示友好的松鼠,我会给他们更多的花生予以鼓励。有几只松鼠在跟我混熟以后,甚至会跑到我面前仰起头,跟小孩一样,眼中散发出期待的光芒,这样卖萌简直让人难以抵挡,我最吃这一套。

我最开始还帮松鼠把花生壳剥开,给它们投喂花生米,后来发现这完全是多此一举。松鼠用可爱的小爪子捧着花生,用坚硬而锋利的牙齿咬开花生壳比我用笨拙的人类手指头剥花生的样子帅多了。花生壳被松鼠咬破时发出的咯吱咯吱声音也十分带感。这声音仿佛在说,我的牙齿就是为了咬花生而生。别说花生了,核桃我也可以咬破。送花生的你信不信?不信你就再送几个核桃过来!

我突然想到,我小时候经常用门来压核桃,还经常被妈妈批评把门弄坏了,这一点人真是不如松鼠厉害。松鼠的牙齿即使在磨损以后,都可以很快长出新的牙齿来。它们的牙齿终身都在生长,这个特征简直让一辈子都畏惧却又经常去看牙科的我太过羡慕。于是我就放弃了剥壳,直接用完整的花生喂它们。这样它们一次还能获得两粒花生米,也能享受亲自开箱的乐趣,真是皆大欢喜。

爱蓝莓不爱红萝卜

松鼠虽然身手敏捷,牙齿尖利,但视力和嗅觉都不算好,有时候把花生丢在它们身边,它们左三瞅,右三嗅,脖子扭扭屁股扭扭,却总是找不到。有时候松鼠还在懵懵地萌萌地到处寻找呢,一旁徘徊的鸽子在我扔出花生的几秒钟后就准确定位,迅速飞过来一口叼走。这个时候我就觉得至少在抢食这个层面上,鸽子比松鼠的反应要快得多,空军比陆军厉害。在抢食的鸽子面前显得比较笨拙的松鼠,完全是靠着它的颜值和卖萌来博得喂食的人们的宠爱。

但我也发现了鸽子在抢食时的一个致命缺点,当我不剥花生米,而是直接把整粒花生抛到地上的时候,鸽子就束手无策了。虽然它们仍然可以抢先一步比松鼠先发现地上的花生，但它们常常是用嘴碰了一下花生就失望地离开。因为鸽子不会给花生剥壳，它们的嘴只能啄食无壳的花生米。因此在投喂松鼠的时候，常常可以看见几只鸽子在花生旁边焦急地踱步，眼睁睁地看着反应迟缓的松鼠终于把地上的带壳花生取走，然后用它们的牙齿轻松咬开花生壳大吃大嚼。我对松鼠的偏爱当然远远高于鸽子，但为了怕这些鸽子产生被歧视的阴影，认为我放它们的鸽子，我也会时不时专门剥几粒花生米投喂给鸽子。

在爱丁堡常见的鸟类中，鸽子是非常斯文的。爱丁堡最善于抢食的动物是海鸥。我还发现，有时候海鸥在发现食物时，为了不被其他海鸥分享，常常会一口就把很大的一片面包强行吞下，哪怕明显看得出那么大的面包片在吞咽的过程中让它非常痛苦。而旁边的其他海鸥也不会善罢甘休，不停地骚扰这只刚刚吞下一大块食物的海鸥，围在这只海鸥身边尖声高唱大张伟的《嘻唰唰》，"拿了我的给我送回来，吃了我的给我吐出来"。吞下一大块面包还没来得及找水喝的海鸥不堪其扰，表情甚为痛苦，最后不得不把食物重新吐出来，然后其他海鸥就一拥而上哄抢分食。

然而在我多次投喂松鼠的过程中，从未见到松鼠之间争抢食物。一只松鼠拿到花生以后，物权就已经确定，其他松鼠都不会上去哄抢。而松鼠在吃花生的时候，也是按自己的节奏，一口一口地正常进食，从没出现过一大口全部咽下，还被其他同类逼着吐出来的情况。我也从来没看到过正在进食的松鼠被其他松鼠唱歌干扰。此外，即使我在地上摆了一排花生，松鼠们一次也最多拿两粒，并不贪心。由此看来，在松鼠的世界里，自有一套规则。从这个角度说，松鼠比海鸥更具备法治文明。

有一次来的松鼠特别多，我带来的花生已经被喂光。但我突然想到我随身携带的哈利·波特袋子里还有一小盒蓝莓，这是买给自

二楼吃饭空气好。

你在吃啥?

当面撞见能不能分一半?

我尾巴最美,我吃相最帅!

我轻手轻脚,你看不见我!

我先替兄弟们尝尝看有没有毒!

你今天就带了这么点花生来吗！我还带了个小弟过来！

肚子吃撑了，你们最后走的记得把清洁打扫了！

看松鼠吃花生吃得这么香，我大受启发，回家做了一个花生焖羊肉（羊真的很无辜）

图书馆花园的小松鼠：花生是最香的礼物

已吃的。蓝莓补眼睛，我熬夜太多太伤眼睛，当然更多的还是伤肝和伤心。不说这个了，越说越伤心，"明明无余地再过问"。

蓝莓在英国也很便宜，1.5英镑就可以买一大盒。看松鼠这么萌，我决定也拿出一些蓝莓来与这些小可爱分享。我扔了一粒蓝莓到草地上，一只就站在旁边的松鼠毫不犹豫地马上捡了起来。我看它用两只前爪捧着蓝莓，就像我们人类捧着一只苹果，欢快地大吃起来。蓝莓被咬得汁水四溅，而松鼠的爪子和嘴上的毛都被染成了可爱的蓝色。刚吃了那么多香喷喷的烤花生，正好口中有点干，突然又来了一种从来没吃过的，汁水充沛酸甜可口的水果甜点，我都能想象松鼠的那种开心和欢畅。说不定心里正在欢唱，我真的愿意再活五百年！下辈子还做松鼠！

松鼠其实也很会吃，知道什么好吃什么更好吃。在蓝莓大受欢迎后，我也试过给它们喂萝卜。我买的萝卜都是那种红彤彤，跟李子差不多大小和形状的可爱的小圆萝卜，并不算特别低端的食物，我平时自己也拿来炒肉吃，还用来做过黔江鸡杂。但松鼠似乎并不买账。我像上次扔蓝莓一样把红萝卜丢进花园，大多数松鼠只是跑过来用鼻子闻了一下就一脸嫌弃地走开。

还有一只松鼠，本来已经叼起了一个小红萝卜往前走，结果路遇一粒我之前扔在地上的花生，马上放下红萝卜，又叼起了花生。在多次尝试以后，我终于看到一只敢于第一个吃螃蟹的松鼠抱着红萝卜开始啃了起来。正当我为红萝卜终于被松鼠接受而窃喜时，却发现松鼠啃了一口后，马上就迫不及待地扔掉了这个红萝卜，就像在蟠桃园里咬了一口桃子就信手扔掉的孙悟空。这只仿佛受了天大委屈的松鼠还回过头，怒气冲冲地瞪了我一眼，仿佛在对我说："送花生的，今天送的这是啥玩意儿？你当我是兔子吗？"

我记得小时候就在一本书里读到过，松鼠会把吃不完的坚果藏起来。但是它们常常会忘记自己埋在土里的坚果，于是没被发现的坚果就开始生长，这样就促进了生态的平衡。在喂松鼠花生的过程中，我果然亲眼看见一只肚皮滚圆，行动迟缓的松鼠在地上刨洞，然后把花生就地掩埋。只可惜这是烤熟的花生，无论如何，明年今日的花园里也长不出一大片花生。不过这确实说明，这个家伙今天真的是吃饱了撑着了。

据我观察，松鼠的作息十分规律，似乎还是早睡的动物，至少也是能够管住自己的嘴，坚决拒绝夜宵和外卖，这一点比我厉害。有一次，我在晚上9点带着花生过来，虽然在夏天的英国天色依然大亮，但平时一看到我就蜂拥而至的松鼠竟都不见踪影。不像海鸥，晚上12点还在大草坪上觅食，爱丁堡的兔子则总是在凌晨时分出来活动。而我经常听见身边的人类朋友跟我抱怨，在爱

> 辑四
> 爱丁堡大学
> 于《哈利·波特》
> 魔法王国

丁堡的夏天，由于天黑得很晚，亮得又太早，经常彻夜失眠。

爱丁堡的动物园非常有名，我经常跑去动物园看动物。但动物园毕竟是动物园，再好的条件，动物园里的动物也都有自己的活动范围，行动受到牢笼的限制。我发现，除了人类，动物园里唯一真正自由的动物就是松鼠，没有栅栏可以关得了松鼠，它们去任何领域都是自由出入。其实人也不见得是真正自由的，卢梭就说过："人生而自由，却无往不在枷锁之中。自以为是其他一切的主人的人，反而比其他一切更是奴隶。"《大话西游》里唐僧也说过，"外面对我来说只不过是个大一点的监狱罢了"。

爱丁堡大草坪：奔向梦幻的疆界

勇士、诗人与魔法

如果爱丁堡大学"爱上一匹野马"，那么绝对不愁"家里没有草原"。我第一次走进位于爱丁堡大学乔治广场（George Square）校区图书馆背后的"The Meadows"（我们称之为"大草坪"）的时候，就发现无论左看右看近看远看，怎么也望不见草坪的边。这草坪就像草原，广阔得如同海洋的空间。

一望无垠的大草坪被几条由碎石铺成的林荫小道分成好几个片区，小道的两旁都栽满了樱花树。"人间四月芳菲尽，爱堡樱花始盛开"，在每年的4月底，春天已经快要过去之际，大草坪林荫道上的粉色樱花才开始绽放，间或还有白色的梨花掺杂其中。漫步于樱花树下，竟有穿越电影画面之感，一时兴起哼首情歌，就会产生自己正在爱丁堡拍一支浪漫 MV 的幻觉。

樱花梨花都充满了灵气，无论是坐在草坪上远远凝望，还是站在花树下近距离欣赏，我都觉得仿佛可以与这些花朵进行无言的

晴天的大草坪

大草坪上的行人和盛开的樱花

交流,心中的天地被眼前的花树唤醒和照亮。正如王阳明先生所言,"你未看此花时,此花与汝心同归于寂;你来看此花时,则此花颜色一时明白起来。便知此花不在你的心外"。

4月的爱丁堡,无论是在现场还是在微信朋友圈,都能看到很多漂亮的爱丁堡大学的女生在大草坪的樱花树下拍照留念。"看每一朵花开,看每一个女孩",可惜我已经过了痴迷校园民谣的年纪,如果是早几年来爱丁堡,这烂漫的樱花和丛中笑脸,说不定能让我诗兴大发,写出一些自以为叫作歌的文字和旋律来。4月爱丁堡的大草坪,是我记忆中最美的春天。

花期大约会持续两周到三周,渐渐地,迷人的樱花虽然看上去还沉甸甸挂满枝头,缤纷的花瓣雨却已开始掉落。此时的大草坪,一地翠绿粉红,有一种特别的意境。在花期的最后几天,望着绿色的草坪躺满星星点点的粉色花瓣,我产生了一种莫名的惆怅,脑海中反复循环的是五月天的《后青春期的诗》,"落花铺陈一片红色地毯""逝水比喻时光荏苒,终于我们不再为了生命狂欢,为爱情狂乱,然而青春彼岸,盛夏正要一天一天一天的灿烂"。

大草坪的另一大功能是为爱丁堡的人们提供运动场地。只要是在阳光灿烂的日子,草坪上都会有很多玩足球、网球、毽球、板球和橄榄球的人,还有玩起球来比人还要兴奋的小狗。一般是主人把球朝天空抛出一个长长的弧线,然后小狗奋力飞奔过去一跃而起把球叼入口中,再衔着球马不停蹄地跑回主人身边,眼巴巴地等着主人夸奖。

在草坪上四处眺望,我经常可以看到大小、形状和种类都不一样的各种球在空中飞舞,此起彼伏。而创作于爱丁堡的文学作品《哈利·波特》提到的魔法世界里最受欢迎的球类运动魁地奇(Quidditch),就是好几种大小各异的球的集合。我之前在读到《哈利·波特》这个细节的时候,还非常好奇地思量,作者罗琳是怎么凭空想象出这种由好几个同时飞翔的球组合而成的魔法运动的。直到我来到爱大图书馆背后的大草坪,看见草坪上飞来飞去的足球网球橄榄球,见到忘情玩球的人和小狗,想到罗琳在爱丁堡居住的日子也算长久,我觉得也许找到了她灵感的源头。

但大草坪上最让我有认同感的"运动"并不是大汗淋漓地玩球,而是全神贯注地烤肉。记得刚到爱丁堡大学那天,最令我兴奋和心

大草坪的樱花大道

在花期的最后几天，点缀着粉色花瓣的绿色草坪

跳不已的画面，竟然是发现，在图书馆背后一望无垠的大草坪上面，有这么多青春洋溢的面孔在专心致志地烤肉！劳动最光荣，在我看来，这香喷喷、热腾腾的烧烤场面比图书馆里同学熬夜看书的场面还要美。或者说，二者各美其美，但我个人更偏爱前者之美。

这些美食家同学一边不停地扇着风，一边一仰脖往嘴里灌下一大口泛着白色泡沫的黄色啤酒，还没顾得上擦嘴，又专业地往面前的牛排和香肠刷上一大勺红色烤肉酱，而烤肉的肥油也滋儿滋儿地发出欢唱，仿佛在为这些最美劳动者鼓掌。在一旁看呆的我也情不自禁地摩拳擦掌，想要马上撸起袖子加入这项培养专注精神、提升美食素养、陶冶审美情操的运动。同时心中默默遐想，来爱丁堡大学这个决定真是太对了，这就是我的梦中学校，我要尽快融入这个充满了浓浓人情味和烤肉味的大家庭中！

在伦敦的时候，我去探访过一位曾经先后就读于爱丁堡大学和伦敦大学学院（UCL）的青年作家朋友，她带我逛美丽的伦敦大学校园。走到伦敦大学的一片草坪时，她突然对我说，从爱丁堡到

天气好的时候，在大草坪上玩乐的年轻人

了伦敦大学之后，她有一点很不习惯，这里的草坪上居然没有人烤肉，这一点让她不无遗憾。我情不自禁地答道："我也正在思考这个，真是不能同意你更多！爱大草坪上努力烤肉的人群，就是我们心中最美的风景！"

在大草坪上烤肉操作起来非常简单。去超市买一盆自带一次性烤炉和铁丝网的烧烤专用炭，点上火就可以运转。在烧烤结束后，原本绿色的草坪上会留下一些被烤盆烫焦的黑色小方格。我本来有些担心，如果任其这样发展下去，草坪是不是会被渐渐烤坏。然而在一场雨后，我发现在被烤焦的小块地上，柔嫩的青草正在快速地生长，而这样的及时雨，爱丁堡三天两头就会来上三回两回。曾经被烧得焦黄甚至乌黑的残草，顺势就成了新草的肥料，这倒是符合《周易·系辞》记载的万物轮回自然规律，"生生之谓易"。

在爱丁堡的夏夜，常常是直到晚上十点多，天边的夕阳才会依依不舍地离开我们的脸庞，天色才会慢慢变黑。进入盛夏以后的夜晚，大草坪上带着各种乐器行走的人越来越多，我有时也背着吉

辑四
爱丁堡大学
示《哈利·波特》
魔法王国

他混迹其中,突然产生《哈利·波特》中魔法师大聚会的感觉,仿佛乐器就是我们的魔杖,音乐就是我们的咒语,而我为你隐姓埋名,在月光下弹琴。在夏夜晚风中,烤肉的香味,啤酒的气息,弥漫在空气中青春的荷尔蒙,伴随着吉他弹唱的声音,提琴奏响的旋律,鼓点飞扬的节奏,大草坪变成了一个个夏夜音乐会的现场。直到深夜,人们才渐渐离场。

深夜的大草坪,又另有一片让人意想不到的风景。我有段时间沉迷于学术,晚上不想太早回宿舍,觉得反正回去也是独自面壁,不如就在图书馆看书上网,人生或许还有希望。于是我经常在图书馆待到凌晨一两点,然后沿着草坪,心情舒畅地踏着月色走回宿舍。这时候的大草坪已经结束喧嚣,恢复宁静。

有一次,在皎洁的月光下,我突然发现前面的草丛中有一只兔子在如宝马般奔驰!最初看到这只兔子的时候,我只是感到在成都双流以外的地方见到一只奔跑的老妈兔头有些意外。然而最近很忙的我并没有时间做复杂的硬菜,所以我并不准备在这里守株,等待一只撞死在树桩上的肥兔,作为给自己的礼物。于是我也没

夏夜大草坪上玩火的人

太在意，继续想着让自己开心的事朝前走去。一路走，我一路发现，大大小小的兔子不断地映入我的眼帘。这里蹿出来一双，那里跑过来一行，直到一只又一只，变成一群又一群。

这么多兔子在草坪上熙来攘往，看上去是在吃草和社交，也不排除是在它们自己的世界里集会、游行和示威，就跟酷爱集会游行示威的苏格兰人一样。这个时候，我才意识到，就在爱丁堡市中心的大草坪上，每当人类进入梦乡，就是兔子之城热闹的开场。难道我白天在学校里遇到的那些谈笑风生的爱丁堡人，在月圆之夜，就会变回兔子的真身？"脱下长日的假面，奔向梦幻的疆界。南瓜马车的午夜，换上童话的玻璃鞋……"

我至今还记得，在我小学毕业时，有一位女同学在给我的临别卡片上写过一句语重心长的寄语："希望你长大以后实现你的梦想，成为一名童话家"，可是她把"实现"写成了"设现"。早已长大并且已经被岁月熏陶得不再那么童话的我，已经隐隐约约地放弃了这个小学时的梦想。否则，这每天凌晨1点以后就成群结队出现在大草坪上的兔子，没准儿可以成为爱丁堡又一个童话故事的男女主角。

在深夜的大草坪，除了看到过活泼又聪明，调皮又灵敏的兔子群，我还听到过树梢上传来鸟儿动听的吟唱。由于是黑夜，我看不清小鸟的模样。但我猜想，倚在失眠夜唱出月半小夜曲之君，如果不是"我是歌手"的克勤，那就是传说中的夜莺，跟夜风一样的声音，神秘却很好听。

在爱丁堡的大草坪上，如果你问我这一年来都听见了什么，我会说我听见了幸福。

辑四
爱丁堡大学
于《哈利·波特》
魔法王国

凝固的"未名湖"和充满格言的日晷柱

每次来到位于爱丁堡大学乔治广场校区图书馆背后广阔的爱丁堡大草坪,都有一种来到海边或者湖边之感。一阵微风吹来,一望无垠绿油油的大草坪看上去就像是海面或者湖面上的波光粼粼。

爱丁堡的大草坪还真跟水有关,这个地方曾是一面大湖(Burgh Loch),湖水纯澈,除了供人饮用外,还被用来酿造啤酒。为了给爱丁堡市区提供一座大型的休闲公园,在18世纪,大湖的水被抽干,建成了这片一望无际的草坪。因此,这个前身是湖的大草坪有一种与生俱来的湖海气象。

由于我居住的学生宿舍就在大草坪附近,我几乎每天都会去草坪上走一走。有时我甚至会产生联想,觉得爱丁堡大草坪就是一个绿色的、凝固的、已经化身为陆地的未名湖。来英国前,我曾经长期住在北大附近,那几年我养成了在晚饭后去未名湖边进行

一望无垠的大草坪

美学散步的习惯。现在到了英国,爱丁堡的大草坪就成了我的未名湖。有时在狭小的学生宿舍里待得百无聊赖,出门一走到大草坪,极目四望,马上就心情舒畅。《论语》说"知者乐水,仁者乐山",我还想补充一句,闲者乐草坪。

有"未名湖",当然要有"博雅塔"。在爱丁堡大草坪的西北角,靠近梅尔维尔大道(Melville Drive)这一边,真有一个看上去就像塔的地标性建筑阿尔伯特·维克托王子日晷柱(Prince Albert Victor Sundial Pillar)。对我而言,这日晷柱还起到了灯塔的作用。由于大草坪实在过于辽阔,我好几次跟人约在大草坪见面,都约在了这个日晷(The Meadows Sundial)的旁边,日晷柱就成为我们在草坪这个大海上找寻彼此的灯塔。

为什么日晷柱的前面要加一个阿尔伯特·维克托王子的称号呢?这背后也有一段故事。在1886年5月6日,英国维多利亚女王的孙子阿尔伯特·维克托王子(Albert Victor),在爱丁堡大草坪举办了一场举世闻名的国际工业、科学和艺术展览会(International Exhibition of Industry, Science and Arts)。在举办展览会那5个月的时间里,大草坪拥有了它历史上最辉煌的时

勇士、诗人与魔法

大草坪上的阿尔伯特·维克托王子日晷柱

辑四
爱丁堡大学
与《哈利·波特》
魔法王国

刻。草坪上甚至建造了中世纪的城堡和街道，描述了梦想天堂的样子，建造的一栋一栋房子，人们对展览会的欣赏从那一刻开始。这些建筑都非常精美和漂亮，有人甚至希望它们永远留在草坪上。

也许是预料到了这一切，早在 1827 年苏格兰议会就通过了一个法案，法案规定，为了保证公众的休闲空间，禁止在大草坪上修建永久的建筑。因此人们只能忍痛割爱，在展览结束后，拆除了所有的宏伟建筑，而唯一被允许留下来的建筑物，就是这根用于纪念阿尔伯特王子展览开幕的日晷柱。

这根石柱就像定海神针一样，屹立在如海洋般一望无垠的大草坪上。日晷柱的顶上有 1 个青铜制成的浑天仪，而石柱本身由来自 8 个不同采石场的 8 种不同颜色和形状的砂石建成，采石场的名字都刻在了石柱上。由于日晷是计时之器，因此石柱的底部还刻着很多提醒人们珍惜时光的格言，比如"Man's days are as a shadow that passed away"（人生苦短）；"Well-arranged time is the surest sign of a well-arranged mind"（时间安排得好，就是头脑好）；令我兴奋的是，我还发现了曾经出现在我中学英语课本里的一句格言，"Time and Tide wait for no man"（岁月不等人）。

这句格言让身在英国的我突然想起，我在北大艺术学院攻读艺术硕士（MFA）的时候，特别受我们班同学爱戴的英语老师韩金鹏在三教 402 的黑板上写过这句话。他刚写了"time and tide"，我就情不自禁地小声念出了后面的"wait for no man"。坐在前面的雪梅同学还转过头来，赞许地说了一句："厉害！"我还轻轻嘟哝了一句："中学英语课本里学过这句话呀！"我也发现身边的同学好像都不记得这句话曾经出现在中学课本中。难道是因为我的记忆力一枝独秀？

我正准备暗自窃喜，却突然意识到恐怕更应该黯然神伤。因为我们攻读这个艺术硕士的同学基本上都是工作以后才来报考的，我又是班上年龄最大的几位同学之一，所以我中学时用的是老教材。而其他年轻的同学在读中学的时候，用的已经跟我不是同一个版本的教材了。所以就我记得这句话，其他同学都没有印象。当然我们的英语老师，韩金鹏老师也记得这句话，因为我跟他用的是同一个版本的教材。我以和老师差不多的年龄跟年轻的同学一起坐在教室上课，这倒真是应了这句话的本意，"Time and Tide wait for no man"（岁月不等人）。

雨中的大草坪更能让人想到大海。有几次，我来到雨中的大草坪，都发现草坪上竟有大群大群的海鸥和苍鹭。在晴天，优雅的苍鹭很少出现在大草坪上，海鸥倒是脸皮比较厚，平时也会蹲守在草坪上聚会的人群周围，寄望吃饱喝足的人们能够给它们留下一点点残食。或者就趁人不注意时，一下子飞过来叼走放在草地上的面包。但海鸥平时也都是单兵作战，几百只海鸥一大群一大群密集地出现在草坪上这种现象，只有在雨中的大草坪我才见到过。

一开始我不明白，为什么这些通常在海边出现的海鸥和苍鹭会有组织大规模地出现在草坪上呢？难道它们也是趁着下雨在这里集会游行示威？不小心踩到草坪上蠕动的蚯蚓和蜗牛后我突然明白，这些海鸥是过来集体享受大餐呢！

由于雨水填满了土地的空隙，蚯蚓和各种原本深藏在土里的小虫都会钻出来透透气，而常年在海边吃海鲜已经吃腻的海鸥和苍鹭，当然不会拒绝换一换口味。因此一旦下雨，它们就会成群结队地从海边飞到这不断长出全新口味美食的大草坪来改善生活。真可谓"透气的虫儿被鸟吃"，大草坪既是一个天然的动物园，又是一个隐藏起来的生态圈。

辑四
爱丁堡大学
与《哈利·波特》
魔法王国

出现在雨后大草坪上觅食的海鸥

我喜欢在雨天的时候坐在大草坪大树下的长椅上，默默地想着心事。这时草坪上人非常少，但是大草坪周围的小道上，仍然有在雨中坚持跑步的人，草坪上也仍然有极少数人在雨中漫步，尝水中的味道。他们可能跟我一样，无惧风雨，只是不想归去。

在 2020 年新冠疫情期间，图书馆和各种封闭空间都已关闭，我们只能待在宿舍里。然而我住的宿舍房间非常狭小，很多日常活动都被取消，一个人待久了也有些压抑，所以我经常来到大草坪调节心理情绪。这个时候，还好有这一望无垠的大草坪，有这空旷的大自然让我一舒郁气。"乡梦不随秋夜永，客愁偏向雨声添""每一次难过的时候，就独自看一看大海"，每当乡愁、客愁升起，细雨中辽阔的大草坪就成了我的大海。

第二部分
爱丁堡新城

II

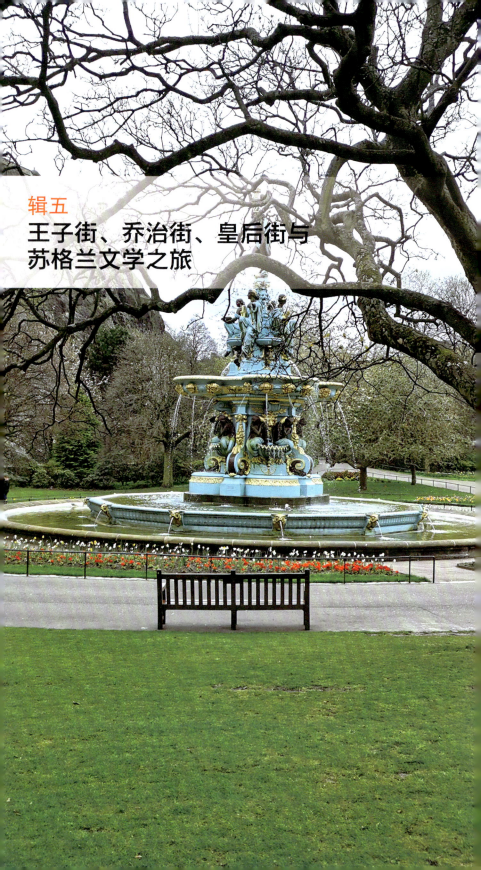

辑五
王子街、乔治街、皇后街与苏格兰文学之旅

辑五
王子街、乔治街、皇后街与苏格兰文学之旅

司各特纪念塔：高贵的单纯和静穆的伟大

诗人余光中来了一趟爱丁堡，留下一篇游记《古堡与黑塔》。爱丁堡那么多美不胜收的古迹，余光中却只为爱丁堡的古堡与黑塔撰文留念，并且在文章中描述黑塔的篇幅远远超过了更为有名的爱丁堡城堡，可见在游历过那么多美景的诗人余光中心中，这座黑塔在爱丁堡的众多景观中脱颖而出，令他印象深刻。

我至今也还记得第一次在王子街上看到这座有60多米高、气势恢宏的黑塔时感受到的冲击和震撼：这简直就是一座圣殿！高峻修长的空灵，垂直向上的升腾，直插云霄的张力，突破天际的气势……无论你走到哪里，都感觉它逃不开你的视线，或者说，你逃不过它的凝视。这是一座宏伟的教堂，还是一座豪华的宫殿？什么，这竟然是一位作家的纪念塔？而且是全世界最大的专为一位作家而设的纪念塔？这到底是哪位

司各特纪念塔旁吹风笛的苏格兰人

如圣剑直插云间的司各特纪念塔

勇士、诗人与魔法

辑五
王子街、
乔治街、
皇后街与
苏格兰
文学之旅

作家？就连英国最伟大的作家莎士比亚，也没听说过有这么大的纪念塔来纪念他呀。

倒是有人把莎士比亚与这位作家做了一个类比。旅英作家蒋彝就曾提到，这位作家之于苏格兰的意义，就如同莎士比亚之于英格兰的意义。在人群中主动提起莎士比亚的，未必就是英格兰人，但主动提起这位作家名字的人，多半就是个苏格兰人，这可以成为判断一个人是不是苏格兰人的标准。这位作家的名字叫司各特，他对苏格兰所做的贡献超过了苏格兰历史上所有作家，是当之无愧的苏格兰民族英雄。不知道是命运还是巧合，他名字的英文 Scott 刚好也与"苏格兰人"Scot 谐音。

司各特出生于爱丁堡的一个贵族家庭，他在爱丁堡大学的专业是法律，但他的兴趣却在文学上。虽然从小就患有腿疾，但他热爱旅游，尤其是热爱自己的"国土"苏格兰的自然风光。他多次在苏格兰的乡村和高地徒步旅行，并把他看到的苏格兰美景写成诗歌。

在司各特的诗歌中，苏格兰山水被描述得清新而浪漫。诗中表现出来的强烈民族情感和优美景物描绘让司各特成为苏格兰最具代表性的民族诗人。他的代表作之一《湖上美人》通篇都吹拂着来自苏格兰山林中凉爽的清风，很多人因此慕名前来体验诗歌中描述的景致。司各特的山水诗勾起了人们对苏格兰自然景观的兴趣，推动了高地的旅游业。而他写诗的诀窍之一，就是以画家写生的方式来描绘大自然。每次需要书写一个地方，司各特总是专程前往，详细地记录下那里的山川、湖泊、树木的具体形象。

由于在爱丁堡期间我也一直在阅读跟司各特有关的各种资料，司各特的写作态度也在潜意识中影响了我对游记写作的要求。有一次，我参加爱丁堡大学组织的活动，和同学们一起去游览苏格兰小镇皮特洛赫里 (Pitlochry)。我感觉这个小镇上的"鲑鱼阶梯"

很有特色，希望在游记中进行详细描述。但在回去写作的过程中，发现因为当时跟几位同学一起观赏，边看边聊天，有些细节看得不是太清楚，在写游记的时候，总感觉差那么一两句话，才能把这个地方描写到位。于是在下一个周末，我又专程坐了一个多小时的火车，一个人在那里认真观察了很久这个"鲑鱼阶梯"，最终获得了我需要的那一句描述。后来我意识到，这就是从司各特那里学来的对待写作的态度。

在 2022 年央视虎年春晚，一首由台湾已故音乐人张雨生创作，陈坤、萧敬腾、王嘉尔、彭永琮合唱的歌曲《黄河长江》听得我心潮起伏，热血沸腾，久久不能平静。我不禁思考，在台湾出生长大的张雨生为什么可以把祖国大陆的山川河流以及背后的文化和意境表现得如此细腻深刻，让听众强烈共鸣。我忍不住去搜寻了这首歌的创作背景，才了解到，在写这首歌的时候，张雨生曾多次前往长江与黄河实地寻找灵感，就如同他在歌词中写到的"我怒吼一片黄淮平原止不住我的爱，我跟跄奔走有谁能明白"，我也因此想到了同样是描写山川河流感动同胞的苏格兰诗人司各特，他们能谱写出感人的作品，至少有两个共同点：一是对所描述的那片山河的真挚的情感和热爱，那份民族精神和家国情怀。二是亲自前往，直接面对产生艺术的土壤，把创作写在辽阔的大地上。

司各特在文学上的表现还不仅仅在于写诗。随着小说《威弗利》的发表，他的笔下产生了一种全新的文学类型：历史小说。这些历史小说以苏格兰的历史文化为背景进行叙事，通过他的历史小说，更多人了解了苏格兰的历史文化，听到了苏格兰人的声音。司各特被尊为"欧洲历史小说之父"，他开创的这种历史小说写法，影响了后来的狄更斯、大仲马、普希金等欧洲作家。

跟在欧洲的影响相比，也许司各特在中国并没有那么多读者，但我可以确定的是，基本上每个爱读小说的中国人，可能都读过司各特的"中国学生"的小说。在 1993 年，我们熟悉的金庸先生

辑五
王子街、
乔治街、
皇后街与
苏格兰
文学之旅

在爱丁堡大学的一次演讲中公开提道："我之会写小说，全仗得到爱丁堡两位大师的教导指点，那就是沃尔特·司各特爵士和罗伯特·史蒂文森。"难怪我们无论是读《神雕侠侣》还是《鹿鼎记》，都能感到金庸的小说跟历史结合得非常紧密，让我们读起来感觉亦真亦幻，原来这一招是跟司各特学的。

英王乔治四世在1822年访问苏格兰获得巨大成功，最大的功臣就是组织者司各特爵士。他的贡献不在于举办了一次成功接待国王的政治活动，而在于通过举办这次活动，利用接待英王这个契机，整合了苏格兰的文化符号，振兴了苏格兰的传统文化，凝聚了苏格兰的民族精神。让苏格兰这个政治实体通过这次活动在大英帝国甚至整个欧洲面前闪亮登场，为下一步苏格兰的思想启蒙和经济腾飞奠定了基础。

由此可以看出，无论是乡村旅游、诗文创作还是政治活动，司各特一生的言行都有一个精神内核，就是致力于对外宣传和提升苏格兰的形象，对内振兴苏格兰的文化，凝聚苏格兰的民族精神。而且，他非常成功地实现了他的目标。司各特对于苏格兰的意义，真是不亚于莎士比亚对英格兰的意义。亨利·考科伯恩曾经这样形容司各特，"苏格兰从来没有亏欠过一个人这么多"。

我经常会在晚饭以后，慢慢踱到王子街上，静静凝视这壮观的黑塔。黑色宾尼石制成的黑漆漆的纪念塔直冲天际，纪念塔中由意大利运来的大理石刻成的司各特雕像则全身雪白，色彩上形成一种强烈对比。他修长的手指持着书卷，透露出一股文雅的气质，而微锁的双眉略带凝重的表情，更像是一位忧国忧民的总理。

眼前是这尊雕像表现出来的高贵人格，脑海中是司各特为苏格兰做出的巨大贡献，把这座雕像的形式和内容结合起来欣赏，我找不到一句比德国艺术史家温克尔曼（Johann Joachim Winckelmann）用来形容古典艺术的最高理想更适合的话来表达我的观感，那就是"高贵的单纯，静穆的伟大"。

《论语》里曾记载，"孔子谓季氏：八佾舞于庭，是可忍也，孰不可忍也"。因为按周礼规定，只有天子才能用八佾，诸侯用六佾，卿大夫用四佾，士用二佾。孔子提到的这个"季氏"是正卿，只能用四佾，他却用八佾。孔子对这种破坏周礼等级的僭越行为表示"孰不可忍"。而现在我们眼前的这座司各特纪念塔，其高度已经达到60多米，远远望去，就像是一座教堂。一位作家居然拥有这么高的一座纪念

黑色司各特纪念塔内的白色司各特雕像

塔，这肯定已经超过一个普通爵士的"礼"了。但同样非常讲究礼仪和等级的英国人却从未对司各特爵士享有这样的"礼"表示不满。

哥特式教堂都有高耸入云的尖顶，这是为了把基督教中的圣、神与天联系起来。而这个拥有爱丁堡最高耸入云尖顶的纪念塔，却是为了把这位作家与天连接起来。在司各特雕像的跟前，一直追随他的猎鹿犬马伊达（Maida）也安安静静地待在身边。随身的动物因为主人的伟大也被一并做成雕塑供奉，这让我联想起佛教文化中牵着青狮的文殊，骑着白象的普贤。在多次凝视这座雕塑的过程中，我产生了一个感受，司各特在苏格兰人的心目中已经享受了圣人的地位，他就是苏格兰文化的守护神。

辑五　王子街、乔治街、皇后街与苏格兰文学之旅

审美意象生成：拉姆齐雕像和苏格兰花钟

在爱丁堡王子街花园西区入口处，苏格兰花钟的上方，有一尊看起来风尘仆仆如行者模样的白色人像。他略微抬起的右手紧握一支铅笔悬在腰间，左手持一本诗集靠在胸前，一袭斗篷搭在左肩，长得拖到了底座的边缘。他右脚踏出的姿势，就像正处在行走的途中。令人印象深刻的是他外衣上那一列整齐的圆扣，配上

王子街上的诗人拉姆齐雕像，身后的白色红顶小屋是其故居

衣服的立领，非常接近儒雅的中式传统服装，再加上盘在头顶上的头巾和略显忧郁的脸庞，跟电影《哈利·波特与魔法石》里有一张东方人脸孔的奇洛教授颇有几分相像。

我最初看到这个雕像，就觉得他跟我在爱丁堡看到的其他西方人雕像不大一样，但他却是一名不折不扣的苏格兰人。雕像的底座上刻着这位苏格兰人的名字艾伦·拉姆齐。他是一名诗人、书商，同时还是复兴苏格兰民间诗歌的先驱者。虽然对我们中国人而言，拉姆齐的名字比较陌生，但他却是苏格兰文学史中一位不能被忽略的人物。在王子街司各特纪念碑基座上16位最伟大的苏格兰诗人和作家的雕像中，就有他的身影。

拉姆齐于1686年在苏格兰的拉纳克郡（Lanarkshire）出生，1701年来到爱丁堡，成为一名假发店学徒。他没有接受过大学教育，家庭出身也很普通，后来成为诗人全靠自学成才。他的成功之路是先从商，再从文，以商养文，最后转型文化产业，精神物质双丰收，还为苏格兰启蒙运动做出了不可磨灭的贡献。这条道路值得当代文化人借鉴。

1707年，拉姆齐在爱丁堡干草市场开了一家假发店。当假发店的收入可以带给他较为优渥的生活后，他逐渐进入文化产业，从假发店店主转型成为一位诗人兼书商。他在爱丁堡创立了一个名叫舒适俱乐部（Easy Club）的诗歌爱好者协会，在这个协会中他开始展现诗歌才华。

拉姆齐最受欢迎的作品，是他创作的戏剧性田园诗《温柔的牧羊人》，后来还被制作成了歌剧。在1723年，他出版了18世纪的苏格兰诗歌精选集《茶几杂记》（*The Tea-Table Miscellany*）。在第二年，他又出版了中世纪末期的苏格兰民间诗歌集《永远的绿色》（*The Ever Green*）。在这本诗歌集的序言中，他对苏格兰的诗歌创作受到外来文化影响提出抗议，并呼吁回归古老的苏格兰民族文学传统。拉姆齐的呼吁对后来的苏格兰民族诗人司各特和彭斯推动苏格兰民歌复兴产生了一定的影响，可以算是这场运动的先驱者。

在 1707 年苏格兰与英格兰合并以后，曾经较为封闭的苏格兰迎来了一个发展的机遇。新的活力正在注入爱丁堡，一场由弗朗西斯·哈奇森（Francis Hutcheson）、亚当·弗格森（Adam Ferguson）、亚当·斯密、大卫·休谟等人的思想推动的"苏格兰启蒙运动"正在孕育之中。

拉姆齐敏锐地意识到，此时的爱丁堡人对文化的需求超过了历史上任何一个时期。"顺风而呼，声非加疾也，而闻者彰"，拉姆齐做了一个类似于荀子提到的"劝学"活动。1727 年，他在圣吉尔斯教堂附近开了一家书店，从伦敦运来大量最新的图书，并允许人们用较少的费用来借阅这些图书。他开办的这家书店是英国第一个可外借书籍的公共图书馆（Circulating Library），这在当时是一个全新的理念。后来各地纷纷效仿这种书店的运作模式，公共图书馆在苏格兰遍地开花，这对文化在苏格兰的传播有重大意义，为后来的苏格兰启蒙运动打下了基础。

1755 年，拉姆齐退休，居住在位于"皇家一英里"顶端爱丁堡城堡旁被称为拉姆齐舍（Ramsay Lodge）的别墅里。这座房子因其八角形的外观，被他的朋友们戏称为"鹅肉馅饼"。他同名的儿子艾伦·拉姆齐也住在这里，他是英国著名的肖像画家。

画家拉姆齐跟他父亲诗人拉姆齐一样喜欢创立协会，他在苏格兰启蒙运动中创立了爱丁堡最重要的文人俱乐部"精英协会"，成员包括亚当·斯密、大卫·休谟、约翰·侯姆等爱丁堡最杰出的文化人士。在 1890 年，两代拉姆齐的故居被扩充为一个漂亮的建筑群，称为"拉姆齐花园"（Ramsay Garden），现在是爱丁堡一个重要的文化地标。

站在王子街拉姆齐的塑像前，眺望他身后的爱丁堡城堡，就能看到城堡旁边这些漂亮的白色红顶小屋。以前我并不知道这些房子的来历,只觉得位于城堡旁边这些红白相间的建筑,看上去非常诗情画意。如果从经济价值来看,这可能是爱丁堡最贵的房子之一,因为这里的居住者可以鸟瞰爱丁堡最美的风景。城堡和王子街,北海和福斯湾,以及爱丁堡新城都尽收眼底。后来当我知道这是诗人拉姆齐一家的故居后,又进一步感受到这些房子蕴藏的文化价值。

拉姆齐曾经在他的居所俯瞰王子街,现在他的雕像也竖立在王子街的中心位置,就是他当年从家里窗户可以一眼望见的地方。我

诗人拉姆齐雕像与脚下的花钟

辑五
王子街、
乔治街、
皇后街与
苏格兰
文学之旅

觉得这是爱丁堡表现出来的对一位推动了苏格兰文化发展的杰出诗人的最大敬意。其实一座城市要成为真正的"世界文学之都",我觉得并不在于刻意去迎合联合国教科文组织那些评选标准,而是将它们自然而然地体现在城市的细节之中。在爱丁堡,处处可以感受到这些细节的温度。

如果从"风水"的角度来看,拉姆齐雕像的选址更是令人羡慕。这座雕像不但位于王子街最中心地段,还占据了一个爱丁堡其他名人雕像都不拥有的地利。在拉姆齐雕像脚下,就是有名的苏格兰花钟(Floral Clock),这个花钟之于拉姆齐雕像,就像观音菩萨脚下的莲花宝座。

现在的人们可能对拉姆齐的名字比较陌生,但位于拉姆齐雕像脚下著名的苏格兰花钟却声名远扬,哪怕是来爱丁堡只待一两天的匆匆游客,也要到王子街的花钟前拍照留念。我第一次听到"花钟"这两个字的时候,就觉得十分浪漫,眼前仿佛呈现了一段故事,甚至可以作为武侠小说中人物的名字。

这个"莲花宝座"虽然看上去跟拉姆齐雕像合为一体,其诞生

苏格兰花钟全景

的契机却跟英国王室有关。1902年,为了纪念国王爱德华七世的加冕典礼,人们决定在王子街花园西区入口这个倾斜的角落里用各种颜色的鲜花装饰出一顶王冠的形状。这顶被精心培育出来的"鲜花王冠"诞生在公园以后,公园的园丁约翰(John W McHattie)灵机一动,想到如果在这些鲜花铺陈的王冠上加入钟表的指针,就可以形成一个美丽的花钟。爱丁堡的钟表制造商与园丁合力完成了这项任务,第二年,这里就出现了一个用鲜花和时针组合而成的创意花钟。从此以后,这个设计精巧堪称科学与艺术结合而成的花钟,就成了王子街上旅游吸引物的重中之重。

花钟从创意产生到成为现实,就是一个艺术品的创造过程。叶朗先生认为,艺术的本体是审美意象,艺术创造的核心是一个意象生成的问题。根据这个观点推论,生长在花园里的鲜花是约翰的"眼中之竹"。约翰把鲜花铺成的"王冠"改造成一个花钟的构思,就是从"眼中之竹"到"胸中之竹"的审美意象生成的过程,也是创意的产生过程。而爱丁堡的钟表制作者和园丁把这个创意付诸实施,让具有美丽物理形态的"花钟"最终问世,就是从"胸中之竹"转为"手中之竹"的过程。

花钟与杜鹃鸟屋

辑五
王子街、
乔治街、
皇后街与
苏格兰
文学之旅

形成花钟的创意最重要,但把创意付诸实施制成这个美丽的花钟也不简单,单是铺陈这个五彩缤纷的钟面和小花园就需要三万株植物。花钟花卉的种植从每年 5 月开始,园丁把所有需要的花卉种植完毕需要 5 周。这 5 周的制作时间,就是"花钟"这个审美意象越来越鲜明、清晰和生动的过程。而最终呈现在人们面前的花钟,又成了后来的艺术家和作家在此基础上创作出新作品的新"眼中之竹"。

1952 年,花钟的旁边又增加了一座小型的鸟屋,里面有一只机械制作的杜鹃鸟。这只杜鹃每隔 15 分钟就会从鸟屋里出来报时一次。在 2003 年,这个花钟的模型参加了著名的切尔西花展,并获得了园艺金奖。现在,花钟这种艺术品已经遍布欧洲各地,很多花钟都是在爱丁堡制造的。

这让我再次为爱丁堡这座"世界文学之都"感到骄傲,这里不但孕育了伟大的诗人和作家,诞生了不朽的文学作品,滋润了人们的思想与头脑,还培养了充满创意的艺匠和园丁,为世界提供了科学美与自然美结合的范本,灌溉了人们的精神与心灵。其实,在更深的层面,文学与园艺,作家和园丁也是相通的,我突然想起了北京大学的顾春芳教授在《契诃夫的玫瑰》里提到的那句话,"园丁是大地上的造物主,作家是形象世界的造物主,他们都应该致力于培养人的德性、精神与心智"。

"全球最美景观大街"王子街上的峡谷花园

爱丁堡的花园多得数不清,从地理位置看,王子街花园是最别致的一个。因为一般而言,花园都建在平地,而王子街花园却位于爱丁堡城堡与王子街之间凹陷下去的一个狭长的谷地,令我想起曾经去过的卢森堡大峡谷。

为什么在爱丁堡城市的中心会有这么一块类似峡谷的地方呢?别看王子街花园现在郁郁葱葱,花团锦簇,这个峡谷花园曾是一片大湖。湖的名字叫作北湖,湖里出产的鳗鱼和鲑鱼都是爱丁堡酒馆里的美味佳肴。

在中世纪的时候,这个北湖还是审判女巫的场所。把被认为有可能是女巫的女人绑在水刑凳上扔进湖里,如果这个女人沉入湖底,才可以证明她的无辜。如果这个女人没有沉下去,而是漂浮在水面上,她就被认为是拥有魔法的女巫,会被带到城堡山执行火刑。无罪就会被淹死,有罪就会被烧死,这就好比美国作家约瑟夫·海勒笔下的"第二十二条军规",规则本身就自相矛盾,无论如何都难逃一死。

这个曾经淹没了无数无辜"女巫"的湖,最终从爱丁堡消失。从1760年开始,为了在这附近修建铁路,湖水被彻底抽干,如今的王子街花园也逐渐在湖床上建立起来。

我此前有很多次经过王子街,却从未走进这个花园,这跟花园所处的地理位置和地形都有关系。因为花园的北侧就是爱丁堡最繁华的商业大街王子街,一般我们谈到"去王子街",第一个主题必然是"逛街购物"。爱丁堡最古老的百货公司詹纳斯(Jenners)有数不清的品牌专卖店,售卖苏格兰特产的精品店,留学生到爱丁堡的第一天就不得不去购买被子和床单的服装零售店普里马克

（Primark）等等，也都在这条街上。就连我这种不爱商场只爱菜市场的人，到王子街的第一要务也是购物。因为英国著名的连锁食品超市玛莎也位于王子街，我经常去这里购买玛莎专卖的柴郡巧克力波特啤酒（Cheshire Chocolate Porter）。所以一般人走到王子街，就会流连忘返于各大商店中。

王子街也被誉为"全球最美景观大街"。走在这条街上，可以看到宏伟的爱丁堡城堡外观，壮丽的火山岩全景，令诗人余光中写出《古堡与黑塔》的司各特纪念塔，还可以远眺卡尔顿山上的古希腊风格建筑。如果在圣诞期间，缓缓旋转的摩天轮和热闹非凡的圣诞集市更是让你情不自禁就漫步其中。此外，王子街上还有一个艺术爱好者必去的地方——苏格兰国家美术馆。馆内藏有包括达·芬奇的《纺锤圣母》在内的文艺复兴到19世纪末西方艺术史上各位大师的作品。

因此，即使我们谈到去王子街的第二个主题"观景"，似乎也轮不到王子街花园。虽然王子街花园也很美，但它就像一块碧绿的翡翠，藏在了红珊瑚、蓝宝石、夜明珠、黄金甲等一大堆珍宝之间，在群星璀璨的文化景观集合地王子街上，就不再抢眼。

我平时没有走进王子街花园，也跟它的地形有关。由于王子街花园是一个凹陷的谷地，如果要进入这个花园，得从王子街"走到下面去"。这有点不符合我对花园应该是位于平地的理解，也不大符合我行走的轨迹。反正每次在王子街上行走时，都会时不时地俯瞰一眼"下面"的王子街花园，我也并不觉得一定有"亲自到下面走一走"的必要。

真正走进王子街花园，已经是2020年新冠疫情期间。在这段时间，爱丁堡的室内活动空间都已关闭。我决定趁着人少，用双脚来丈量平时没去过的爱丁堡的土地，这才在一个阳光明媚的下午，从王子街往下走，进入了王子街花园。

一走进来，我顿时意识到这与平时在王子街上往下俯瞰完全是两种截然不同的体验。就像登山，虽然你可以在平地仰望山巅，但只有登上山顶，你才真正明白站在顶峰的感受。而谷地也是一样，只有亲自沉入谷地，才能明白这底层的世界，是完全不同于平地的另一个空间。

位于谷地的花园可以用"峡谷幽深，宝藏丰厚"来形容。别看是在峡谷，这里也有大片绿油油的草坪和一棵棵参天大树，还有大量供人休息和看书的长椅。其实爱丁堡不太适合在户外看书，因为这是一座四季都会刮大风的城市。我曾试过在大草坪上看书，常常是书一拿出来，还没开始用手指翻动，书页就被大风翻得哗哗作响，一整个下午，都是"风继续吹，不忍远离"。

但在王子街花园，由于身处凹陷的谷地，街上的喧嚣和呼呼的大风大部分被四面峭壁阻挡在外，花园里就多了几分闹中取静。这是难得的爱丁堡适合在户外读书的地方。由于花园的南侧就在爱丁堡城堡山脚下，花园里也是近距离观察城堡山岩石的肌理和纹路的最佳位置。如果不真正走下王子街，走进这个位于谷地的花园，是不会发现这个秘密的。

小熊和小象

我以前每次走在王子街上朝花园里俯瞰，都能看到一座像是一个人牵着一头猪的铜像。我寻思这个景观的主题恐怕与大力发展畜牧业有关，还马上联想到爱丁堡被称为《哈利·波特》中"对角巷"的原型维多利亚街那家售卖烤全猪的小吃店"哼哼"（Oink），猜测这个雕像可能是由那家店赞助。当我来到花园里近距离观赏时，才发现我之前的判断错得多么离谱。

这个景观的主题不是畜牧而是军事，这个被我认为是一头猪的动物其实是一头熊。熊四脚立在地上，身旁是一位大兵，手轻抚着熊的背。所以我以前从王子街往下俯瞰时，会误认为这是"一个

王子街花园西区的大兵与棕熊雕塑

人牵着一头猪"的雕像。从雕像旁刻满了字的金属牌上,我读到了这头熊背后的故事。

这是一只叙利亚棕熊,它的名字叫佛伊泰克(Wojtek),在第二次世界大战期间属于波兰第二兵团第 22 炮兵运输连。当它还是一只刚刚失去母亲的熊仔时,就被波兰军人在北非叙利亚战场上捡到,从此它就由这支连队的士兵带大。由于力大无比,它负责协助士兵搬运各种重要补给,尤其是子弹与炮弹等军火物资。佛伊泰克除了食用蜂蜜和水果外,最喜欢的饮料是啤酒,它还会与士兵们一起抽烟。它的出现为人类战友带来很多欢乐,让部队士气大增。

为了带着这只小熊前往意大利战场,士兵们甚至向开罗军队的最高指挥官写了申请,让小熊佛伊泰克获得了正式的二等兵头衔(Private Wojtek),成为一头"有编制"的熊。由于小熊所在部队做出的突出贡献,指挥部将这个炮兵运输连的徽章改成了一只抱着炮弹的棕熊。

王子街花园西区的青铜小象

在第二次世界大战结束后,小熊佛伊泰克跟随这支波兰部队来到苏格兰。1947年,它被送到爱丁堡动物园安度晚年。很多老战友时常会来看它,直到1963年,活了22岁的佛伊泰克才离开这个世界。

由于小熊佛伊泰克深受爱丁堡人民喜爱,人们在王子街花园为它修建了一座雕像。在了解了这个神奇得难以置信的故事后,我对这个雕像另眼相看。同时暗自庆幸自己来到了王子街花园,近距离观察了这个雕像,才意外得知第二次世界大战中一段这么有趣的历史,才意识到人与动物原来可以这么友好地相处。同时也为爱丁堡做出为小熊在王子街花园立雕像这个决定肃然起敬。爱丁堡这座城市无穷的魅力,就体现在这些无尽的细节中。

王子街花园里的动物雕像除了这头熊以外,还有一个席地而坐的

辑五
王子街、
乔治街、
皇后街与
苏格兰
文学之旅

青铜小象。萌萌的、胖乎乎的小象一屁股坐在地上,耳朵耷拉着,头埋起来,鼻子翘向一边,就像一个犯了错误等待家长惩罚的小孩,非常可爱。后来我才知道,这个小象雕像是为了纪念在爱丁堡夭折的小孩而建,小象身上的花纹"勿忘我"代表了父母对孩子的思念。难怪我看到这座雕塑时,总觉得有一种淡淡的哀伤,这是一座非常成功的写意雕像。

喷泉与剧场

花园里最引人注目的景观是一座大型的铸铁喷泉。这座喷泉位于城堡的正下方,由代表科学、艺术、诗歌和工业的四个女性形象组成。这座喷泉是19世纪铸铁作品的典范,属于新古典主义风格,俗称"布杂艺术"(Style Beaux Arts)。爱丁堡的枪支制造商丹尼尔·罗斯(Daniel Ross)在1862年伦敦博览会上看到了这座喷泉,将其买下来赠予爱丁堡,因此被命名为罗斯喷泉(Ross Fountain)。

花园西区的罗斯喷泉

花园西区的罗斯剧院,背后是爱丁堡城堡

喷泉雕塑以淡绿色为底色,上面的人像则以褐色为主,看上去很像一个三层巧克力蛋糕。这个造型让我过目不忘,后来我在参加一位朋友的生日派对时,看到端上来一个带有巧克力图案的绿色生日蛋糕,我马上想起了王子街花园这个喷泉。怕冲淡主题,我没有当场讲出来。

喷泉很大,是花园西区最抢眼的景观。由于喷泉的背后就是城堡,很多人在喷泉面前留影照相,这里也算爱丁堡最适合拍照的地标之一。喷泉的喷水池是海鸥的乐园,常常可以看到海鸥飞到这个喷泉中戏水冲浪。水池里躺着很多硬币,看来几乎所有的喷水池,都逃不掉被当成许愿池的命运。

如果不真正走进王子街花园,就不会知道这个位于谷地的花园蕴藏着丰富的宝藏。当我被那么多有意思的雕像吸引时,我完全没想到花园里居然还有一座露天剧场,这就像你在一块有各种美味水果搭配的奶油蛋糕里又发现一颗酒心巧克力一样。剧院的名字

叫罗斯剧院（Ross Theater），建于1877年，由酿酒厂有限公司董事长威廉·亨利·罗斯（William Henry Ross）赠送给爱丁堡。剧场为半圆形，令我想起在希腊和意大利看到的那些古剧场。

端详这个剧场，我感觉这是一个非常适合观看摇滚音乐演出的地方。因为这个剧场没有座位，只有供观众站着的阶梯。我突然回忆起来，在新年的时候，王子街花园就曾举办过大型演唱会。而我当时嫌门票比较贵，并没有购票前来欣赏，也失去了这个在谷地花园中的剧场观看摇滚演出的机会。现在想来，还是有一些遗憾。我不禁开始反省，虽然我一贯节约，但出门在外，也不能太省。有些经历，一旦错过就不在。

在西区花园最东边一个很不起眼的角落，还有一组皇家苏格兰纪念碑（The Monument of the Royal Scots）。这组纪念碑再现了英国皇家陆军步兵团中的苏格兰军团在数百年来经历的战争。纪念碑由一组浮雕组成，六个浮雕的内容忠实记录了军团的历史。浮雕下方有一堵矮墙，墙上刻有该团在世界各地参加战役的地方。我看了一下，从欧洲的法国、德国、瑞典、荷兰、马耳他、西班牙、葡萄牙到非洲的埃及、南非，再到亚洲的印度、韩国，可见当时的大英帝国在全世界的殖民扩张。这组浮雕也让我再次思考20世纪的历史以及当今的世界格局是如何一步一步演变而来。英国人骄傲而又失落的心态，英国跟在美国背后亦步亦趋，同时又坚持脱欧，不愿意跟其他欧洲国家混为一谈的复杂情绪，都可以从这些纪念碑中慢慢品读出来。就跟在美术馆看原作和在画册上看画的感受完全不同一样，在这组浮雕前学习世界史，也跟在课本上学习世界史各异其趣，这就是用艺术讲历史。

花园东区的天然滑梯

王子街花园被隔在中间通往小山坡（The Mound）的马路和苏格兰国家画廊分成西区和东区。西区的人文景观多，而位于司各特雕像背后的东区则以自然景观为主。由于东区花园的前身是抽干的河床，因此也是一个如峡谷般凹陷的形状。峡谷的底端是大片修剪得整整齐齐的草坪，很多人坐在草坪上休憩和晒太阳，旁边是踱来踱去的鸽子和飞来飞去的海鸥。

峡谷四周的斜坡上长满了一层一层的青草，把斜坡覆盖得严严实实，就像是专门铺在斜坡上的厚厚挂毯。有趣的是，很多小孩把长满绿草的斜坡当成了天然大滑梯，开心地在草坡上滑下。我仔细观察了一下，发现并不是只有某一块斜坡适合当成滑梯玩耍，这四周所有草坡都被磨得异常光滑，就是一个全程360度无死角的天然草坡滑梯乐园。我从来没想到长满草的斜坡还有滑梯的功能，若不是早已告别童年，我真想加入这场游戏。

最终我还是鼓起勇气尝试了一下，坐在厚实而光滑的草坡上从上到下一滑到底，这种体验实在是开心无比，治愈无边。小孩们的姿势更多，躺着滑下来，滚着滑下来，趴着滑下来的都有。但我跟这些小孩有一个巨大的区别，我在滑的过程中一直担心，以这种摩擦产生的力，到底滑第几次会把我的牛仔裤磨破。而天真的小孩根本不会想这么功利的问题，哪怕回家后会被母亲打一顿

花园东区的草坡，孩子们把这里当成了大滑梯

坐在花园东区草地上晒太阳的人，右上角是司各特纪念塔，背后是王子街

屁股。小孩是在以审美的态度玩滑梯，而我的审美中夹杂着功利的顾虑。

我旁边有一位年轻的妈妈也在跟她的小孩一起滑，开心得大声尖叫，童真的快乐溢于言表。此刻我发现有小孩的好处之一，就是可以以带小孩的名义一起玩童年的游戏。没有孩子的掩护，我不好意思一直这么玩下去。因此，我只能退而求其次，斜躺在这磨得十分光滑的草坡中，晒着太阳，吹着凉风，望白云缓缓游走在清澈湛蓝的天空，听风笛声阵阵飘扬在王子街以东，就像在白日做梦。

卡尔顿山：周杰伦音乐打卡地、英国历史与哲学家

在爱丁堡如果想要登山，不是我们通常理解的要去到遥远的郊外。在爱丁堡登山就如逛商场一般，因为最有名的亚瑟王座和卡尔顿山都在城区内，尤其是卡尔顿山，简直就是位于市区黄金地段。从爱丁堡最繁华的商业大街王子街往东走，步行5分钟，就可以来到卡尔顿山脚下。只需不到10分钟，便可到达山顶，因为这座山的海拔也就171米。

卡尔顿山虽不高，可别小瞧它。站在山头向下望，除了可以将爱丁堡整个城区尽收眼底外，最重要的是，这座小小的山丘上竟然有那么多的名胜古迹和文化景观，可谓"山不在高，有仙则灵"。一般而言，作为市区景点的一座山，只需拥有一个文化景观就足以吸引人们前来攀登。而这座仅171米的卡尔顿山却有多个值得瞻仰的景观，每个景观背后都有自己的故事。这就跟爱丁堡这座城市的城区面积虽然不大，却处处都是历史文化一样，如果论文化景观的丰富度，卡尔顿山宛如一座立体的爱丁堡。

卡尔顿山上最高的建筑是纳尔逊纪念碑（Nelson's Column）。远远望去，这个圆柱形纪念碑就像一个竖着的望远镜，或者说，像比萨斜塔长得还很正的时候的样子。在纳尔逊纪念碑塔尖上有一个小圆球，每天下午1点，当爱丁堡城堡按惯例鸣炮时，纪念碑塔尖代表时间的小圆球就会应声落下，这个传统是为了方便海上的船只可以根据炮声来确定时间。

纳尔逊纪念碑是为了纪念1805年在英国与西法联军作战的特拉法加海战中牺牲的纳尔逊上将。在每年10月21日特拉法加日(Trafalgar Day)的时候，墓碑上都会展示一面旗帜，上书"England expects that every man will do his duty"（英格兰期望每一个人都恪尽职守）。这是纳尔逊将军在战斗中最有名的一句话。

辑五
王子街、
乔治街、
皇后街与
苏格兰
文学之旅

卡尔顿山上的纳尔逊纪念碑

当我第一次听说这个纪念碑是为纪念英格兰的纳尔逊将军而立的时候,还颇有些惊讶。因为这里是苏格兰!能找到一个纪念英格兰英雄的地方,实属难得。对苏格兰有一定了解的人都知道,虽然苏格兰与英格兰共同构成了我们平时所说的"英国",但曾经是一个独立国家的苏格兰,却最喜欢处处与英格兰分开,尤其喜欢在自己的文化教育中凸显苏格兰的民族意识。

爱丁堡满大街都是苏格兰各种伟人的雕像,就连苏格兰的"英镑",都是由苏格兰的银行自己独立设计图案,独立印刷。苏格兰的"英镑"上绝不会出现英国女王或者英格兰的人物,选择的都是苏格兰自己的民族英雄、诗人、作家等。居然可以在苏格兰的卡尔顿山这么重要的位置看到纪念英格兰人的纪念碑,足以说明纳尔逊将军在不列颠人心目中的地位了。

卡尔顿山上最有名也最让人念念不忘的建筑,是用来纪念那些在拿破仑战争中阵亡的苏格兰士兵的国家纪念碑(National Monument)。这是一座古希腊风格的建筑,去过雅典的朋友,更是一眼就能认出这就是位于雅典卫城的帕特农神庙的风格。妙的是,随着几千年悠悠历史的轮转,雅典卫城上面的帕特农神庙只剩下碎瓦颓垣,几根柱子。而卡尔顿山上这座以帕特农神庙为蓝本修建的国家纪念碑,竟然也是一副断壁残垣的样子,只有基座和12根醒目的柱子。

难道,这是设计者为了模仿偶像故意为之吗?其实,当时在规划修这座国家纪念碑时,是准备修成一座完整的帕特农神庙风格的作品的。结果在修了一半的时候,发现花费大大超过预算,修建工作被迫中断,直到今天,都没有继续进行下去。这座半途而废的纪念碑也被人称为"爱丁堡之耻"(Edinburgh's Disgrace)。看

上山的道路,国家纪念碑与纳尔逊纪念碑

辑五
王子街、
乔治街、
皇后街与
苏格兰
文学之旅

来"烂尾楼"这种情况，在不少国家都存在。

对于当代的中国年轻人来说，这个国家纪念碑最大的"人设"或者叫"碑设"，既不是古希腊风格的建筑，也不是修了一半就停止的"烂尾楼"，而是爱丁堡的当红打卡圣地，周杰伦粉丝的集中地。很多中国年轻人知道卡尔顿山，都是因为方文山作词、周杰伦作曲并演唱的那首《明明就》。"远方传来风笛，我只在意有你的消息。城堡为爱守着秘密，而我为你守着回忆"，唱的就是爱丁堡。在 2020 年新冠疫情期间，街上空空如也，各种场所都已关闭。百无聊赖之余，我怀抱吉他，在早已封闭的爱丁堡大学图书馆门口的石凳上，多次唱起这首由华人写的关于爱丁堡的歌曲，既怀念中华大地，又舒缓胸中郁气。

《明明就》MV 中有多个卡尔顿山国家纪念碑的镜头。我甚至觉得，来爱丁堡旅游打卡的中国文艺青年，可以粗略地分为两大类，一类是去大象咖啡馆打卡《哈利·波特》诞生地的，另一类是来卡尔顿山打卡周杰伦的 MV《明明就》的。如果你看到一群年轻人在国家纪念碑前一边兴奋地看着手机里的视频，一边摆出各种浮夸的姿势，不用说，这就是在用手机播放 MV《明明就》，然后精准还原周杰伦当时拍摄的具体地点，再比同一个手势来拍照。

我第一次来卡尔顿山的时候，看到同行的可尔同学跟另一位台湾同学埃里克（Eric）在这里忙得不亦乐乎，一开始还一头雾水，不明白这些年轻人在搞什么，后来才知道原来卡尔顿山可以以这种方式在周杰伦的歌迷中打开。

卡尔顿山上还有一座常在爱丁堡的宣传照和明信片中看到的漂亮建筑——纪念爱丁堡大学哲学教授杜格尔德·斯图尔特（Dugald Stewart）的纪念碑。也许是因为思乡心切，虽然身在国外，我看到很多地方都能联想到中国。我个人感觉这个纪念碑有点像

夕阳下的杜格尔德·斯图尔特纪念碑与爱丁堡城区景色

中国的亭子,但实际上,这个纪念碑是以雅典普拉卡区三角街(Tripodon)上的李西克拉特音乐纪念碑(Choragic Monument of Lysicrates)为蓝本建造,亭子的柱子采用的是古希腊科林斯柱。

杜格尔德·斯图尔特被誉为那个时代最伟大的哲学家,同时讲授自然哲学、经济学、希腊文和逻辑学等课程,被称为活生生的"大英百科全书"。他把苏格兰学派的不同著作整合成为一个体系,尤其是亚当·斯密的经济学和托马斯·里德的常识哲学,在苏格兰启蒙运动中起到了智力桥梁的作用。曾任英国首相的约翰·罗素勋爵虽然出生于伦敦,是标准的英格兰人,但在年轻的时候他父亲就告诉他,在英格兰的大学没什么可学的,然后就把他送到了苏格兰的爱丁堡大学,成了斯图尔特的学生。

对于中国人来说,这位首相的孙子更为有名,就是那位在《我为何而生》中提出"对爱情的渴望,对知识的追求,对人类苦难不可遏制的同情,是支配我一生的单纯而强烈的三种感情",并获

辑五
王子街、
乔治街、
皇后街与
苏格兰
文学之旅

得过诺贝尔文学奖的哲学家伯特兰·罗素（Bertrand Russell）。

在卡尔顿山上，拥有纪念碑的爱丁堡大学教授不止一位，我们再来看看爱丁堡最大的绿色穹顶建筑城市天文台（City Observatory）。这座天文台建于1788年，现已不再使用。天文台同样也是古希腊风格的建筑，灵感来自希腊的风神庙（Greek Temple of the Winds）。天文台所在的正方形院子的一角，也有一座古希腊风格的建筑——普莱费尔纪念碑（Playfair Monument）。普莱费尔是爱丁堡大学的数学教授，也是天文学会的第一任主席。他甚至发现了一条数学公理，即"通过一条已知直线外的一个给定的点，有且只有一条直线平行于已知直线"，这条公理被命名为"普莱费尔公理"。

卡尔顿山上的景观还跟爱丁堡大学的一名校友，哲学家大卫·休谟有紧密的关联。为了让当地居民有一个锻炼身体和娱乐的地方，休谟说服镇议会（The Town Council）在卡尔顿山上修建了一条公共小道，后来，这条小道就被命名为"休谟步道"。休谟本人也常来这里散步。

卡尔顿山上大片大片的金黄色荆豆花

德国海德堡有黑格尔和荷尔德林最喜欢的"哲学家小道",康德故乡哥尼斯堡有康德常走的"哲学家之路",古希腊哲学家亚里士多德也被称为"散步学派",而中国美学家宗白华将其美学著作命名为《美学散步》,可见很多智慧的思想,都是在哲学家散步时产生的。每次在写论文需要获得灵感的时候,我都会到这条"休谟步道"进行"休谟散步",希望追随哲人的足迹,感天地之灵气,获山水之智慧。

讲了这么多哲学家、数学家有点头大,还是回到周杰伦吧。卡尔顿山跟周杰伦有关系的歌并不只是《明明就》,我每次来到卡尔顿山,面对卡尔顿山上大片如大片一样的金黄色荆豆花(Gorse),都会情不自禁哼唱出周杰伦的《晴天》。"故事的小黄花,从出生那年就飘着,童年的荡秋千,随记忆一直晃到现在。吹着前奏望着天空,我想起花瓣试着掉落……"

关于荆豆花,苏格兰还有句谚语"People say that when gorse is out of bloom, kissing is out of fashion"(人们说,要是荆豆过了花期,那接吻也就不合时尚了)。在湛蓝的天空下,在温暖的阳光里,注视一会儿油画般怒放的金黄色荆豆花,一股浓浓的爱意和醉意就开始在胸中柔柔地荡漾。

辑五
王子街、
乔治街、
皇后街与
苏格兰
文学之旅

爱在日落黄昏时：情满于山，意溢于海

如果想在爱丁堡看海，方式之一竟然是登山。在卡尔顿山观海就像是住了一间海边的酒店，不用跑到海滩，而是在酒店露台就可以静静地欣赏海上日落。一到傍晚，卡尔顿山西北面朝海的小斜坡就会坐很多人，跟我一样赏海景、看日落、想心事，静静感受这"爱（丁堡）在日落黄昏时"。

我没有出门逛街或者登山还带瓶啤酒的习惯，但我发现，无论是在海边，还是在山上，苏格兰人在看夕阳时都会自带啤酒，无论男女。也许是因为苏格兰天气过于寒冷，山上风也很大，即使是在 7 月，在傍晚的卡尔顿山上，还有很多人穿着羽绒服。此刻，饮一杯酒，倒也真有这个必要。在苏格兰待久了，渐渐发现当地人的很多习惯，比如爱喝烈酒，酒不离手，跟这里的天气和自然环境都有很大关系。人类跟大自然终归是万物一体的。

山顶上有长椅，不过我建议坐草地。一个人盘腿坐在山顶草地上，身体与大地紧密相接，头顶是湛蓝的天空，天边是白色的云朵和金色的夕阳，远方是无尽的大海和苍茫的天际，有一种参禅悟道之感。"登山则情满于山，观海则意溢于海"，无论是"情满"还是"意溢"，都可以在卡尔顿山上得到充分实现。

我有时会坐在山顶的草坪上抽烟，通过香烟这股"小气"与宇宙的"大道"进行精神沟通。但在山顶上抽烟很不方便，因为很难用不防风的打火机将一根烟点燃。爱丁堡即使是在夏天也随时刮着让人颤抖的寒风，偶尔遇到一天，竟然风很小，能比较顺利点燃一根烟，就觉得遇到了苏格兰难得的好天气和好运气。像卖火柴的小女孩一样，点燃一根香烟就是点燃一道温暖和希望。

观海可以坐在长椅上，也可以坐在绿色的青草斜坡上，但这座山

卡尔顿山上看到的城区、海景与霞光

在卡尔顿山南面看到的亚瑟王座就像一只枕戈待旦的熊

上最独一无二最酷的观海位置,是爬上酷似雅典帕特农神殿的国家纪念碑。雅典卫城的帕特农神殿是禁止触摸的,更不用说攀爬了,而爱丁堡卡尔顿山上的国家纪念碑却是可以随意攀爬的。几乎每天晚上,都有很多苏格兰年轻人爬上神殿的基座,背靠一根柱子,在这里聊天、喝酒、眺望远方。

虽然这是一座没有完成的纪念碑,但坐在这代表了千年历史和时光的古希腊风断壁残垣中,有一种在天宫看人间之感,也有一种乘着时光机看轮回之感。这种独特体验,恐怕也只有爱丁堡这种集历史、地理、文学、神话于一身的城市才能赋予。

傍晚观海与欣赏日落分不开。有时候夕阳未被云彩遮挡,直接照在身上,让习惯了爱丁堡寒冷的我感到一丝暖阳。有时候云朵遮住了太阳,只看到洒在海面的道道霞光。

卡尔顿山晚上 10 点的晚霞是醉人的,红色、粉色、黄色、金色、紫色……在远处大海、青山和天空交会的上方聚集成缤纷的色块。从山上看,太阳早已落山,我不禁好奇这七彩云霞是来自何方,会怀疑这是神迹。也许在海那边的天云深处,就是众神居住的地方,而卡尔顿山上看得见摸得着的物质世界,如柏拉图所言,却是理念世界在人间的倒影和幻象。

从山北面踱到山南面,如一幅青绿山水画的亚瑟王座近在咫尺,与卡尔顿山相互凝视。我此前从未想到,原来欣赏亚瑟王座最好的地方,竟是在卡尔顿山。我觉得从卡尔顿山南面的角度看过去,后面亚瑟王座整个山体就像一只面朝天躺平的熊,熊的左手手臂都清晰可见。而旁边的断崖,就是一把锋利的大砍刀,摆在熊的手边。因此,这是一只枕戈待旦的熊。不知道是不是脑海里对苏格兰意识形态的过度解读，我总觉得这也象征了苏格兰勇士几百年抵抗英格兰入侵的命运。

卡尔顿山在爱丁堡的地理位置和山上的古希腊风格建筑都让人想起位于雅典市中心的雅典卫城。人们在充满人间烟火的雅典城内生活，但一抬头就能看见神住的地方。如果卡尔顿山上有神，那么就跟雅典卫城一样，神跟市民是住在同一座城里，只是住得高一点而已，这就是希腊众神与人的关系。希腊人是用神的名义来塑造人、描绘人、表现人。神跟人很像，人跟神很近，神人同形同性。神有人的优点，也有人的缺点，无论男神女神，都经常深入人的生活，与人发生关系。

如果把爱丁堡城区看成一个小区，卡尔顿山就是小区里的小山坡，仍然是小区的一部分。当你在卡尔顿山上俯瞰爱丁堡城区，不会觉得你在爱丁堡城区之外。而亚瑟王座，虽然也在城区附近，但必须走出城区，进入近在咫尺的郊外和田野，才能到达亚瑟王座。登上亚瑟王座观爱丁堡城，就是从城外观城内，从彼岸观此岸，从仙界看人间。这大概可以比作中国道教里神仙与人的关系，道教的文化建构就在大自然的山林中，人能够抵达，可以被人寻访，但还是隔着一点点距离。

辑五 王子街、乔治街、皇后街与苏格兰文学之旅

彭斯之夜：谁影响了鲍勃·迪伦和迈克尔·杰克逊

爱丁堡的卡尔顿山一带群星璀璨，就如同传说中住满了众神的希腊奥林匹亚山。卡尔顿山的山顶上有纳尔逊将军，哲学家斯图尔特和数学家普莱费尔的纪念碑，而思想家休谟的墓地，则位于山脚下的老卡尔顿墓地（Old Calton Burial Ground）。如果我们沿着山脚下的摄政路（Regent Road）往前走，在极具雅典风格的老皇家中学斜对面，还有一位英国文化界大人物的纪念亭，这个人就是苏格兰国宝级诗人彭斯。

与卡尔顿山上的斯图尔特纪念碑一样，彭斯纪念亭也是以希腊雅典普拉卡区三角街的李西克拉特音乐纪念碑为蓝本建造，建筑的风格是古希腊科林斯柱式纪念亭。纪念亭最有特色的部位是亭顶上的三脚小亭，小亭的造型通常被做成一个奖杯，授予为艺术做出杰出贡献的人。

位于摄政路的彭斯纪念亭

如今，三脚小亭建在彭斯纪念亭顶端，也有授予彭斯奖杯的寓意。纪念亭周围的花园栽满了彭斯在诗歌里提到过的花，如山菊、野兔铃、洋地黄、野蔷薇等，传递了彭斯对大自然和生命的热爱。

不知是有意为之还是巧合，把彭斯纪念亭建在卡尔顿山脚下其实是一个异常浪漫之举。因为此处刚好可以俯瞰爱丁堡的公墓卡农盖特墓地（Canongate Graveyard），而彭斯著名的情人艾格尼丝·麦理浩（Agnes Maclehose）就埋葬在这座公墓。艾格尼丝·麦理浩也是苏格兰的一位诗人，彭斯与她通信7年，两人往来的书信被历史学家评价为"这世上清醒理智与疯狂情感，人间爱意与神圣之光最杰出的结合"。这段感情虽未能善终，却留下很多浪漫到骨子里的诗作，包括彭斯最为世人称颂的情诗之一——《深情一吻》（"Ae Fond Kiss"）。相传现在位于爱丁堡干草市场的酒吧兼旅店怀特哈特客栈，就是彭斯最后一次跟艾格尼丝·麦理浩幽会的地方。

位于干草市场的怀特哈特客栈，据说是彭斯最后一次跟情人艾格尼丝·麦理浩幽会的地方

辑五 王子街、乔治街、皇后街与苏格兰文学之旅

诗人彭斯与爱丁堡渊源颇深。除了怀特哈特客栈，在爱丁堡很多地方都可以找到他的足迹。在1786年，彭斯骑着一匹小马第一次来到爱丁堡，居住在"皇家一英里"的斯黛尔夫人巷。生于苏格兰乡村的庄稼汉，当时还以务农为生的彭斯怎么也不会想到，就是因为他无意中选择了居住在这条小巷，让这条小巷跟苏格兰最伟大的诗人产生了关联，被赋予了"灵韵"。

多年以后，小巷背后院子里那栋三层小楼斯黛尔夫人巷，被爱丁堡市议会改建成一个作家博物馆（The Writer's Museum）。这个博物馆至今都每天开放，陈列着与苏格兰最引以为豪的三位作家彭斯、司各特、史蒂文森有关的画像、雕像、手稿和遗物。

来爱丁堡老城区游玩的朋友，在"皇家一英里"上琳琅满目的商店和酒吧流连忘返以后，一定不要忘记顺便走进这条小巷，去作家博物馆看看，再去高浓度地感受一下英伦文学的气息。由于爱丁堡各种主题的博物馆实在太多，这家低调的作家博物馆反而容易被忽略。我第一次来爱丁堡旅游的时候，只顾着到

斯黛尔夫人巷背后的作家博物馆

处去寻找《哈利·波特》的作者 J.K. 罗琳常去的大象咖啡馆，根本不知道还有一家专门以三位苏格兰大作家为主题的博物馆的存在，错过了一次深入的文学朝圣机会。

彭斯如果只是会写情诗，当然成不了最受苏格兰人尊重的文学三巨头之一和苏格兰最伟大的民族诗人。彭斯诗歌的最大特色，在于始终扎根普通的苏格兰人民，扎根生活。彭斯当年主要在爱丁堡的老城区活动，为了进一步融入爱丁堡人民的生活，他参加了一个叫作凡西勃（Crochallan Fencibles）的俱乐部。这个俱乐部的活动场所，就位于现在"皇家一英里"上的狭窄小巷鞍轲里巷（Anchor Close），跟彭斯居住的斯黛尔夫人巷不远。

在目睹了爱丁堡人民的生活后，彭斯在此期间创作了一首诗《致哈吉斯》（"Address to a Haggis"）。哈吉斯是苏格兰最有特色的饮食，把羊心、羊肝、羊肺、羊血、燕麦塞在一只羊胃里制成。这道菜是不折不扣的苏格兰普通老百姓的食物，已经有上千年的历史。因为当时的普通人很难吃到羊肉，才把不值钱的羊内脏混着燕麦，做成这样一道食品。这种食物虽然让上层的英国贵族嗤之以鼻，但对于普通的苏格兰老百姓来说就是豪华大餐。

在这首诗中，彭斯对哈吉斯做出了高度评价，称哈吉斯为"布丁一族的伟大首领"。彭斯专门为哈吉斯这种平民饮食创作的这首诗，为普通苏格兰老百姓家庭的食物增加了一道文学的灵韵。为人民创作的艺术家，人民当然不会忘记他。后人为了纪念彭斯，就把每年的 1 月 25 日，也就是彭斯的生日，定为"彭斯之夜"。

现在，每逢这一天，在爱丁堡的著名文化艺术场所，如爱丁堡城堡，苏格兰国家博物馆，苏格兰国家画廊，爱丁堡国际艺术节总部，皇家不列颠尼亚号（Royal Yacht Britannia）游艇等地方都会举办"彭斯晚宴"。人们通过吃哈吉斯、读彭斯的诗、饮威士忌

辑五
王子街、
乔治街、
皇后街与
苏格兰
文学之旅

来庆祝彭斯之夜，纪念这位伟大的诗人。爱丁堡大学也会为留学生举办类似的活动，让我们这些来自世界各地的人都过上彭斯纪念日，尝到哈吉斯，读到彭斯的诗。活动的具体信息通常会通过邮件发给每一位学生，同学们在这几天一定要注意看学校的邮箱。

哈吉斯的味道，一般中国人会难以接受。我曾经在爱丁堡作家博物馆背后的一家传统苏格兰菜餐厅马卡尔斯美食（Makars Gourmet），吃到了一款号称是爱丁堡做得最好吃的哈吉斯。这款哈吉斯没有给我太多惊喜，但在这里喝到的一款啤酒罗伯特·彭斯棕色艾尔啤酒（Robert Burns Brown Ale）却让我印象深刻，因为这是一款以彭斯来命名的啤酒。本来一向非常节约的我，很少在饭馆点酒，我一般都是去超市买酒回宿舍喝。但我一看到罗伯特·彭斯（Robert Burns）这个名字，就毫不犹豫地在餐厅点了它。

这款艾尔啤酒为红棕色的酒体，喝起来有一种太妃糖的甜味和微妙的麦芽苦味，特别适合搭配哈吉斯的油腻。苏格兰好喝的啤酒有很多种，但我要隆重推荐这款既好喝，又有文化韵味的艾尔啤酒。跟我同去用餐、在爱丁堡大学攻读创意写作的青年作家刘同学也对这款啤酒赞不绝口，可能我们都是被彭斯文学的魅力醉倒。我后来在爱丁堡的各大超市遍寻这款啤酒，发现这款颇有特色的啤酒在一般的超市还买不到，最终在以美食著称的维特罗斯（Waitrose）超市才找到了它。这款酒由创办于1719年的苏格兰最老啤酒厂贝尔黑文（Belhaven）生产，来爱丁堡游玩的朋友，一定不要忘记去买这款酒来尝尝。通过品这款酒，来畅饮苏格兰文学。

除了文学爱好者，我觉得像我一样的民谣音乐爱好者更应该来了解彭斯的生平。彭斯不仅是苏格兰的伟大诗人，还是一位对苏格兰民族音乐做出巨大贡献的人。他是一位音乐创作者，一位民谣搜集者，还是一位非物质文化遗产传承者！

在爱丁堡待了一段时间后，彭斯希望再看看苏格兰的其他地方。于是他离开爱丁堡，骑着一头驴，踏遍了苏格兰的山山水水，像人类学家和民俗学家那样，去搜集、编辑和整理苏格兰民歌。他编辑并出版了《苏格兰音乐总汇》和《苏格兰原创音乐精选集》，使许多将要失传的民歌得以保存。

搜集苏格兰传统民谣的过程也对彭斯的音乐创作产生了巨大影响。英国文学专家王佐良先生就讲道："彭斯的诗，音乐性是其最大的特点。他的短诗都可以直接谱曲唱出来。"彭斯在苏格兰民谣基础上创作的一首诗，后来影响了全世界。我大概五六岁的时候就会哼这首歌了，但之前并不知道这是一首因为彭斯才传承下来的苏格兰民歌。这首歌在中国听众中间也是无人不知、无人不晓。歌的名字叫《友谊地久天长》，《吉尼斯世界纪录大全》认为是所有英文歌曲里最受欢迎的三大歌曲之一。我不禁为彭斯感到遗憾，《友谊地久天长》在世界流传那么广，要是在尊重创作人、尊重版权的今天，那彭斯能富可敌国。

彭斯对当代音乐界的影响也巨大。被誉为"美国民谣之父"，仅凭创作的歌词就获得了诺贝尔文学奖的鲍勃·迪伦在 2006 年公开说过，对他音乐启发最大的一句诗，出自苏格兰诗人彭斯的诗歌《一朵红红的玫瑰》（"A Red, Red Rose"）。

受彭斯影响的另一位音乐人的名气可能比鲍勃·迪伦还要大，他就是被称为"欧美流行音乐之神"的迈克尔·杰克逊。看天王迈克尔·杰克逊极富创意的 MV，曾是我儿时最大的享受之一。而我们都很熟悉的那首《惊悚》（*Thriller*）MV 里那些活灵活现的鬼怪和幽灵就是以彭斯的诗《谭奥尚特》（"Tam O'Shanter"）为灵感创作的。大家可以去找这首诗来读，极有画面感。迈克尔·杰克逊甚至将彭斯的诗歌改编成了音乐剧，现在该音乐剧的

辑五
王子街、乔治街、皇后街与苏格兰文学之旅

杰克逊版录音带就保存在彭斯出生地博物馆。

据说艺术家被"赏饭"有两种。一种是"祖师爷赏饭",就是自身是好苗子,又遇到好老师悉心指导,再加上刻苦训练,就能成为伟大的艺术工作者。比如受到家庭熏陶、耳濡目染,或者进入名校,或者拜入名门,或者考入德云社,然后勤学苦练,慢慢积累,逐渐成名成家。

但还有一种艺人是"老天爷赏饭",也就是我们说的天才。比如彭斯这样的诗人,出身于农民家庭,没上过大学,在田间种地度过了大部分青年时光,但十几岁就在文坛初露锋芒,27岁出版《主要用苏格兰方言写的诗集》名动天下,一路畅销。想到我出版第一本书时已年过30,出版以后还经常趁着网站打折时自己购书送朋友,不由得黯然神伤,感到了"自己买菜做饭"和"赏饭"的巨大差距。

乔治四世的格子裙:被整合的苏格兰文化遗产

勇士、诗人与魔法

乔治四世的青铜雕像和背后的乔治街

在爱丁堡乔治街正对着苏格兰美术馆的路中央,有一座英王乔治四世的青铜雕像。他身披长袍,手持权杖,右脚略微踏出,踌躇满志的模样让我想起电影《哈利·波特与密室》里那位喜穿长袍,善于美化自己的教授洛哈特(LockHart)。

乔治四世的这尊雕像也跟洛哈特教授的自传一样做了精心的美化,现实生活中的他其实是个111公斤重的大胖子,雕像中的他却身材匀称、相貌堂堂、器宇轩昂。但这座雕像最值得注意的,既不是他的相貌,也不是他的身材,而是他飘逸的长袍下露出的苏格兰格子裙(Kilt)。

我最初在乔治街看到这尊乔治四世雕像的时候产生过一个疑问:爱丁堡的乔治街是以英王乔治三世的名字命名,为什么乔治街上

乔治四世的青铜雕像近景,可以清晰地看到他身上的苏格兰裙

的铜像却是乔治四世?在逐渐了解苏格兰和爱丁堡的历史后,我才明白了这背后的故事。

在 1822 年,英王乔治四世乘坐游艇从福斯湾登陆,开始访问爱丁堡,在海边迎接他的是深受苏格兰人爱戴的司各特爵士。此乃苏格兰历史上的一件大事，因为自1707年英格兰与苏格兰合并为联合王国以来，这是英国君主第一次访问苏格兰。在此次访问中，乔治四世还穿起了苏格兰高地的民族服装格子裙，乔治街上这个乔治四世身着苏格兰格子裙的雕像，正是为了纪念乔治四世访问苏格兰而作。

作为这次接待活动的组织者，司各特在荷里路德宫为国王举办了大型宴会，宴会里的人们都穿上了格子裙。乔治四世也穿上了全套高地服装，其中就包括格子裙、格子呢紧身裤、插着羽毛的软帽等。

国王这身打扮意义重大，因为在1746年，英国汉诺威王朝在镇压了苏格兰高地的詹姆斯党叛乱后，企图从文化上摧毁苏格兰高地的生活方式，颁布了著名的"禁裙令"（Dress Act），要求高地人以后不能再穿格子裙。这条禁令引起了苏格兰人极大的反抗，到了1782年，汉诺威王朝才被迫收回"禁裙令"。而在40年后，英国国王亲自来到苏格兰穿上格子裙与民同乐，这象征民权对君权的一次胜利，也象征苏格兰文化的胜利。

乔治四世是第一位在公开场合穿上苏格兰格子裙的大英帝国国王，不少画家都用画笔记下了乔治四世身着苏格兰民族服饰的光辉形象。在荷里路德宫通往二楼的楼梯处，就挂着一幅记录这个场景的巨大油画。在我刚刚开始在爱丁堡大学艺术学院学习文化景观的第一次课上，授课教师佩妮就提醒我们去教室对面的苏格兰国家博物馆看一个叫"狂野而雄伟"（Wild and Majestic）的苏格兰文化展。这个展览通过实物、油画、图片、文字和多媒体的方式为我们展现了苏格兰的历史和文化，其中就有乔治四世访问爱丁堡期间身穿格子裙的巨幅画作。

而苏格兰人似乎觉得油画这种艺术形式的公共性还不够强，索性在人来人往的乔治街立下了那尊乔治四世身穿格子裙的铜像，用表现记忆的文化景观来传承和分享这段属于苏格兰共同体的集体记忆，为英格兰人国王穿苏格兰格子裙这个画面创造出永恒存在的空间。

苏格兰根据地形和地理位置分为高地和低地。高地以宏伟壮阔的山脉为主，而低地则是舒缓的绿色丘陵，与英格兰北部的地形相似。在 18 世纪，苏格兰低地人跟英格兰人一样不穿格子裙，穿格子裙是苏格兰高地人的习惯。因为高地寒冷多山，高地人外出常带一块格子呢长布。长布铺在地上就是毯子，裹在腰间就成了裙子。这种男女皆宜的格子裙的英文叫 Kilt，不是常用来指裙子的 Skirt。

然而，经过数十年的"禁裙令"后，高地文化已经到了快要消失的边缘。这次欢迎国王庆典的负责人司各特爵士是一位有着浓厚苏格兰民族文化情节的人。由于国王在访问苏格兰之前，曾公开说过他希望看到一个具备民族特色的苏格兰，司各特敏锐地意识到这是一次向国王展示和复兴苏格兰高地文化的机会，于是他让并没有穿格子裙习惯的苏格兰低地爱丁堡人也穿上格子裙来迎接国王，把"皇家一英里"和荷里路德宫都变成了格子呢的花房。最终，国王乔治四世也兴奋地穿上了苏格兰高地的服装。

在这次欢迎乔治四世来访的活动中，苏格兰人最大的收获其实不仅仅是让国王穿上了高地的格子裙，打脸了"禁裙令"，而是借由这次契机，用以格子裙为代表的高地服装作为文化符号，整合了苏格兰的民族服饰。让原本只属于苏格兰高地的民族服装格子裙，内化为苏格兰这个共同体的文化基因，成为整个苏格兰的文化遗产。

一个民族的习惯是人们在生活中无意识形成的，而什么习惯和文化可以被确立为民族的遗产，却往往是有意识的选择。遗产研究学科的开创者大卫·罗温索（David Lowenthal）在其著作《过去宛如异乡》(The Past is a Foreign Country)中谈到，关注和保护遗产不见得是为了保护过去，而是从现在的政治和经济需要出发来考虑。很多遗产其实是后来的人们根据他们的价值观和意图，刻意选择出用于展示的部分。我第一次读到这句话的时候，有被一语点醒梦中人之感。日常生活中产生的对于各地文化遗产的很多疑问，都迎刃而解，包括苏格兰的格子裙。

用遗产唤起历史记忆也不仅是让共同体怀念过去，而是为了应对时代变化带来的危机。与英格兰合并后的苏格兰，最大的挑战和危机就是苏格兰自己的文化消失和被英格兰同化。要避免被英格兰同化，苏格兰应该首先团结成一个统一的文化共同体。一个统一的文化实体要有共同的文化符号和共同的文化遗产，这样才能建立起苏格兰民众对苏格兰共同体的想象，形成共同的历史记忆，凝聚苏格兰认同。

在这次欢迎国王访问爱丁堡的活动中，司各特让平时不穿格子裙的低地人都穿上格子裙迎接国王，借欢迎国王的机会把高地服装格子裙整合成整个苏格兰的文化符号，让国王看到了一个"有统一民族服装的苏格兰"。这不仅在英国国王和整个大英帝国面前展示了苏格兰的文化形象，宣示了苏格兰作为一个独立实体的文化力量，还让全世界都感受到一个有独立的服装、文化和个性的苏格兰，向世界呈现了一个全新浪漫的苏格兰。

事实证明这个决策对于苏格兰在英国和世界的文化定位都有很大的影响。现在格子裙已经成为整个苏格兰的文化符号，全世界各地的人只要一谈到格子裙，一谈到"男人都会穿裙子的地方"就会想到苏格兰，而苏格兰的低地人也早已忘记格子裙曾经只属于高地。我刚到爱丁堡的时候，看到街头的小伙子跟姑娘们一样穿着花花绿绿的格子裙，还默默寻思，也许今天是苏格兰的某个节日吧，他们平时应该不会这么穿。后来我无论在什么日子，无论

辑五
王子街、
乔治街、
皇后街与
苏格兰
文学之旅

在苏格兰的哪个城市，都能经常在街上看到穿格子裙的苏格兰姑娘、小伙的时候，我才真正意识到，格子裙就是苏格兰这个民族的日常服装。无论是在节假日还是平常天，无论是在爱丁堡还是阿伯丁。

这就是一种文化整合的成功。通过有意识地整合，格子裙成为苏格兰高地和低地共同的文化遗产。而一个民族统一的文化遗产可能成为整个民族成员的情感依赖，对内可以产生一种亲密感、自豪感与荣誉感，对外能够产生一种强大的情绪和力量。

我突然想到一个类似的例子。在中国，北方人过年是一定要吃饺子的，饺子在北方就是春节的文化符号。但是在中国南方很多省市，并没有在大年三十吃饺子的习惯。我以前就对春晚的主持人经常对着13亿电视观众冷不丁地来一句"今天大伙儿吃饺子了吗"，感到有些莫名其妙。

后来我到国外留学，发现中国留学生无论以前在国内有没有春节吃饺子的习惯，几乎都会在除夕这天聚在一起吃饺子。这个时候，来自中国南方的同学也不会去计较"我们中国南方人过年其实是不吃饺子的"，而是跟北方同学一样，在除夕夜愉快地吃起了饺子。我作为巴蜀人士，生平第一次在除夕吃饺子，就是在我留学时度过的第一个春节。

从文化的角度看，在异国他乡的除夕一起吃饺子这个行为已经可以上升为一种仪式，这种仪式强化了海外留学生作为中国人的集体文化认同感。这种认同感可以消解海外留学生的乡愁，将异国他乡那份孤独感驱散。至少在这个特殊的地点和时刻，"大年三十吃饺子"这个行为已经被整合成中国人共同的遗产。

格子裙作为原本只属于苏格兰高地的服饰，不但被整合成了苏格兰全境的文化符号，甚至被升华成整个英国的文化遗产之一。当一个英国人走出国门，格子裙就代表了来自不列颠岛的乡愁。在根据真实历史改编的英剧《王冠》第一季第五集中，我发现了关于英国历史上著名的"不爱江山爱美人"的英王爱德华八世一个有趣的细节。由于和辛普森夫人的婚姻得不到王室和政府的同意而自愿退位的爱德华八世，最终离开英国去法国居住。当他在异乡的法国怀念英国的时候，这位曾经的国王就会默默地穿上格子裙，拿出苏格兰风笛，在夕阳下深情地吹奏起来，眼角噙着泪花。而他的妻子就在窗户后面默默地注视着他。

我看到这一幕也有些泪目，让我感动的不是爱德华八世和辛普森夫人不受王室祝福的爱情，而是一位英格兰曾经的国君在异国他乡穿上苏格兰格子裙，吹奏苏格兰风笛来抒发对故国的怀念之情。因为严格地说，在英国内部，格子裙和风笛是苏格兰而不是英格兰的文化符号。一名爱丁堡人到了伦敦，他会通过穿上格子裙来怀念他的故乡苏格兰。但对于身在法国，曾经贵为英国国王的爱德华八世来说，这个时候区分英格兰与苏格兰已经不重要了。苏格兰早已成为英国的一部分，包括苏格兰的文化。格子裙和风笛也是英国的文化遗产，能让远离故国的国王找回整个大英帝国的记忆。

辑五
王子街、乔治街、皇后街与苏格兰文学之旅

苏格兰花格纹：创意旅游、遗产建构与文化自觉

格子围巾、格子披肩、格子花帽、格子手提袋、格子衫和格子裙……爱丁堡的各大纪念品商店就是五彩格子纹（Tartan）的花房。在 2020 年新冠疫情期间，就连口罩都被装饰了苏格兰花格纹。每一种格子花纹图案，都有一种不同的名字，对应不同的苏格兰高地家族。

比如，大红大绿的格子配上黄白条纹，最有高地特色也最令我印象深刻的那一款格子图案叫"皇家斯图尔特"（Royal Stewart）。绿色和蓝色格子搭配红白细条纹，相对低调但很有味道的图案叫"麦肯齐"（Mackenzie）。由红色、黄色、绿色、蓝色、黑色、白色、粉色拼合而成，带来明亮的气氛，像一道七彩阳光的七色格纹"布坎南"（Buchanan），我猜这一款格子图案的围巾在雪地里围起来一定好看，可以从色调上驱走苏格兰的阴冷。而清新淡雅，由深蓝、浅蓝、灰色格子和白色条纹组合而成的图案叫"班诺克班银"（Bannockbane Silver），也是我最喜欢的格

爱丁堡纪念品商店

子衫图案。

出于对苏格兰文化的喜爱，希望自己在留学期间更多地体验苏格兰地方文化氛围，又恰逢商店搞"买二赠一"的活动，再加上自己早已没有什么像样的衣服，在我刚到爱丁堡的第一周，我就在王子街的一家商店购买了六件不同花色的格子衬衫，从此格子衬衫就成为我这一年的主要服装。

我记得向勇教授在课堂上提到过一个来自新西兰学者格雷·理查德与克里斯宾·雷蒙德的"创意旅游"的概念，指的是旅游者在旅游过程中积极参与地方文化，体验地方文化氛围，激发自身创意潜能，实现自我创新提升。向勇教授指出，创意旅游的结果强调旅游者对于地方价值的分享和情感的连接。我觉得我在苏格兰这一年积极感受苏格兰文化的行为，也可以看成是一种创意旅游。

在略微了解了一点苏格兰文化，得知不同的格子图案都有不同的意义后，我开始有意识去关注和查找格子花纹背后的故事。我注意到，在电影《哈利·波特》中，哈利与罗恩都经常穿格子衬衫。罗恩在电影里穿格子衬衫的次数比哈利还多，这也许跟他的苏格兰背景有关。罗恩一大家人都是典型的凯尔特人红头发，所以可以推断他们家族跟苏格兰的渊源。我也开始注意观察哈利和罗恩在电影中穿的格子衬衫分别是什么图案。

在一家商店里，我还找到了跟电影《哈利·波特与魔法石》中哈利去对角巷购买魔杖时穿的那件格子衬衫很相似的图案。这种草绿色蓝黑格子配上白色条纹的图案名字叫"麦克林狩猎"（MacLean Hunting），虽然只是与电影中的格子图案近似，但我还是迫不及待地买了下来。为了享受"买二赠一"的优惠，以勤俭节约为荣的我把罗恩在《哈利·波特与死亡圣器》中憨憨地与郝敏坐在一起弹钢琴时穿的那件以深绿色和黑色为主的格子图案

辑五
王子街、
乔治街、
皇后街与
苏格兰
文学之旅

"现代麦凯"（MacKay Modern）衬衫也收入囊中。

昂首挺胸走在诞生了《哈利·波特》的爱丁堡大街上，穿着苏格兰格子衬衫践行"创意旅游"的我，常常会幻想自己随时就会踏进一个魔法世界，这可以说是苏格兰的格子呢文化带来的独特魅力。

苏格兰高地的不同家族都有不同的格子图案来代表，这是苏格兰的传统和历史。直到今天，当你走进苏格兰任何一家格子呢商店，店员都会这样告诉你，每种格子都有一个名字，这种格子代表军团，那种格子代表皇室……如果你对某一种格子图案特别感兴趣，商店里还售卖以不同格子为主题的小册子，每个小册子都会讲述一个家族的起源和历史。苏格兰格子的样式多种多样，皇室有定制的"贵族格"，政府则有"政府格"，不同的家族有不同的"家族格"。苏格兰格子呢认证机构专门负责格子样式的认证，目前约有 5000 多种格子图案登记在册。

复杂而井井有条的规则，让苏格兰格子背后的文化彰显了一种神秘感。花格子呢被赋予了更多的文化意义，甚至具有了浪漫主义色彩和审美的格调。但实际上，在英王乔治四世 1822 年访问爱

爱丁堡纪念
品商店里的
格子裙

丁堡之前，格子呢图案跟家族并没有严格的对应。同一个家族的人可能穿同一种格子呢，也可能根据自己的喜好，选择不同的格子图案。家族之间真正的识别标志并不是格子呢图案，而是代表家族的徽章。这种不同格子图案代表不同家族的"传统"，是在国王来访活动的前后才被人为建构。

根据历史学者赫尔曼的记载，在1815年，以传播苏格兰民族文化为宗旨的高地协会向各个高地家族收集格子呢图案，并向各位家族首领确认每个家族的专用图案，结果发现首领对所谓"代表自己家族的图案"并不了解，多数家族没有自己专属的格子呢图案。在协会有意识地引导下，各个高地家族才开始确定甚至重新设计自己的家族图案。1820年，在爱丁堡成立了凯尔特人协会，协会的任务是推广古代苏格兰高地服饰，这个协会的主席就是司各特爵士。为了迎接乔治四世1822年对爱丁堡的访问，司各特还专门设计了新的格子呢供爱丁堡民众穿戴，就连在爱丁堡参加活动的高地首领所穿的格子呢，也是司各特设计并送给他们的。

乔治四世访问爱丁堡后，格子花纹突然在苏格兰和英格兰都流行了起来。位于班诺克本（Bannockburn）的威尔逊纺织公司瞄准这个商机，推出了很多格子图案，并开始以不同的高地家族来为不同的图案命名。甚至有低地家族为了赶这个潮流，也开始设计代表家族的格子呢图案。从这个时候开始，"不同的格子图案代表不同的家族和组织"才真正出现在苏格兰，被当成了苏格兰"悠久的文化传统"。人们都认为苏格兰人自古以来就喜欢穿格子花纹的衣裙，一个家族对应一种格纹，实际上，这个"传统"到现在还不到200年。

英国学者霍布斯鲍姆（Eric Hobsbawn）在《传统的发明》一书中谈到，那些在表面上看来是或者声称是古老的"传统"，其起源的事件往往是相当晚近的，而且有时是被发明出来的。苏格兰不同的格子呢图案代表不同的家族和不同的意义,这个"传统"就是近代人的发明。真相听起来让人觉得有些遗憾,却符合很多遗产的现实特征。遗产具有一定的建构性,当年为不同家族和不同机构确定不同格子图案的行为,就是一个建构遗产的行为。

历史本身是客观的,关于遗产的历史记忆却带有主观性,在某种程度上可以被调整、重构甚至想象。很多神话、传说、故事都跟客观的历史不完全吻合,这些神话、传说、故事作为一种文化遗产,却成为族群的历史记忆,影响了后来的人们。因此,当我们关注遗产的时候,我们的关注点不应只是遗产背后的历史,更应该是遗产对现在和未来产生的指引作用。把不同的格子图案跟不同的家族绑定,这就让格子图案的背后有了故事和记忆。苏格兰家族确定各自的"格子图案"这个建构遗产的行为对后来的苏格兰文化和经济的发展都具有指引作用。

由于这些不同的格子图案被赋予了不同的意义和故事,苏格兰的格子呢服饰企业就变成了某种程度上的文化产业,而印有不同格子呢图案的围巾、披风、格子裙和格子衫,就成了文创产品,具有文化附加值。文创产品既能满足人的物质需求,又能满足人在精神上的需求,一件文创产品和普通产品的区别,就在于文创产品背后的"故事"。故事是文创产品的灵魂,一件有灵魂的产品,对人们的吸引当然大于普通的产品,这就是苏格兰格子呢与众不同的魅力。

试想,如果没有乔治四世在1822年那次访问,苏格兰高地的格子呢没有被当成整个苏格兰的文化符号,不同的格子图案也没有不同的意义和故事,那今天出现在爱丁堡各大商店里五彩的苏格兰格子服饰,将失去多少文化吸引力。它们还会不会大规模地出现在爱丁堡的商店,都是一个问题。

爱丁堡纪念品商店里的格子围巾

费孝通先生曾经提出过一个"文化自觉"的概念,指生活在一定文化历史圈子的人对其文化有清楚的了解,并对这种文化的发展历程和未来有充分的认识。以司各特为代表的苏格兰人利用乔治四世访问爱丁堡这次活动的政治影响,对苏格兰格子呢的文化意义进行了提升,为日后的"文化产业"奠定了故事基础,做好了文化准备。司各特对苏格兰民族文化这种精准把握就是一种高度的文化自觉,而一个国家的文化传承和文化产业的发展,就需要更多像司各特这样既有爱国情怀,又有文化自觉的人。

辑五
王子街、
乔治街、
皇后街与
苏格兰
文学之旅

柯南·道尔酒吧与失踪的福尔摩斯雕像

全世界的福尔摩斯迷去伦敦游玩，一定都会到位于贝克街221B的福尔摩斯博物馆去看福尔摩斯的"故居"。我也曾专程去过，这个"故居"做得非常逼真，最大程度还原了我们心目中福尔摩斯的形象。但福尔摩斯毕竟是虚构的文学人物，这部风靡全球的侦探小说的作者柯南·道尔才是一个真实存在过的人。柯南·道尔出生于爱丁堡，在爱丁堡大学就读期间遇到了他的老师约瑟夫·贝尔（Dr. Joseph Bell）教授，后来就根据这个原型创作出了大侦探福尔摩斯的形象。因此，如果要寻访福尔摩斯和柯南·道尔的足迹，爱丁堡或许是一个更适合的地方。

从爱丁堡新城的皇后街一直往东走，进入约克坊（York Place）片区，你会在这条街的尽头看到一家醒目的全黑色酒吧。一下子就抓住远远走来的游客眼球的，是酒吧大门上方悬挂的蓝底招牌。招牌的形状和高悬的位置都很像中国古代酒店挂出来的那面上书"酒"字的旗子，也就是"千里莺啼绿映红，水村山郭酒旗风"提到的"酒旗"。我们经常可以在《水浒传》和根据武侠小说拍成的电视剧里看到这样的旗子。

这个酒吧招牌上面的图案不是"酒"字，而是一个很大的头像。这个头像就是这间酒吧的命名者阿瑟·柯南·道尔（Arthur Conan Doyle）。逐渐走近以后，你会看到招牌上的柯南·道尔头像背后还有一个黑色剪影。剪影中的人头戴圆形礼帽，右手拿着放大镜，左手持着烟斗，这就是柯南·道尔笔下的大侦探福尔摩斯。在五彩斑斓的爱丁堡街道上，这个酒吧的外观却被漆成了纯黑色，或许是为了烘托侦探小说的神秘气氛。

为什么这里会有一家以柯南·道尔命名的酒吧？原来，约克坊这一带就是柯南·道尔出生的地方。虽然柯南·道尔居住的房子在

柯南·道尔酒吧

1970年被拆掉了，但为了纪念这位伟大的作家，当地人民在他出生的街区建了一座以柯南·道尔命名的酒吧。在酒吧对面，还修建了一尊黑色福尔摩斯雕像。

走到这里，我不得不感慨，爱丁堡真不愧为文学之城，孕育了那么多作家，他们就像封建时期的诸侯，在爱丁堡有各自的领地。王子街属于司各特雕像，赫瑞街（Heriot Row）属于史蒂文森故

辑五
王子街、
乔治街、
皇后街与
苏格兰
文学之旅

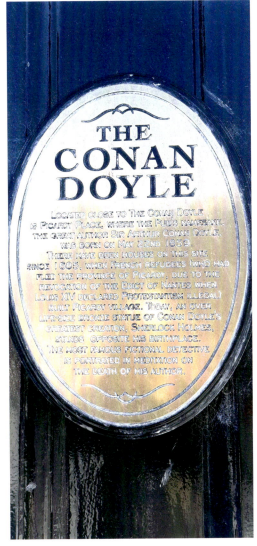

柯南·道尔酒吧门口的铜牌

居,约克坊属于柯南·道尔酒吧……在爱丁堡的各个角落行走,不知不觉就会入侵一位作家的领地。这三位作家都毕业于爱丁堡大学,不同于两位毕业于爱大法学院的作家校友,柯南·道尔是从爱丁堡大学医学院走出的作家。

福尔摩斯这部小说与爱丁堡大学的渊源不仅仅是作者毕业于爱丁堡大学,柯南·道尔后来在他的自传中披露,福尔摩斯这个人物的原型就是爱丁堡大学医学院的教授约瑟夫·贝尔。贝尔不但医术高明,专业精湛,最令柯南·道尔佩服不已的是他惊人的分析和推理能力。

贝尔医生只要看一眼病人,就能大致推断出他的职业、住址和社会地位。柯南·道尔提到,有一次,贝尔看了一位病人一会儿,就根据这位非常有礼貌的病人在他面前不脱帽这个细节,推断他是一位刚刚退役,曾经驻扎在西印度群岛的苏格兰陆军军人。因为陆军没有脱帽的习惯,而如果退役的时间比较长,就可以学会普通英国人脱帽的习惯,因此这位病人刚刚退役不久。根据病人患的象皮病,判断他曾经驻扎在流行这个疾病的西印度群岛。而根据他的苏格兰口音和举止,推断出他隶属于苏格兰高地军团。贝尔教授这套观察人物细节的演绎推理法,在柯南·道尔的脑海中埋下了福尔摩斯的种子。他在记录医学笔记的时候,也记下了老师这些分析。

从爱丁堡大学毕业后,柯南·道尔去伦敦做了一名职业医师。他在空余时间翻看曾经在爱丁堡大学医学院记下的笔记,脑海里出现的就是鲜活又神奇的贝尔教授的推理形象。这些医学笔记成为文学素材,让柯南·道尔构思出福尔摩斯这个人物。如果柯南·道尔没有就读于爱丁堡大学,没有遇到贝尔教授这个灵感来源,福尔摩斯这个人物也许就不会诞生。因此,福尔摩斯这个家喻户晓的文学人物也可以说是爱丁堡大学的产物。

我接触福尔摩斯的年龄比我接触莎士比亚的年龄要早得多。在我出生的那座小城,周围的同学读莎士比亚的并不多,但《福尔摩斯探案集》就跟金庸古龙的小说一样,基本上是无男孩不读。我至今还记得从新华书店买回了四卷本福尔摩斯全集的那个暑假,就如同获得了一套武功秘籍。在那些无所事事一整个夏天的年少,我读福尔摩斯读得如痴如醉,甚至碰到同学就激动地把这套书推荐给他们。推荐的理由是读福尔摩斯可以增长分析和推理的

辑五
王子街、
乔治街、
皇后街与
苏格兰
文学之旅

能力,理论上还可以提高解数学题的水平,但后来的事实证明我获得的只有想象力的膨胀。

就在那段时期,我一辆心爱的自行车在我居住的某单位家属院车棚被盗。沉迷于福尔摩斯的我,在那个车棚周围苦苦搜寻,瞪大眼睛,仔细观察地面的车辙和院子围墙下的脚印,密切注意那几天进出院子的人群,如同当时最喜欢的动画片《黑猫警长》的主题曲歌唱的那样,"眼睛瞪得像铜铃,射出闪电般的精明,耳朵竖得像天线,警惕一切可疑的声音……脚步走得多轻健,透出侦探家的精明"。希望可以像福尔摩斯一样,从这些蛛丝马迹中找到线索,判断出谁是偷自行车的人。当然,我最终也未能破案,年幼的我更加意识到福尔摩斯的伟大,觉得可能是因为自己的修为不够,师父的功力只学到了一两成,还得再多读几本福尔摩斯,少看几集《黑猫警长》。

跟那个年代的很多中学生一样,武侠小说也构成了我精神生活的重要组成部分。在我读古龙的《陆小凤传奇》的时候,我就隐隐约约觉得,古龙可能也读过福尔摩斯系列作品,因为我感觉《陆小凤传奇》跟《福尔摩斯探案集》有很多相似之处。作出这个判断时,我还只是一名中学生,并不知道柯南·道尔早就被誉为"英国侦探小说之父",也不知道英国著名小说家毛姆早就说过,"和柯南·道尔所写的《福尔摩斯探案全集》相比,没有任何侦探小说曾享有那么大的声誉"。我只是凭我的阅读直觉,认为古龙在创作《陆小凤传奇》的时候,有可能受到了《福尔摩斯探案集》的影响。

这一点是我自己的猜测,因为我没有找到证明古龙受柯南·道尔影响的资料,他自己也从未公开谈过这个问题,至少我没看到过。但我至今仍相信我的这个直觉。毕竟,爱丁堡的作家影响中国的武侠小说家,已经不是第一次了。另一位著名的中国武侠小说家金庸先生曾在演讲中提到,他的小说受来自爱丁堡的司各特和史蒂文森的影响很大。如果真如我判断的那样，古龙的小说也受到了柯南·道尔创作的《福尔摩斯探案集》的影响，那么来自爱丁堡的作家对中国通俗文学的潜在影响就太大了。

金庸和古龙的作品影响了中国好几代人的精神世界，原来我小时候读的那些通俗文学的源头，竟是在文学之都爱丁堡。作为一个读金庸、古龙长大的人，现在能在爱丁堡停留，并求学于爱丁堡大学，与金庸、古龙的"老师"成为校友，在爱丁堡寻找他们的文学印迹，我感到无比幸运。

《福尔摩斯探案集》还是我非常愉快地读完的第一部英文小说，所以我印象深刻。我深入阅读英文小说的时间比较晚，已经是上大学以后了。不像冯唐，他在中学的时候就全面阅读英文小说，因此他托福考了满分，而我的托福成绩却一直都不让我太满意。

也许是因为接触英文小说的时间已经比较晚，所以我在读英文小说的时候，不太容易能感受到读中文小说那种文字上的享受和畅快，很多时候不是出于审美而是出于实用的目的（提高英文水平）才阅读英文作品。但《福尔摩斯探案集》却是一部我自觉自愿，津津有味地读完的英文小说。这可能跟我中学时就已经读过中文版有关，更有可能跟这部小说的语言和情节都十分引人入胜有关。所以我建议想要培养自己阅读英文小说习惯的朋友，可以从《福尔摩斯探案集》入手。这是一部即使不那么喜欢阅读英文小说的人，也能手不释卷地读下去的作品。

当我第一次在爱丁堡寻访著名的福尔摩斯雕像的时候，竟然遇到了一个恐怕福尔摩斯本人也难以解决的大案：这座几乎可以算是爱丁堡地标之一的福尔摩斯雕像居然失踪了！我根据之前在网上查到的雕像位置，根据谷歌地图，反复寻找，却就是找不到鼎鼎大名的福尔摩斯雕像。雕像这么大一个物体怎么会不翼而飞呢？当时我对爱丁堡还很不熟悉，总怀疑是不是自己手中关于福尔摩

辑五
王子街、
乔治街、
皇后街与
苏格兰
文学之旅

斯雕像的地址有问题。

为了寻找福尔摩斯,我自己也当了一回福尔摩斯,站在那里反复用手机搜寻爱丁堡福尔摩斯雕像的信息,查找从不同角度拍摄的雕像的照片,仔细对比照片中福尔摩斯雕像四周的建筑与我现在看到的建筑是否一致。周围有没有一个演出过《狮子王》的剧院?旁边有没有一座哥特式教堂?斜对面是不是就是柯南·道尔酒吧……

终于,根据对四周环境进行逐一比对,我确定眼前这个位于马路交叉口被铁栏杆圈起来的三角地,就是福尔摩斯雕像所在地。但这里已经没有了雕像,只有几个土堆,一架绿色起重机和三架黄色挖掘机。由于新冠疫情期间没人施工,还找不到人询问。

我像福尔摩斯一样仔细搜寻消失了的福尔摩斯雕像案发现场,不放过任何一个疑点,终于找到一点点线索。在现场一个很不起眼的地方,我发现了一块木牌,上面歪歪扭扭地写着"爱丁堡东区改造"(East End Regeneration together for Edinburgh)。现在我可以判断了,这个地方应该是在重建。但是,那个福尔摩斯雕像被运到哪里去了呢?在我离开爱丁堡之前,雕像会不会被送回来呢?如果我离开爱丁堡去更需要我的地方了,这个案子由谁来接手呢?我一定要想办法解决这些问题,这可比当年寻找我丢的那辆自行车麻烦多了。

赫瑞街 17 号：史蒂文森、金银岛和点灯人

勇士、诗人与魔法

从爱丁堡新城的皇后街往下走，有一条宁静又迷人的街道叫赫瑞街。从地理环境看，这个片区可以算是"富人区"。因为它位于爱丁堡新城最重要的三条商业大街王子街、乔治街和皇后街的背后，但又避开了商业街的喧嚣，闹中取静，宜居宜家。在赫瑞街的 17 号，就是生于爱丁堡、长于爱丁堡的作家罗伯特·路易斯·史蒂文森的故居。史蒂文森 1850 年出生于爱丁堡，在这座小房子里度过了他的童年和青年时代。

从史蒂文森居住的街区就可以看出，他的家庭条件不错。实际上，他的祖父、父亲和叔叔都是著名的灯塔工程师，苏格兰有很多海上灯塔都出自他的家族之手。我曾经非常意外地在爱丁堡的世界文化遗产福斯桥下的灯塔旁的铭牌上看到了制作者史蒂文森的名字，一开始我还以为就是这位作家，后来才知道这是作家史蒂文森的祖父，工程师史蒂文森。

由于家族的工程师背景，小史蒂文森在 17 岁时进入爱丁堡大学

位于赫瑞街 17 号的作家史蒂文森故居

辑五 王子街、乔治街、皇后街与苏格兰文学之旅

就读土木工程专业。为了培养他对灯塔的兴趣，将来好子承父业，在他18岁时，他的父亲就带着他到英国各地参观灯塔的修建。没想到，史蒂文森在这段穿梭于各个岛屿的旅途中获得的不是对灯塔的热爱，而是文学的素材。他索性向父母摊牌，他不会成为一名灯塔工程师，而是希望从事文学创作，而他的父母居然同意了。

著名作家王小波的外甥曾就读于清华大学，但醉心于摇滚，希望毕业以后当一名摇滚乐手。王小波在《我怎样做青年的思想工作》中写道："不要说他父母觉得灾祸临门，连我都觉得玩摇滚很难成立为一种可行的生活方式——除非他学会喝风屙烟的本领……不管我愿意不愿意，我都要负起责任，劝我外甥别做摇滚乐手，按他所学的专业去做电气工程师。"王小波这么伟大的作家尚且劝自己就读于名校理工科的外甥不要去做摇滚乐手而是去做工程师，史蒂文森的父母却能够同意自己的儿子不当工程师而去做一名作家，这更可以映衬史蒂文森父母的不同寻常。

不过，史蒂文森的父母与史蒂文森也达成了一个"权宜之计"，他们建议喜欢文学的史蒂文森改学法律，毕竟法律偏文科，这样的话，也许可以"工作与文学创作两不误"。因此，史蒂文森转到了爱丁堡大学法律系，在毕业后还加入了苏格兰律师协会。但最后，他还是成为一名专业作家。

而前面提到的被舅舅王小波说服的那位外甥，从清华毕业后，也毅然加入了一支乐队，这支乐队的名字叫"水木年华"，参加乐队的王小波的外甥叫姚勇。他在水木年华只待了两年，在参与制作《新歌＋精选》这张专辑后，不知道是不是因为想起了舅舅的话，又离开了乐队，进入了一家科技公司。最终还是应了王小波在《我怎样做青年的思想工作》文章中的那句话"但我把外甥说服了。他同意好好念书，毕业以后不搞摇滚，进公司去挣大钱"。

史蒂文森故居门口墙壁上的标识

史蒂文森虽然没有从事工程师工作,但还是用他的文学天赋为他家传的用灯塔照亮黑暗的事业做出过贡献。如果你走近史蒂文森故居门口的路灯,你会发现路灯的底部有一个黄色的铜牌,铜牌上刻着一首史蒂文森的诗。在史蒂文森的年代,街上的路灯是需要点灯人一盏一盏去点亮的。这首叫作《点灯人》("The Lamplighter")的诗,就是描述史蒂文森透过房间窗户看到的黑夜被点亮的景象。

> For we are very lucky, with a lamp before the door, And Leerie stops to light it as he lights so many more;And O! before you hurry by with ladder and with light, O Leerie, see a little child and nod to him tonight!
>
> (只要门前有街灯,幸福就属于我们,里利[1]点亮了许多灯,又点一盏家门过;你手拿提灯和梯,别忙着走过,里利呵!今晚瞧一眼这个孩子,朝他点点头!)

除了诗,史蒂文森的文学成就还有小说。他的长篇小说《金银岛》《化身博士》都是我们中国读者非常熟悉的作品。金庸也称史蒂文森的小说对他影响很深。但我最喜欢的还是史蒂文森的散文和

---

[1] 在爱丁堡,点灯人被叫作 Leerie(里利),也是 Lamplighter(点灯人)的意思。

辑五
王子街、
乔治街、
皇后街与
苏格兰
文学之旅

游记，也就是被称为"旅行文学"的那些作品。从他的经历可以发现，史蒂文森一生都在英国和欧洲大陆以及大西洋上的美国之间辗转。一边旅行、一边写作是他的一个常态。他留下了很多游记，比如写游览法国的《内河航行记》，写穿越美国加州的《横渡平原》等。史蒂文森没有继承家族造灯塔的基因，却在一座座灯塔的照耀下，穿梭于英吉利海峡与大西洋，写下了无数旅行文学作品，自己也成为英国文学的一座灯塔。

关于家乡爱丁堡，史蒂文森专门写了一本《爱丁堡笔记》。我刚到爱丁堡的时候，就是靠着反复阅读这本书来了解这名土生土长的爱丁堡作家笔下的爱丁堡。我从这本书中了解到很多我完全不知道的爱丁堡的历史和故事，也看到了爱丁堡的另一面。读这本书我最大的感受，就是在史蒂文森笔下，爱丁堡是灰蒙蒙、冷清清、飘风苦雨，凄凄惨惨戚戚的。这也许是因为在史蒂文森那个时代的爱丁堡，还不像今天发展得这么好，也许是因为作者是这里土生土长的人，因此具有与旅行者和留学生不同的视角，也许还有其他原因。

在我的眼中，爱丁堡始终充满了五彩、文艺和梦幻，就像一个盛有好多颜色糖果的罐子。因此，在阅读史蒂文森这本描写爱丁堡的书的时候，我暗自立下了也要写一本我眼中的爱丁堡的书的志向。历史上有很多不同的画家画同一个主题和景象，作品表达出来的意蕴却完全不一样的先例。即使是描写同一座城市，艺术和文学都既是某种程度的客观再现，又是作者的主观表现。我也希望跟史蒂文森来这么一次对比，用我们的笔再现我们眼中不同的爱丁堡，表达我们胸中不同的爱丁堡，表现我们手中不同的爱丁堡。

爱丁堡这座城市并不大，因此要去探访曾经的名人故居，几乎都是步行即可到达。从一本介绍苏格兰旅游的书中，我得知了史蒂文森故居的地址。在一个下午，我临时决定去这里看看。当我穿过平时常去的王子街、乔治街和皇后街，走到赫瑞街，看到

史蒂文森故居门口的路灯下刻着他的诗歌《点灯人》的铜牌

红色大门上的门牌17号,而门右边墙壁的铜牌上还刻着"罗伯特·路易斯·史蒂文森之家1857—1880"(The Home of Robert Louis Stevenson 1857—1880)的字样的时候,我的心情既激动,又平静。这不是在一次漫长的旅行中专门抽出时间去膜拜作家故居的文化苦旅,而是就在自己居住的城市即兴探访邻居的"雪中访戴"。

史蒂文森家的台阶可以径直走上去。我沿着台阶走到红色的大门口,发现居然可以从沿街的窗户把屋内的一切看得清清楚楚。这也是英国住宅的一个特点,不太有中国的"小区"大门的概念,而是从街上就可以看到房间的内部。

我透过窗户望进去,看见一位身着绿色毛衣、白色衬衫,戴着金丝眼镜,还有些秃顶的老人静静地坐在书桌前,他的面前摆着一本如词典一样厚的硬皮书籍,旁边还有一杯咖啡。我想,这可能就是史蒂文森的雕像吧,看来这个故居还原得挺逼真。突然,这位"雕像"开始翻动书页。我吓了一跳,以为是看花眼了,继续朝里面猛盯。由于我就在窗外,老人可能是感觉到了什么,抬头看了我一眼,又低下了头,想是对这一切已见惯不怪。以前我都是把雕像看成真人,尤其是晚上一个人在四川美术学院虎溪公社一带行走的时候,今天是第一次把真人看成雕像。

辑五
王子街、
乔治街、
皇后街与
苏格兰
文学之旅

我有些不好意思了，马上从台阶退下，退到路边，继续观察这个房间。刚才是幻觉吗？这时候，门突然打开，一名年轻的女孩推着一辆山地车从门口走出，她也注意到我一直在盯着她家门口看。她冲我微笑了一下，然后骑车轻快地离开。

后来，我终于在微笑中明白，这栋房子虽然曾经是作家故居，但现在却由这家人居住，刚才我看到的那位正在阅读的老人和这个女孩就是这里的住客。可能他们也习惯了有人因为寻找史蒂文森而经常走到门口来"打扰"他们吧，对这一切已习以为常。不过，如果换成我是这里的现主人，我会觉得自豪，毕竟这种打扰都是来自世界各地热爱文学的人，这是爱丁堡的骄傲。

我其实很想走上前，敲敲门，跟那位老人聊几句，我有一堆问题想要问他。想问问他看的是什么书，想问问他住在史蒂文森的故居有什么特别的感受，想知道这栋房子的所有权是怎么到他们家的，这中间又有什么故事。或者说，他们是不是就是史蒂文森的后裔呢？如果住在这样的房子里，孩子们是不是都很爱读书和写作呢？如果文科成绩不好，还考虑重新从事灯塔工程师的工作吗？不过，我还是觉得，与其去追寻这些问题的答案，还不如让这份念想留在心间，这样就可以按自己的期待去理解这些问题了。不打扰，是我的温柔。

在史蒂文森居住的这一排房子的对面，还有一个很大的花园，史蒂文森房间的窗户正对着这个花园，他小时候经常在这个花园玩耍。花园里有一个池塘，"池塘边的榕树上，知了在声声地叫着夏天"。池塘中有一座小岛，据说这座小岛就是他后来的大作《金银岛》的灵感来源。《金银岛》体现的是西方文明中的海洋文明，海洋文明就代表了一种冒险精神。史蒂文森虽然没有从事家族的灯塔事业，但他的作品却跟海洋和旅行有关，这也算是另一种意义上的家族精神传承吧。

辑六
"第三城"、大海、邮轮与诗人

辑六
"第三城"、
大海、邮轮
与诗人

爱丁堡"第三城":利斯河与皇家不列颠尼亚号

从爱丁堡新城的皮卡迪广场(Picardy Place)环岛下行,会走上一条叫作利斯沃克(Leith Walk)的笔直长街,这条街将爱丁堡市中心和利斯片区(Leith)连接了起来。第一次走在这条街上,我就感觉这个片区的整体风格不像中世纪古堡般的爱丁堡老城,也不像主打新古典主义建筑风格的爱丁堡新城,倒有点像是老城与新城以外的"第三城"。

这个第六感果然准确,在查阅了爱丁堡这座城市的历史后才知道,虽然与爱丁堡唇齿相依,利斯一直是一个独立的自治市(Burgh),直到1920年才正式并入爱丁堡。据说在与爱丁堡合并时,85%以上利斯市民都反对,因为他们更愿意被叫作利斯人而不是爱丁堡人。但无论是城市与城市的合并,还是地区与地区的统一,都是由时代发展趋势决定。

比尔霍斯酒吧,位于利斯与爱丁堡曾经的边界

利斯与爱丁堡曾经的边界就在利斯沃克的入口处。这里有一家叫作比尔霍斯(Bier Hoose)的酒吧,酒吧以前的名字就叫疆界(Boundary)。现在"Boundary"这个单词还留在酒吧招牌的正中

央,"Boundary"的两边则分别刻着"Edinburgh"(爱丁堡)与"Leith"(利斯)的字样。

根据爱丁堡与利斯的疆界,酒吧的空间分别属于两个城市。当时爱丁堡的规定是晚上10点以后禁止饮酒,于是到了每天晚上10点,坐在酒吧里爱丁堡这边的人,会整体移动到酒吧那边的利斯去接着喝,因为利斯规定的饮酒时间可以到10点半。现在整个爱丁堡的酒吧都取消了饮酒时间的限定,顾客都可以喝到酒吧关门为止,爱丁堡的超市却还保留着这个传统。每天晚上10点以后,尽管超市还继续营业,但不会再出售酒类。

顺着利斯沃克逐渐走入利斯深处,会越来越感受到此地风景的独特。穿城而过的利斯河,蔚蓝色的海港,街两边如积木一样搭建起来的彩色小屋,街道上骑自行车的人,温暖的阳光,和即使是在夏天吹在身上也依然感觉寒冷的风混搭在一起,都让我想到如哥本哈根或者斯德哥尔摩一般的北欧城市风光。

爱丁堡大学在利斯没有分校区,所以虽然利斯近在咫尺,平时爱大的学生也很少来到这边。而来爱丁堡短途旅游的人们,更是在

湛蓝色的利斯风光

老城区就已经流连忘返、目不暇接，完全顾不上来利斯。我倒是觉得，平时都在爱丁堡老城和新城待着的爱丁堡大学的同学们，如果想要换个地方感受不一样的城市风光，与其坐着火车去格拉斯哥或者曼彻斯特，还不如步行 10 分钟到充满了艺术气质和童话色彩的利斯。来了这里，你就会如我一样大喜过望、相见恨晚、感慨万分，爱丁堡怎么还有这么一块宝地！就像发现了爱丁堡的新大陆。

整个利斯都有一种清新北欧风，其间最美的一片沿河街区叫"港口区"（The Shore），可以说是利斯的心脏。爱丁堡这座宝藏城市有山有湖有海，没想到还隐藏着一条 38 千米、长如一条绿丝带、穿城而过的利斯河（Water of Leith）。这条河最美的一段，就如同丝带上点缀的银线，柔柔地在港口区蜿蜒。河中不时有天鹅、野鸭缓缓游弋，还有几座石桥横跨河上，颇有些类似剑桥的剑河风光。

利斯河的两岸都是酒吧、冷饮店、咖啡厅、海鲜餐厅，有一种世外桃源般的悠闲。无论是在午后的阳光下，还是傍晚的夕阳里，永远都有很多人坐在河两岸的堤上晒太阳、喝啤酒、抽烟和聊天。在河边，我希望自己可以变成一只慵懒的猫，趴在堤上，眯着眼睛，打着哈欠，享受这温暖的阳光，动都懒得动一下。忘了要长大，忘了要变老，忘了时间有脚。

38 千米长的利斯河从港口区缓缓流入北海（North Sea）。河边三三两两地停泊着白色的大船，更增添了几分港口风韵。在苏格兰与英格兰合并之前，利斯是苏格兰作为一个独立国家与欧洲大陆进行贸易的主要港口，也是苏格兰通往海外的出口。苏格兰的鳕鱼、羊毛、谷物、煤炭、威士忌从这里运往欧洲大陆，而挪威的木材和钢铁，比利时与荷兰的陶器、丝绸和挂毯，法国的红酒又从利斯进入苏格兰。苏格兰人尤其喜欢喝从法国波尔多进口的红酒，当时爱丁堡文人饭局的一个惯例，就是根据一个人在一顿

利斯河岸风光,坐在岸边休闲的苏格兰人

饭能喝掉几瓶红酒,而称之为"二瓶人"或"三瓶人"。

通过利斯这个港口与欧洲大陆的来往,苏格兰深受欧陆文化影响。这种影响有时甚至超过了英格兰对苏格兰的影响。这个传统可以从某种程度上解释为什么直到今天,英格兰一心一意想要"脱欧",苏格兰却非常反对这个行为,甚至多次提出希望从英国独立,再重新加入欧盟大家庭。

利斯港口还见证了很多历史事件。在1561年,苏格兰玛丽女王从这里踏上回归故土的路,引发了一系列传奇故事。在1698年,苏格兰"达里恩计划"的船只从这里驶往中美洲,预备开启苏格兰的海外殖民地,结果以破产告终,并成为促使苏格兰与英格兰合并的重要原因。在1822年,英王乔治四世在利斯港登陆,开启了访问苏格兰的旅程,最终让苏格兰格子裙登上世界舞台。而在1997年,我们中国人集体记忆中一个非常重要的年

辑六
"第三城"、
大海、邮轮
与诗人

份,一艘叫作皇家不列颠尼亚号的船载着最后一任港督彭定康从中国香港离开,最后永远停靠在爱丁堡的利斯港口,作为一个旅游景点供人参观。

从港口区沿着河岸走到皇家不列颠尼亚号只要10分钟路程。在到达这艘船以后,我还有些失望,本以为这艘皇家专用邮轮内部会非常豪华,但感觉也不过尔尔,跟现代那种纯属追求感官享受的豪华邮轮完全没法比。不过,毕竟这是王室专用邮轮,属于私有财产。它的亮点在于"专用",而"王室专用"本身就是一种可望而不可即的奢华。参观这艘船可以一窥英国王室一家在船上的日常生活,他们的起居室、会议室、书房和女王批阅国事的地方,都可以一览无余。如果对英国王室的生活感兴趣,这是一个很好的窗口。通过身临其境,还可以把自己脑海里熟悉的那些英国王室的历史和轶事"激活"。

我有一段时间曾经非常喜欢看英剧《王冠》,这部剧从女王伊丽莎白一世登基开始,一直拍到今天。其中好多次女王和王室成

利斯河岸停泊的船

员出访,都是乘坐皇家不列颠尼亚号前行。如果熟悉这部剧,来参观这艘邮轮就会有特别的感受。印象中皇家不列颠尼亚号还经常被作为王室新婚夫妇的蜜月用船,但这条船似乎并不适合用来度蜜月,因为在这条邮轮上度过蜜月的四对王室夫妇,全部以离婚收场。其中最有名的当然就是查尔斯王子和戴安娜王妃。

船上还存有很多女王在世界各地获赠的礼品,以及女王自己购买的小物件。令我印象深刻的是三层甲板上一间非常漂亮的会客厅里摆放的几个中式竹篓。据导览介绍,这是女王 1986 年访问香港时,在当地购买的纪念品。

船上另一个令我印象深刻的地方,就是船上的普通员工与王室成员的居住条件实在是天壤之别。在三楼和二楼船舱的王室成员都有自己独立的卧室、起居室、娱乐室、书房等。而底层普通船员,却挤在几十个人一间的上中下铺中,空间十分狭小。在参观完王室成员的房间后,我下到底层的船舱,看到这一幕,突然有些莫名其妙的难受。

其实一条船上不同人占据的空间和资源各不相同这种现象非常正常,如果去购买商业邮轮的船票,昂贵的高层船舱也远比底层经济舱豪华。我记得我大二的时候和几位同学出去旅游,原计划是要从大连坐火车到北京,后来由于没有买到火车票,也出于对邮轮的好奇,临时决定买了一张从大连到天津的邮轮票。

我们买的是位于底层,几十个人一间的五等舱,票价跟火车票也差不多。我们几位同学还兴高采烈地跑去船头桅杆处摆姿势模仿泰坦尼克里的杰克(并没有罗丝一起)拍照。晚上我们也上到位于邮轮顶层的豪华娱乐大厅观看免费演出,最后愉快地溜回几十个人一间的五等舱上下铺睡觉。整个旅程,我不但没有任何不悦感,还为自己省钱旅游蹭上邮轮开心了很久,至今想起来都是美好的回忆。

但今天看到皇家邮轮上这种王室与普通船员住宿条件的极端差距,却让我有不适之感。我仔细思考了这背后的原因,可能是因为我们买五等舱的船票,是由于我们只愿意出那么少的钱,这是一个经济上付出的差距导致的居住环境的差异。这个选择是我们自主做出的,因此这也是一个合理的结果。而王室成员与普通船员居住条件的不同,更多是由于身份阶层不同导致。

纽黑文港：滚面包屑的炸鱼薯条、品鱼堤与钓鱼道

勇士、诗人与魔法

一到夏天，英国的白天就变得漫长，差不多晚上 10 点半天才黑，这为我的出行增添了太多方便，因为我很喜欢在晚饭后出去走走。平时晚饭后出去走走的最大问题是走着走着天就黑了，天一黑，就无法充分欣赏自然景观了。但在英国的夏天，这个问题可以顺利得到解决。即使在晚上 6 点出门，都还有大把的白昼可以挥霍。

我乘坐公交车前往纽黑文港（Newhaven Harbour），到鱼市场广场（Fishmarket Square）这一站下车。纽黑文港曾经是一个渔港，每天都有大量的牡蛎、鳕鱼、鲱鱼和螃蟹从这里上岸。如今，这个昔日非常红火的鱼市场已不再营业，被餐馆和酒吧取代。当年的鱼市场（Fishmarket）这面大旗，被一家名为鱼市场的炸鱼薯条店扛了下来。

这家炸鱼薯条店一望无际的店面几乎占据了半条街，配上店身的红砖和屋顶上的层层青瓦，就像一条露出红色鲜肉但又被鱼鳞覆

纽黑文港的鱼市场炸鱼薯条店和门口排队买鱼的人

盖的三文鱼。这是我在英国见过的最气派的炸鱼薯条店。第一次来的时候,我就看到门前的空地上站满了人,一开始还以为是什么集会示威活动,走近了才发现大家都在排队购买这里的炸鱼薯条。人群中没有国际学生和游客的身影,看来这家店就是那种本地居民经常光顾,却不怎么为外地人所知的店铺。

沿着鱼店走到海的东岸,首先映入眼帘的是东岸的灯塔。这是海滩的地标,出现在很多关于纽黑文港的明信片中,也有不少人在这里拍照留念。白色的灯塔已经屹立在东岸好几百年,在天黑以后发出蓝色的光芒。灯塔的光,划破浓雾,不仅照亮了迷途的船只,还点亮了一位举世闻名的大科学家的心路。达尔文在爱丁堡大学就读时,经常到这个港口来寻找海滩上的鱼化石。他还曾经从此地坐船进入福斯湾去搜集海洋生物化石标本。早年在这里观察到的一切,影响了达尔文后来的进化论思想。

灯塔附近的海滩没有沙,而是由一块一块的青石组成。青石规规整整,要么是长方形,要么是正方形,铺在地上,就像苏格兰格子裙。简明抽象的格子线条让我想到了蒙德里安的抽象画。这么多的青石拼在一起形成一个平缓的斜坡,是看日落的最好方位,也是吃鱼的绝佳场所。

当地人就这么三三两两坐在石坡上,有的是情侣,有的是父母带着孩子,有的是一个人。他们身边都有一个印着"The Fishmarket"的纸袋子,让我再次感受到刚才那家炸鱼薯条店的影响力。排队的人们在买了鱼后,就会来这个青石坡上一边吃鱼饮酒,一边欣赏夕阳。绝大多数人都是炸鱼薯条加上苏格兰艾尔啤酒,讲究一点的,面前还有法国香槟或干白。在鱼和薯条的旁边,摆放着好几种装在小碟里的酱料,看来这炸鱼还可以调出不同口味。

英国炸鱼薯条蘸什么酱料最好吃,我是搞不大清楚的。去餐厅点菜的时候,最怕服务员问我配什么酱料。我永远都是回答,服从大局,与民同乐,英国老百姓最喜欢哪一种,我就吃哪一种。我此刻便对在中国吃火锅时需要自选调料的老外产生了共情的心理,估计他们跟我吃炸鱼薯条时一样,面对香油、麻酱、蚝油、海鲜酱、干油碟等对他们而言完全难以理解的调料也感到无从下手。

有的人直接坐在石头上,也有的人带了野餐布铺在地上,看得出是有备而来。还有的人并不坐下,而是手拿酒瓶,脸红彤彤,摇摇晃晃地走在金色的夕阳下,边走边唱歌。夕阳醉了,落霞醉了,酒醉的心被燃烧。这个地方每天晚上都有很多人来吃鱼喝酒看夕阳,非常有生活气息。我后来也学会了到这里来感受人间烟火气,遂将此地命名为"品鱼堤",每一次难过的时候,就过来买一份炸鱼。

原本对炸鱼薯条兴趣不大的我,在品鱼堤这种气氛的感染下,也开始对英国传统食品炸鱼薯条有了一定研究。以前我买炸鱼薯条的时候,总是随便一点,也随便一吃。但这家店可不是一

勇士、诗人与魔法

金色的夕阳下,由一块块的青石组成的"品鱼堤"

家随便的店，我第一次在这里买鱼的时候，服务员居然问我是要"Battered"的还是"Breaded"的。我完全不懂这里面的区别。经过我的仔细询问，才知道"Battered"是指裹上面浆后油炸的鱼，而"Breaded"是指先沾滚上面包屑，再油炸的鱼。

在我们平时遇到的不太讲究的炸鱼店，一般都不会问顾客这个问题，因为裹面糊（Battered）在英国是更常见的炸鱼方式。如果你不主动提出你的要求，店主就会默认你需要的是裹面糊。所以我们吃来吃去，总觉得无论是选择鳕鱼（Cod）还是黑线鳕（Haddock），英国的炸鱼都是那种软软糯糯的味道。但其实滚面包屑（Breaded）烹制出来的炸鱼是里面柔嫩，外面香脆，口感是先硬后软，我个人觉得比裹面糊这种烹饪方式更合我口味。

我曾经觉得英国人把大好的鲜鱼炸了吃是暴殄天物，因为英国炸鱼最大的问题就是吃不出鱼的鲜味，甚至吃不出这是一条鱼。但这家店用滚面包屑手段做出来的炸鱼却大大改变了我的成见。黑线鳕在口腔中的鲜美甘甜与舌头缠绵，会不会让天红了眼。这是我在英国吃到的最好吃的炸鱼薯条！

看来真正的鲜鱼，即使是油炸，即使是被英国人油炸，即使是被苏格兰的英国人油炸，其鲜美也依然遮蔽不住。晚上回家几小时以后，我还在咂嘴回味。这已经是激情过后冷静下来的思考了，仍然觉得今天这个炸鱼刷新了我的记忆。我相信吃过英国炸鱼薯条的中国同学很少有这种体验。难怪有那么多本地人排着队来买这个鱼。这家店的苏格兰烤龙虾味道也不错，是烤大龙虾，不是麻小，但有点小贵，我只在这里买过一次。

纽黑文这片海很适合沿着海岸散步，欣赏这迷人的码头风光。如果顺着下格兰顿路（Lower Granton Road）往西步行10分钟，走到麦凯尔维谱瑞（Mckelvie Parade）一带，就会到达一片小海滩。

这里的海滩就不再是由青石板铺成而是货真价实的沙滩了。这片沙滩极小,我目测方圆不超过两百米,可称之为袖珍沙滩。在这片袖珍沙滩上,三三两两的大人们坐着聊天、喝酒、抽烟。孩子们则在这里赤裸着上身,愉快地玩水。

袖珍沙滩有一条由大青石铺成的堤道伸进海里,越往里走,越进入大海深处。堤道上有很多钓鱼的人,我将此处命名为"钓鱼道"。在这金色夕阳下的海中的堤道上,垂钓的人就像那个画龙点睛的一样,让这条堤道变得灵动起来。

站在堤道中央望向海面,我看到有两个人坐在一条独木舟上垂钓。虽然很羡慕这种钓鱼方式,但我也担心,这条在海浪中摇摇晃晃的独木舟,如果真是大鱼上钩,在拉鱼的时候双方角力,会不会人仰船翻,现场上演"中年人与海"。这毕竟是风波出没的大海而不是平静的湖面,这么小的船,只要一翻,两个人都会掉进海里。难怪英文有谚语"in the same boat"(处境相同,同病相怜),这样看来,还是站在堤道上才可以完全没有后顾之忧地垂钓。

我在海边的堤道上看这些苏格兰人钓鱼,同时把所观所感在手机

袖珍沙滩和伸进海里的"钓鱼道"

在"钓鱼道"上钓上一条大鱼的苏格兰人

上写成游记。正埋头描写这海景、这风景、这渔景时,忽闻有人高呼:"钓上一条大的!钓上一条大的!"听闻此言,所有钓鱼的人都马上围了过去。我也兴奋地跑过去给他们拍照,看着这条将近两尺长、活蹦乱跳的鳕鱼和满面笑容的钓鱼者,我不禁想起了苏辙的《西湖二咏 观捕鱼》:"逡巡小舟十斛重,踊跃长鱼一夫力。"正遐想之际,钓上鱼那个人突然问我:"你要这鱼吗?"猝不及防的我大吃一惊!有预感很快就要"大吃一斤"!我有些害羞,感觉像突然被表白了一样,而且是被期待的人表白。

于是我小心翼翼,略带慌乱,已经顾不上考虑语法错误地问:"giving it to me?"旁边的人大笑着说:"这条鳕鱼只收你10英镑,平时都卖20英镑。"熟悉英国人幽默感的我也笑了,现在可以确定是送我了。但这鱼怎么拿回去呢?我突然想起我的背包里还有个很大的塑料袋,刚好可以用来装这鱼,简直是浑然天成。但有些不好意思拿出来,这不显得我是有备而来吗?

正踌躇间,这位苏格兰朋友直接从他的一堆行头中扯出一个塑料袋,把鱼装进袋子里给了我。这感觉特别奇妙,我切身感受到了

两位钓鱼者,满脸笑容地向周围的人展示刚刚钓上来的活蹦乱跳的鳕鱼

堤上的人都对这条将近两尺长的鳕鱼赞不绝口

苏格兰人的热情大方,四海之内皆兄弟,九州方圆是一家。当然他们也真是会选人,我正是一个会认真对待鲜鱼的人,我一定不会辜负他们的一番盛情美意。这位鱼伯乐,你没有选错!

以后还会来这里守堤待鱼吗?我突然想起了宋国那个在树桩前捡到一只向着未来奔跑的肥兔子的人,这段经历从此改变了他的一生。现在令我发愁的是,中国超市已经关门了,到哪里去买郫县豆瓣、豆腐和小葱,"烧薤

最终,我将这条鱼的一部分做成了清蒸鳕鱼

香橙巧相与，白饭青蔬甘莫逆"。

我激动地给这条意外收获的鳕鱼发了朋友圈，很会吃的本科室友文骏在朋友圈回复我，鳕鱼，尤其是如此新鲜刚刚钓起来的鳕鱼，就不要用川菜做法了，刺身生吃最好。于是，我最终对那条幸运的鳕鱼进行了全方位开发。在刚刚捞起来的当天晚上就切了一小块鱼肉蘸酱油生吃，鲜美多汁。然后马上去掉内脏，切块冻上。在第二天，我对鱼身和鱼尾进行了清蒸，淋上热油，细腻柔嫩。在第三天，我用剩下的鱼头做了一个鱼头豆腐汤，回味悠长。一鱼三吃，也算对得起那位萍水相逢的苏格兰朋友赠鱼了。我再次想起了苏辙，"食罢相携堤上步，将散重煎叶家白。人生此事最便身，金印垂腰定何益"。

波多贝罗：浪漫海景、肥美蛏子、人文小镇

在来爱丁堡之前，我从来都没有意识到这还是一座海滨城市。因为它的"文学之都""艺术节之城""世界文化遗产"等名头已太过响亮，以至于"看海"这个原本也是一座城市很吸引人的看点，竟在这座城市的各种宣传中被忽略。实际上，爱丁堡有多片海滩，都是从市中心乘坐 30 分钟左右公交车即可到达。其中最有名的一片海滩，也是爱丁堡大学的学生最喜欢去的海滩，就是波多贝罗。这是一个听发音有些奇怪，看拼写又特别像海滩的名字。

"Portobello"是西班牙语，意思是"美丽的港湾"。这个名字来源于一名居住在这里的退役海军，由于他参加过在前西班牙殖民地巴拿马城市波多贝罗的战役，他把自己的小屋也命名为波多贝罗。到了 1750 年，整个海滩就都以这个名字命名。当地人会开玩笑说如果你没时间带孩子去地中海度假，那么到波多贝罗这个带西班牙名字的海滩也有同样的效果。

事实也有一半是如此，从爱丁堡坐半小时公交车来到这里，只要没有遇到苏格兰日常性的刮风下雨，你就会感慨万分，仿佛到了地中海的度假村。然而，一旦"风再起时"，你就会"默默地这心不再计较与奔驰"，意识到一步也未曾离开苏格兰。

我第一次坐公交车来这个小镇的时候，也不清楚具体该在哪个站下车。随便下了一站，发现传说中的波多贝罗不只是一片海滩，而是一个成熟的海滨小镇。漫步在这个海滨小镇，就仿佛在欧洲海滨城市旅游一样，镇上应有尽有，警局、教堂、银行、法院、邮局、学校、商店、超市，更不用说那么多的餐馆和酒吧。实际上，这里原本就是一个独立的自治市，直到 1896 年才并入爱丁堡。

我突然看到街边有一家挂着长条横幅的炸鱼薯条店圣安德鲁斯外卖（St Andrews Takeaway），横幅上写着"被爱丁堡晚报评为2018年到2019年最好吃的炸鱼薯条店"。我本来对英国国菜炸鱼薯条兴趣不大，但被这句广告词吸引，不知不觉就迈入店里。厨师正在把一条条炸成金黄色娇艳欲滴的鳕鱼装进一个个摆放得整整齐齐的精美硬纸盒，这一幅美妙又动感的画面激发了我的食欲，于是赶紧买了一盒。

小店到海边只有3分钟步行距离，我带着这盒炸鱼薯条，到海边找了一条长凳坐下，心情莫名其妙有些激动。因为我觉得在海边吃炸鱼是一种意味深长的行为和艺术。同理，在一片土豆地旁吃薯条，也有同样的意境。遗憾的是不能同时在海边和土豆地旁吃炸鱼和薯条。

当我正拿出手机准备先拍张照时，突然不知道从哪里跑过来一只小狗，摇着尾巴，眼巴巴地望着我，像极了一个孩子。我正在强烈进行思想斗争要不要分一些鱼给它，或者还是礼节性地给几根薯条意思一下，一位金发碧眼、年轻漂亮的女主人赶紧过来把小狗叫走，并抱歉地对我笑笑。我长舒一口气。

担心再有小狗或者小孩跑过来用这种难以抵挡的眼神看我，我赶紧狼吞虎咽吃完了这一盒被炸得金黄的黑线鳕。真是鲜嫩无比，唇齿留香！是真正的鱼香，并不是鱼香肉丝的鱼香！我记得在购买的时候，服务员问我炸鱼需要拌什么口味的酱料。我一个普通中国留学生哪懂这个！只好说我希望深入英国基层，跟英国人民打成一片，放最受英国老百姓欢迎的口味就行。现在吃的时候才明白服务员给我放了一种酸酸甜甜的酱料，有可能英国老百姓都喜欢吃西湖醋鱼。我平时不是很喜欢吃酸甜口味的食物，此刻却感觉非常可口，也许跟环境和气氛有很大的关系。在爱丁堡辽阔的海边，闻着海风吹来的淡淡的咸味，混杂着手里炸鱼的芳香，这条即使是酸甜口味的鳕鱼品尝起来也像是天赐的口粮。

蓝色的海，金色的沙滩

吃饱以后，我开始在这片被称为爱丁堡最美的海滩漫步，有一种自己一个人在拍偶像剧的感觉。大片的沙滩、金色的细沙，特别适合卷起裤管光着脚丫踩在沙滩上。这片海滩能满足你对海滨城市海滩的所有幻想，尤其适合情侣度假前往，在沙滩上晒太阳，奔跑，歌唱，一起手牵着手看夕阳。

我在海南海花岛、法国尼斯、意大利西西里岛那些充满浪漫气息、符合文艺片标准的海滩游历时，也有这样的感受。但一个人来这种地方，有时会觉得有些尴尬，恨自己辜负了这爱情电影般的海景。于是，我只好把自己当成一个纪录片导演，用求知的眼光来看这片海，把注意力放在海滩上的海鲜，不，生物上。

海滩上有很多贝壳、海螺、蛏子等让我胃口大开的食材。爱丁堡是一个盛产蛏子的地方，在爱丁堡的海鲜自助火锅店"脸谱"和"香巴拉"，蛏子都是随便上不限量。爱丁堡的蛏子形如竹节，个头巨大，一只就有20厘米以上。肉质肥美，洁白爽滑，吃起来有种甘蔗的鲜甜，用明末才子张岱描述他心中至味的那句话"白如雪，嫩如花藕，甜如蔗霜"来形容是恰如其分。我第一次在爱丁堡的海鲜自助火锅店不停地点着一盘又一盘美味的大蛏子大快朵颐时，忍不住暗暗设想，天堂应该是海鲜火锅店模样。难道这片海滩的蛏子也可以像在自助餐厅随便点一样随便捡？

我捡起一条蛏子，却发现只剩一个空壳，里面的肉早已不翼而飞。我翻开一个又一个，每一个都如此。不过转念一想，这些被冲到海滩上的蛏子对海鸟来说，难道不就是一盘盘天然的自助餐吗？搁浅在沙滩上的蛏子就是任鸟宰割，估计都被海鸥翻过无数遍了，哪里还轮得到我。早起的鸟儿有蛏子吃！

海水不停拍打着沙滩，在刚刚扑过来的一个浪头里，一只圆滚滚的大海螺被冲了上来，肉还在缓缓蠕动。我正寻思要不要捡起来，带回家，清蒸还是辣炒，一只海鸥就猛扑过来，对这个大海螺进行啄食。我终于明白海鸥的嘴为什么又尖又长，原来是为了方便伸进壳里取海螺肉，犹如我们吃辣子田螺时使用的牙签。发现我在若有所思地观察它用餐，这海鸥以小鸟之心度君子之腹，马上叼起这个跟人的拳头差不多大的海螺，飞远。

突然不知从什么地方又飞来大群海鸥，在刚退潮的海滩，寻找海

在海滩上觅食的海鸥

水带来的美餐。海水一浪又一浪地拍打过来,我下意识地往后退,却发现不少海鸥都争先恐后地抢站在潮水最前面,毫无惧色,也不怕浪头突然打过来把它们吞没。因为只有最靠近浪头,才能保证冲上来的食物最先被自己抢到。躲在后面的,机会就少很多。人生又何尝不是如此呢?我一声叹息。

我观察了半天,发现无论跟浪头多近,即使海浪迎面打来,这些海鸥总能巧妙逃脱,没有一只出现意外被水卷走。我突然意识到,它们是海鸥啊!海鸥怎么会害怕被海水卷走!就像综艺节目里,田亮的女儿看见田亮掉进水里,完全没有像一般的小朋友一样担心,而是兴奋地欢呼:"看!我爸掉进水里了。"因为她知道这是田亮啊!他在水里比海鸥还厉害。

波多贝罗海滩不光物产丰富,还人杰地灵。听说在中国海南,每到夏天,就有很多作家去海边租房,住在那里写作。我在《巴黎评论·作家访谈》里,也读到过很多关于作家在海岛写作的故事,看来海滨和作家是标配。但爱丁堡这个海滨小镇的厉害之处不在于出租房屋让作家居住,而在于这里直接诞生和孕育了很多

勇于冲向潮头,与海浪搏斗的海鸥

作家和艺术家，人文传承生生不息。

当《福尔摩斯》的作者柯南·道尔还是个孩子的时候，他就与他的外婆住在这个小镇。而苏格兰最伟大的作家司各特爵士，经常来波多贝罗与住在这里的女婿约翰·吉布森·洛克哈特（John Gibson Lockhart）闲聊。这位女婿没让他的作家岳父失望，写了一本《司各特传》，加入了作家行列。苏格兰水彩画家威廉·罗素·弗林特爵士（William Russell Flint）也成长在波多贝罗。同样成长在这里的大卫·莱茵（David laing）是印章图书馆（The Signet Library）馆长，他编辑了很多重要的文学作品，是苏格兰文学机构中很有影响力的人物。苏格兰钢琴家和作曲家海伦·霍普柯克（Helen Hopekirk）在这个海滨小镇度过童年。此外还有出生在这里的哈里·劳德爵士（Sir Harry Lauder），他是一位举世闻名的歌手和笑星，他在美国的影响力很大，被丘吉尔称为"苏格兰有史以来最伟大的大使"。

海边的滨海大道有 2400 米长，大道上矗立着很多维多利亚时期的建筑，这些漂亮的小房子在夏天会被出租给度假的人。海边的房子房间都特别宽大，还有阳台，由于远离爱丁堡城区，房租也并不贵。我有些遗憾，这一年应该在这里租房写作的。这样每次打开窗户，就能面朝大海许愿，"传说就成了永垂不朽的诗篇"。

辑六
"第三城"、
大海、邮轮
与诗人

克莱蒙德：河与海的交界处，退潮抵达潮汐岛

我曾经做过一个比喻，爱丁堡三个海滩，分别具有休闲气息、生活气息与学术气息。在波多贝罗感觉在拍偶像剧，在纽黑文港就想喝啤酒吃鱼，而在克莱蒙德（Cramond Island）思考的是人生的意义。三个海滩带给我的感受，分别对应爱、物质和精神。波多贝罗是青春浪漫的地方，女孩子来美美地拍照和情侣过来增进感情最适合。纽黑文港空气中的啤酒味和炸鱼香，就是中年人的天上人间、人间烟火。克莱蒙德则像是老年人思考人生、追忆往昔的疗养地。

克莱蒙德这片海有一个与众不同之处就是她像湖水一样平静和治愈，一点都没有海浪拍打岸边的喧嚣。天鹅一般只会出现在淡水湖面，这片海居然有很多天鹅在这里驻留，不得不令人称奇。原因在于克莱蒙德特殊的地理位置，它处于阿蒙德河（Almond River）与北福斯河（The Firth of Forth）的交界处。以前以为河与海的交界处只会出现在地理课本里，但到了克莱蒙德，就可以

夕阳下的克
莱蒙德海滩

亲眼看见这个奇观。

从河海交界处往西走，会发现大海渐渐变成一条清澈见底的大河。再往西继续深入山林，大河就变回林间的溪流。如果一开始只在山中见到这条溪流，哪能想到它的终点马上就是壮阔的大海呢。这让我想起南宋杨万里的诗句，"万山不许一溪奔，拦得溪声日夜喧。到得前头山脚尽，堂堂溪水出前村"。

海滩上有一个暗红色的鱼头雕像，胖乎乎的模样让我突然就想做个鱼头汤。这一带还真的挖掘出过食物的遗迹，在2001年，克莱蒙德海滩上出土了一堆烤榛子的壳，被考证为大约是公元前8600年的人留下的。几十个世纪后出土发现，榛子壳的印迹依然清晰可见。悠悠海风轻轻吹，冷却了野火堆，看来在海边搞烧烤这个活动的确是人类的传统。克莱蒙德也被考古学家认为是苏格兰最早有人类居住的地方。

克莱蒙德的海边出土过一尊一头狮子正在生吞一个人的凶残雕像。人的头部已经进了狮子的嘴，而身体还在外面。该雕塑被打捞出来后藏于爱丁堡的苏格兰博物馆，考古学家认为，如此残

海滩上有一个暗红色的鱼头雕像，胖乎乎的模样让我突然就想做个鱼头汤

忍、崇尚暴力的雕像可能来源于古罗马时期。我突然想到北大的丁宁教授曾在"西方美术史"课堂上谈道，罗马的东西是把极度的温柔和极度的残酷连接在一起。

人们还在克莱蒙德附近的村子里挖掘出一个古罗马军营和澡堂。在公元140年，这个村子作为古罗马帝国的军事基地，为防卫克莱德河与福斯湾之间安东尼墙的部队提供补给。在我读过的好几本关于世界史的书中都说，古罗马帝国只包括英格兰，不包括苏格兰，直到亲自来到爱丁堡的克莱蒙德，我才知道古罗马帝国也曾占领过苏格兰南部的一小部分，真是"纸上得来终觉浅，绝知此事要躬行"。

我总觉得，克莱蒙德这片海的气质就是历史感、文化感和沧桑感的集合，跟爱丁堡厚重的历史和文化气息非常契合，这才是代表了爱丁堡的海。如果想要看一看"爱丁堡的海"，而不仅仅是"在爱丁堡的海"，就更应该来克莱蒙德。每次到了克莱蒙德，我坐下来就不想离开。这是爱丁堡最有文化韵味和历史气息的海岸，无须有人做伴，独坐于此地，就跟这片海的氛围融为一体。当然情侣也可以来，但我个人觉得此地更适合灵魂伴侣谈古论今、谈天说地而非谈情说爱，心灵也变得平静安宁。

凝望这平静的蔚蓝海面，许巍的《温暖》就在我脑海回旋，"我爱蓝色的洱海，散落着点点白帆，心随风缓慢的跳动，在金色夕阳下面，绿色的仙草丛里，你的笑容多温暖……你让我长久沉重的心，感到从没有的轻盈"。

除了海滩，克莱蒙德这个地方最大的特色是海中有一个与海岸相连的小岛，叫作潮汐岛。小岛距离岸边只有一千多米，由一条堤道相连。每天两次涨潮时，海水会覆盖这个堤道，只能看见从陆地通往岛上的一排钢筋混凝土石柱。这些柱子是第二次世界大战遗留下来的鱼雷艇防御设施，防止在涨潮时鱼雷艇偷偷从大陆与

通往潮汐岛的堤道

小岛之间通过。在退潮时，人们可以从堤道登岛。

一直到 1960 年，这个潮汐岛都还是爱丁堡人放羊的场所。可以想象，当潮水涨起来后，羊无法回到大陆，这些羊只能望洋兴叹，岸边的人也望"羊"兴叹。

我第一次去登潮汐岛的时候，由于出门较晚错过了上午的登岛时机，一直等到当天晚上 10 点 7 分才开始退潮，所以晚上 10 点才正式登岛。独自走向这个小岛，脚踏在几分钟前还是一片海面的堤道，感觉自己就是铁掌水上漂。路边有一只苍鹭，也在孤单地前行，我们都面无表情，看孤独的风景，用漂亮的押韵形容天煞孤星的心境。由于刚刚退潮，堤道上全是海螺。我生怕踩到它们，因为这些海螺看上去就很好吃，也许可以捡回家炒一盘辣子海螺，美食是缓解孤独的良药。

一登上岛，最先映入眼帘的是岛北面那些废弃的房间。这个小岛在两次世界大战时都被当作炮台和探照灯基地，现在这些建筑遗址就是第二次世界大战期间作为防御基地的残留。继续走向岛内

退潮后的堤道

长满绿植的小山坡,感觉这个岛干干净净,凉风习习,非常适合人类前往。不像村上春树在《远方的鼓声》中提到的那个到处都是对人充满敌意的昆虫的小岛。

令我惊喜的是,在一片灌木丛中,我居然看到了在亚瑟王座和卡尔顿山盛放的黄色荆豆花,也闻到了熟悉的椰浆般的芳香。这浪漫的小黄花就跟爱丁堡的旗帜一样,四处生长,暗示这个远离爱丁堡大陆的小岛也是爱丁堡不可分割的一部分。

已经接近晚上 11 点,全岛就余我一人。虽然这种感受颇为难得,但我也不敢在此地久留。英国的夏天,天黑得很晚,但最晚也不会超过晚上 11 点。我担心如果天完全变黑,潮水又涨起来淹没堤道,我今夜就只能独自留在这个孤岛。半夜冷了渴了怎么办?在出门的时候,我刚好顺道去利德尔(Lidl)超市买了一瓶朗姆酒,现在就在我随身携带的包里。小时候从比利时漫画《丁丁历险记》里的《海盗失宝》这一集听说了这种酒,至今记忆犹新。用甘蔗酿成的朗姆酒是加勒比海盗的最爱,但我并不想一个

在前往潮汐岛的路途中,发现一只独行的苍鹭,仿佛与我心有灵犀

人孤独地在这里扮演海盗,于是我又小心翼翼地沿着堤道走了回去。

走到岸边,天已全黑,公交车已经停运,打车也很困难。突然想到《哈利·波特》的作者J.K.罗琳从2015年开始,就在克莱蒙德海边的巴顿(Barnton)小镇买了房子居住。此刻我好希望可以跟她偶遇,不求合影不要签名,而是跟她讨一根可以随时打车回家的魔杖。

辑六
"第三城"、
大海、邮轮
与诗人

英国文学"一战诗人流派"与"一战诗人医院"

在多年前读王佐良先生的《英国诗史》的时候,我知晓了英国文学史中"第一次世界大战中的诗人"(简称"一战诗人")这个流派。我没有想到的是,已经留下了那么多作家和诗人足迹的爱丁堡,跟这些"一战诗人"也大有渊源。

当我偶然得知位于爱丁堡龙比亚大学(Edinburgh Napier University)的克雷格洛克哈特战争医院故址(Craiglockhart War Hospital)就是几位著名的"一战诗人"的居住、疗养和创作之地后,在第二天,我就迫不及待地来到了这里。从爱丁堡的市区出发,步行不到一个小时即可抵达,如果坐公交车则更快。但我更爱在爱丁堡行走,步行除了可以锻炼身体外,还为我营造了任由思想天马行空的流动空间。

克雷格洛克哈特战争医院故址,现在是爱丁堡龙比亚大学的教学楼

教学楼前,战争诗人收藏展的标牌

克雷格洛克哈特战争医院故址是一座维多利亚式建筑。这个建筑现在是大学的教学楼,学生们在这里学习法律和商业的课程。但在第一次世界大战期间,这座大楼曾经是一座医院,叫作克雷格洛克哈特战争医院。

准确地说,这座医院最初只是一座水疗院,在第一次世界大战开始后,英国战争事务办公室征用了这座水疗院,用以治疗患有因战争导致的精神疾病弹震症(Shell Shock,又名炮弹恐惧症)的军士。而最著名的两位"一战诗人"维尔浮莱德·欧文(Wilfred Owen)和西格夫里·萨松(Siegfried Sassoon)就是因为从战场上被送到这座医院接受治疗而在这座大楼相遇,建立起深厚的友谊,在这个医院创作了关于一战的伟大诗歌。

在1986年,爱丁堡龙比亚大学购买了这幢建筑作为教学楼。校方称,购买这座大楼,不仅满足了学校不断扩张的需求,我们还获得了一段历史。为了纪念这段历史,龙比亚大学在大楼的门厅专门开辟出一个角落用于永久举办战争诗人收藏展(War poets collection)。这个展览常年开放,藏品有800多件,包括诗人当年的作品、信件、在医院创办的杂志,以及与战争医院和克雷格洛克建筑历史相关的照片和纪念品等。

我一走近这个角落，马上就被挂在墙上的诗人萨松的大幅照片吸引，照片上的他非常英俊，鼻子挺拔，一双会说话的亮闪闪大眼睛仿佛就是他丰富内心世界的映射，令我想起同样拥有明亮双眸的中国诗人顾城。而另一位名气更大一些的一战诗人欧文，除了墙上也挂着他的大幅照片外，角落里还有一座他的半身铜像。与一身艺术气息的萨松不同，一身戎装、面色凝重的欧文看上去更像一名职业军人。他坚毅又带着一丝悲壮的眼神让我想起中学历史课本里的那些革命人物。这个永久向公众免费开放的展览以杂志、手稿、图片、信件和多媒体等形式，讲述着两位诗人与位于爱丁堡这座精神治疗医院的故事。

1893 年，欧文出生于英国伯肯赫德的穷人社区，深知底层人民的苦难。虽然反对这场战争，但是在一战开始以后的 1915 年，20 出头的欧文还是参了军，次年就被任命为曼彻斯特军团的第二中尉，参加了在法国的索姆河战役。

在这场战役中，欧文经历了最具"一战"特色的堑壕战。与之前几百年来如玫瑰战争、英法百年战争那类骑着战马举着长矛豪迈地冲向敌人的战争完全不同，在堑壕战中，士兵们手持步枪长期蹲守在狭小的战壕里，每天忍受着炮弹的轰炸和毒气的袭击。战壕中与他们 24 小时相伴的是泥浆、污水、老鼠、虱子和跳蚤，不少士兵都在家信中称战壕为"人间地狱"。

在一次战役中，欧文被一枚炮弹的气流掀上天空，随后又掉进一个炮弹轰炸出来的坑里，身边到处是战友的尸体。这段经历对他的心灵造成了巨大的创伤。此后不久，欧文就被诊断为患有弹震症，被送到爱丁堡的克雷格洛克哈特战争医院接受身体和心理的双重治疗。

医院对欧文的治疗重点是心理治疗。医生认为，对于遭受炮击，目睹死亡的精神受害者，让他们亲自写下遭受炮弹和毒气侵袭的经历，是从创伤中恢复过来的最好办法。医院专门创办了一本叫作《九头蛇》（The Hydra）的杂志，供患者在这本杂志上发表自己创作的文章、诗歌、笑话、图画等。

在一位叫作亚瑟·布洛克（Arthur J.Brock）的医生的鼓励下，欧文开始创作描述战争的诗歌并发表在杂志上，他还担任了六期杂志的编辑。这些杂志现在成了战争诗人收藏展中最有代表性的藏品。就是这些杂志照亮了诗人笔下与心灵中的"一战"，也正是这座医院和这本杂志孕育和承载了那些伟大的"一战"诗歌。

故事和地点相遇，这个地方就有了意义。而战争医院这个地方最被人津津乐道的故事，就是欧文和萨松两位诗人的相遇。从欧文当年写给他妈妈的一封信中，我读到了这段往事。欧文告诉妈妈，他正在读"另一位患者"的诗，这些诗令莎士比亚的作品都显得平淡，如果能够跟这位诗人认识，那将比"跟丁尼生做朋友"还要美好。

后来，欧文终于敲开了"这位患者"也就是萨松的房门，表示他是萨松诗歌的仰慕者。随后，在共同度过的这段医院时光里，两人结下了亦师亦友的伟大情谊。萨松用弗洛伊德的精神分析疗法，引导欧文写出他在战争中经历的创伤。萨松自己的作品中反战的态度，讽刺性的文风也影响了欧文的创作。

在萨松的指导和影响下，欧文在这个医院创作了一系列关于"一战"的诗歌，表达了他对战争的反思。比如《残》（"Disabled"）、《为国捐躯》（"Dulce et Decorum Est"）等。在欧文最有名的那首诗《青春挽歌》（"Anthem for Doomed Youth"）中，他这样描绘年轻士兵们的遭遇，"What passing-bells for these who die as cattle? Only the monstrous anger of the guns"（什么样的丧钟，

为那些惨死的人们响起？只有像野兽一般的枪炮的怒吼）。萨松在这首诗的手稿上亲笔写下了他的评注。

与欧文不同，萨松出身于英国贵族家庭，毕业于剑桥大学。跟当时很多贵族子弟一样，在贵族的尚武精神、骑士传统和"为祖国荣誉而战"理念的鼓舞下，萨松在1914年就首批应召入伍并被派往法国前线。

在战争初期，他表现得英勇无比，被称为"疯狂的杰克"，令敌军闻风丧胆，还获得了一枚陆军英勇十字勋章（Military Cross）。但随着战争的深入，他开始反思这场战争的意义。萨松写了一篇非常著名的反战檄文《战争结束：战士的宣言》（Finished with the War: A Soldier's Declaration）。在文中他提到，本以为这是一场自卫和解放的战争，但实际却是一场侵略和征服的战争。这篇檄文在英国下议院被公开宣读，被一部分人认为是叛国言论。

也许是由于萨松的贵族子弟身份，也许是因为英国军方担心处罚这样一位"意见领袖"会带来舆论的压力，他并没有被送上军事

从医院通往高尔夫球场的小径一侧，长满了晶莹剔透、鲜红欲滴的树莓

法庭，而是被认定为患有跟欧文一样的弹震症，被送到爱丁堡的克雷格洛克哈特战争医院接受治疗。其实萨松并没有患上这种心理疾病，只是由于反战的思想和批评政府的言论，他才被英国政府以这种方式"禁声"，进行"休假式治疗"。

在医院背后是一座郁郁葱葱的叫作克雷格洛克哈特（Craiglockhart Hill）的小山坡，山坡上有大片绿油油的高尔夫球场。从医院通往高尔夫球场的小径一侧，长满了晶莹剔透、鲜红欲滴的树莓。摘下一颗送入嘴里，鲜甜得如同温暖的阳光，让人舍不得吃掉这一种感觉，手指和嘴唇也迅速被染成紫红色。我站在高岗上向下望，畅想诗人当年在这里一边打高尔夫球，一边忧国忧民、壮志难酬的景象。明明没有患病而享受"休假式治疗"的萨松把大量时间都花在了打高尔夫球上。当欧文第一次去敲萨松的门的时候，萨松就正在擦拭他的高尔夫球杆。

除了指导欧文写作外，萨松在医院也写下了很多反映"一战"的诗，至今仍然可以从展览中的《九头蛇》杂志上读到他当时发表的《梦想家》（"Dreamers"）、《接线员》（"Wirers"）等诗作。对于中国人来说，萨松最为我们熟悉的诗句，就是那首被台湾诗人余光中翻译的诗歌《于我，过去，现在以及未来》（"In Me, Past, Present, Future Meet"）中的"心有猛虎，细嗅蔷薇"（In me the tiger sniffs the rose）。虽然早就知道这句诗，但我以前从没留意过这首诗的原作者，现在才发现作者是一位在爱丁堡住了这么久的"一战诗人"，顿时心里又平添了几分亲近感。

在 1917 年，欧文和萨松都离开了爱丁堡的医院，回到了法国战场上。他们虽然态度上"反战"，但都认为自己应该走上战场，一边参与战争，一边用诗记录和揭露这场战争的另一面：这场战争的遗憾。在 1918 年 7 月，萨松因为头部受伤无法重返战场，而欧文为了接替萨松担负的"报告和揭露战争"的使命，再次奔赴法国前线。因表现英勇，他还获得了一枚军事十字勋章。

辑六
"第三城"、
大海、邮轮
与诗人

然而，就在"一战"签署停战协议的前七天，也就是1918年11月4日，欧文作为英军步枪中队的指挥官，在穿越法国桑布尔和瓦兹运河的时候，遇到了机枪扫射，他没有能如《最后的战役》中唱到的那样"机枪扫射声中我们寻找遮蔽的战壕"，而是死在了战场上，时年25岁。

欧文一生共创作了近百首反映战争的诗歌，但在生前只出版了五首。萨松对欧文的手稿进行了整理和编辑，在1920年和1931年，以两个不同的版本出版。萨松最后以小说家、诗人和讲师的身份，继续进行文学创作，活了80多岁。终其一生，他都在宣传欧文的诗歌。最后欧文作为"一战诗人"，他的名气还大过了萨松。这让我想起了我读过的那些关于我国诗人海子和西川的友谊的故事。

在伦敦西敏寺教堂的诗人角关于"一战诗人"的纪念碑上，也有欧文和萨松的名字。不过，专门纪念他俩的友谊和诗歌的地方，

医院大楼展厅前草地上的石碑

就是位于爱丁堡克雷格洛克哈特战争医院故址这个永久开放的战争诗人收藏展。在这座医院,欧文和萨松写出了他们最伟大的战争诗歌,也正是他们在这座医院结下的友谊,对英国文学产生了重大而持久的影响。他们俩虽然反战,却从未放弃过作为公民和军人在战场上英勇作战的责任,而且他们还用自己的思想和诗句,开辟了另一个促使人们反思战争意义的战场。

在医院大楼展厅前有一块修剪得整整齐齐的绿色草地。草地上平放着一块石碑,石碑上刻着欧文的诗句"Above all I am not concentrate with poetry. My Subject is war and the pity of war. The poetry is in the pity"(最主要的是,我并没有专注于诗歌。我关注的是战争和这场战争带来的遗憾),而诗歌的内容就是描述那些遗憾。

后记：
创意旅行与兴酣走笔

这本书的文字初稿基本上都完成于爱丁堡，书中所附图片也都由我在现场拍摄而成。其中少部分文稿已经发表在我的微信公众号"留学中的诗与远方"，收入本书后又重新进行了修订。还有一些文字曾刊发于《留学生》《英伦学人》和《环球人文地理》刊系的《城市地理》杂志，尤其是《环球人文地理》刊系总编辑李海洲先生还以"文艺之城爱丁堡"为主题作为封面头条，用近40页的篇幅，在《城市地理》一次性刊发了5篇文章，在此对以上杂志致以诚挚的谢意。

感谢北京大学文化产业研究院院长向勇教授为本书作序。向勇教授是我在北京大学攻读艺术硕士时的导师，在向老师充满哲学思辨气质的课堂上，我第一次知道了"法兰克福学派"和"伯明翰学派"跟"文化产业"的关系，知道了马尔库塞和"单向度的人"，知道了本雅明与"单向街"……向老师把我领进了"文化产业"学习的大门，以至于我欲罢不能，又去英国继续攻读了"文化产业"和"文化景观"的硕士。向老师这篇文字精美、闪烁着哲学的光芒、隐现诗性的色彩的序，又把我带回了北京大学的课堂，也为这本书插上了"逍遥游"的翅膀。

谈到北大的课堂，其实我在写作本书时有一个很深的感受，这本书虽然是在英国爱丁堡大学学习"文化景观"的过程中，受到爱丁堡这座"世界文学之都"的启发而萌生，但在写作这些描述爱丁堡的文章时很多灵感都来源于我之前在北大艺术学院求学的经历。叶朗先生认为，"美在意象"，我常常是坐在爱丁堡大学图书馆描绘爱丁堡某个美的意象时，脑海中突然显现出我在北京大学艺术学院学习时,老师们在课堂上讲述的内容,或者是老师们的某一本书,某一篇文章,某一句话。如果仔细阅读本书就会发现,这些灵光一现的瞬间,在本书很多文章中都有所体现。

我觉得这就是艺术理论教育和美学教育的力量,会潜移默化地变成一个人的"内力",会扎根于人的心底,在未来的岁月里,在不知不觉中,影响和提升一个人的文艺鉴赏力和文艺创作力。感谢北京大学艺术学院的所有师长,以及所有的同窗。

感谢我在爱丁堡大学的两位专业课老师佩妮·特拉璐(Penny Travlou)和安吉拉·麦克拉纳罕·西蒙斯(Angela McClanahan-Simmons)。由于我们这个研究生项目一共只有七位同学,所以我们都是在小教室上专业课,课堂气氛轻松融洽,更不乏近距离碰撞出创意思维的火花。我们在课堂上的聆听,在论坛中的讨论,做过的演讲报告和收获的点评,到苏格兰国家博物馆观展,在爱丁堡周边开展田野调查,以及两位老师带领我们前往希腊雅典进行的长达一周的田野之旅,甚至还抵达了传说中柏拉图探讨真理的草地……至今想起来都让我感到庆幸无比,仿佛发生在梦里。这样亲密无间,受益匪浅,在"北方的雅典"和希腊的雅典"暮春者,春服既成,冠者五六人,童子六七人,浴乎沂,风乎舞雩,咏而归"的审美体验,是我在北大艺术学院求学生涯的延续,也是我梦想中的留学生活,只是没有梦想到,这个梦想居然成真。

还要感谢我在爱丁堡遇见的所有同学和朋友。我们在爱丁堡的某一次不经意的对话和互动,可能就为这本书提供了生动而鲜活的素材,希望这本书也可以成为我们的苏格兰岁月共同的纪念。

感谢北京大学出版社的王立刚先生和赵聪女士,你们细致专业的策划与编辑,让本书从孕育到诞生,从成长到成熟,都被赋予了几近完美的命运。这是本书的好运,也是我的幸运。

后记：创意旅行与兴酣走笔

这本《勇士、诗人与魔法》，是我通过自己的创意旅行与兴酣走笔，对拓宽"旅游"和"旅行"的内涵与外延所做的尝试和努力。我也希望各位对文化旅游感兴趣的朋友通过阅读这本书，能够如向勇教授在本书序言《一个人的游历：生命体验与精神逍遥》中谈到的那样，"经由爱丁堡的'物游'体验，经过'一个经验'的审美桥接，'鲲变为鹏、飞往南冥'，最终能达至庄子所谓的'逍遥游'，'独与天地相往来'，进入精神自由、悠然自得的'神游'境地"。

那就是我此次旅行的最大意义。

图书在版编目（CIP）数据

勇士、诗人与魔法：看见苏格兰 / 鲁佳著. —北京：北京大学出版社，2023.2

ISBN 978-7-301-33323-5

Ⅰ.①勇… Ⅱ.①鲁… Ⅲ.①文化–介绍–苏格兰 Ⅳ.①G175.612

中国版本图书馆 CIP 数据核字（2022）第 166977 号

书　　名	勇士、诗人与魔法：看见苏格兰
	YONGSHI、SHIREN YU MOFA：KANJIAN SUGELAN
著作责任者	鲁　佳　著
责任编辑	闵艳芸　赵　聪
标准书号	ISBN 978-7-301-33323-5
出版发行	北京大学出版社
地　　址	北京市海淀区成府路 205 号　100871
网　　址	http://www.pup.cn　　新浪微博：@ 北京大学出版社
电子邮箱	zpup@pup.cn
电　　话	邮购部 010-62752015　发行部 010-62750672
	编辑部 010-62753154
印刷者	北京九天鸿程印刷有限责任公司
经销者	新华书店
	880 毫米 ×1230 毫米　16 开本　21.5 印张　316 千字
	2023 年 2 月第 1 版　2023 年 11 月第 2 次印刷
定　　价	98.00 元

未经许可，不得以任何方式复制或抄袭本书之部分或全部内容。
版权所有，侵权必究
举报电话：010-62752024　电子邮箱：fd@pup.cn
图书如有印装质量问题，请与出版部联系，电话：010-62756370